¡EL LENGUAJE DE LOS TRIUNFADORES!

Por

Campeón Mundial
José Luis "Jay-el" Hinojosa, MD

Copyright © 2015 José Luis Hinojosa

Todos los derechos reservados.

ISBN: 0985729716

ISBN-13: 978-0-9857297-1-4

También por José Luis "Jay-el" Hinojosa, MD

NOVELAS

The Tonic

Master and Disciple

OBRAS TEATRALES

Exam Room 2

Rosi Milagros

Chameleon

NO FICCIÓN

Report Card on Rape

Magnets for Health

Tae Kwon Do for Everyone

The HELP Secret

Frozen in Time

OBRAS DE PANTALLA GRANDE

Campeón (co-autor)

Contenido –

Dedicación		página 6
Reconocimientos		página 8
Prefacio	por Presley Swagerty	página 10
Preámbulo		página 12
Alfabeto		página 18
Capítulo 1	Actitud	página 25
Capítulo 2	Creer	página 34
Capítulo 3	¡Llámame!	página 41
Capítulo 4	Disciplina	página 49
Capítulo 5	Educación	página 56
Capítulo 6	Enfoque	página 65
Capítulo 7	Dar	página 73
Capítulo 8	Hábitos	página 79
Capítulo 9	Insultos	página 86
Capítulo 10	¡Justamente correcto!	página 96

Capítulo 11	Kinética	página 103
Capítulo 12	Liderazgo	página 108
Capítulo 13	Gestos	página 114
Capítulo 14	Red	página 121
Capítulo 15	Opciones	página 126
Capítulo 16	Paciencia	página 133
Capítulo 17	Búsqueda	página 148
Capítulo 18	Responsabilidad	página 154
Capítulo 19	Ventas	página 160
Capítulo 20	Equipo	página 183
Capítulo 21	Leyes Universales	página 191
Capítulo 22	Valor	página 201
Capítulo 23	Fuerza de Voluntad	página 206
Capítulo 24	Xcusas	página 210
Capítulo 25	Yo-yo	página 216
Capítulo 26	Gusto	página 221
Epílogo		página 230
Triunfadores		página 237
Apuntes		página 271
Fotos		página 299
Sobre el Autor		página 315

Dedicación –

Dedicación [ded-i-ka-sion] (en inglés, **Dedication**) *Origen:* finales del siglo XIV, "acción de dedicar," de la palabra francesa *dédication* (siglo XIV), de la palabra latina *dedicationem*, nombre de acción de *dedicare* (ver dedicate). Significa "el dar de uno mismo para un propósito" es siglo XVI; como una inscripción en un libro, etc., desde 1590s.[1]

Dedicar [ded-i-kar] (en inglés, **Dedicate**) *Origen*: finales del siglo XIV, de la palabra latina *dedicatus*, plural de *dedicare* "consagrar, pregonar, afirmar," de *de-* "lejos" + *dicare* "pregonar," de la rama de *dicere* "hablar, decir." Dedicado como "dedicado a un propósito o la vocación" aparece primero en 1944.[2]

POR LO TANTO, PROPONGO FORMALMENTE ofrecer mi más profundo testimonio de afecto y el respeto a las siguientes personas:

- • -

A mis hijos, José Luis II ("JL"), Laura Grisel ("Lori"), y Alexis Liset ("Lexi"). Ustedes siempre me inspiran a ser mejor.

A mi esposa, María Elena. Me ayudaste a soñar de nuevo cuando entraste en mi vida. Te amo.

A mi padre, Homero Hinojosa, y a mi madre, Rosalinda F. Hinojosa – ambos están en el cielo, al lado de Dios. Ustedes me siguen guiando cada rato de cada día. Los extraño.

RECONOCIMIENTOS –

Reconocimientos [re-ko-no-si-mien-tos] (en inglés, **Acknowledgments**) *Origen*: 1585-95, una mezcla de inglés medio *aknow* (de inglés antiguo *oncnawan* "entender," de *on* + *cnawan* "reconocer;" ver saber) y el verbo de inglés medio *knowlechen* "admitir." De alguna manera, en la fusión, el parásito -c- entró a la palabra, por lo que, si bien el kn- se convirtió en un simple sonido "n" (como en *know*).[3]

- • -

QUIERO DAR LAS GRACIAS A TODO AQUEL que haya tenido alguna vez un sueño y que haya encontrado el valor de ir tras él. Por ti, personas como yo tenemos la oportunidad de compartir nuestra pasión con el mundo entero. Estoy sumamente emocionado y creo que es contagioso... así que es mejor utilizar tu mejor juicio desde este punto en adelante.

También doy gracias a todos los individuos exitosos, a todos los triunfadores, y los mentores cuyas ideas, enseñanzas, sabiduría, y lenguaje contribuyeron a este libro. Encontrarás sus nombres en orden alfabética después del Epílogo, cada uno con una descripción breve.

Quiero especialmente darle las gracias a mi buen amigo,

Presley Swagerty, por brindarle honor a este libro con su personalidad ganadora, su carisma, y sabiduría... y claro, por escribir el Prefacio. ¡Gracias, amigo!

Prefacio –

Prefacio [pre-fa-sio] (en inglés, **Foreword)** *Origen*: 1842, tal vez un préstamo de traducción del alemán *vorwart* "prefacio," inspirado en latín præfatio "prefacio."[4]

También, una breve declaración introductoria en un trabajo publicado, como un libro, especialmente cuando se escribe por alguien distinto del autor.[5]

- • -

CUANDO JAY-EL ME PIDIÓ QUE ESCRIBIERA el Prefacio para este libro asombroso, me sentí muy honrado. El recomendar *¡El Lenguaje de los Triunfadores!* me permite introducir a Jay-el Hinojosa y sus enseñanzas a algunas personas que no han tenido la oportunidad de conocerlo.

A través de los años, he tenido la buena fortuna de pasar tiempo de calidad con Jay-el y he encontrado que es un ganador en cada área de su vida. Si es negocio, familia o artes marciales, él es un campeón.

Sus perspectivas únicas y su narración hacen de este un libro raro que puede ser leído y entendido por cualquier persona. Cada capítulo contiene diferentes estrategias fundamentales que Jay-el ha identificado como esenciales para triunfar.

Estudiarás cada estrategia fundamental a través de una combinación de citas y anécdotas, terminando con un plan de juego personal que te ayudará a ser un ganador. No importa donde estés en tu vida, estas estrategias fundamentales son intemporales y te darán gran formación.

Es mi meta personal agregarle valor a las vidas de otros. Jay-el comparte este mismo objetivo. Si estudias los principios que comparte en este libro y los utilizas, tú te beneficiarás enormemente al leer *¡El Lenguaje de los Triunfadores!*

~ PRESLEY SWAGERTY
Nacionalmente reconocido en las redes de mercadeo y autor de *Millionaire by Halftime*

PREÁMBULO –

No hay la "i" en team *("equipo"),*
pero sí la hay en win *("ganar").*
~ Michael Jordan

Preámbulo [pre-am-bu-lo] (en inglés, **Preamble)** *Origen*: finales del siglo XIV, de francés antiguo *preambule*, de latín medio *preambulum*, adjetivo neutral usado como un nombre, propiamente "preliminario," de latino *præambulus* "el caminar antes," del latín *præ-* "antes" + *ambulare* "caminar" (ver amble).[6]

Por lo tanto, camino antes de ti para poder pararme ante ti y establecer los siguientes principios generales de ***¡El Lenguaje de los Triunfadores!***

- • -

EN UN MUNDO PERFECTO, UN BEBÉ NACE por amor. Y una de las primeras cosas que esta criatura va a hacer en la Sala de Partos es llorar. Puede que su primer grito sea fuerte o puede que no, pero independientemente del resultado, la criatura acaba de anunciar su llegada. Por encima de este anuncio oficial, el neonato está plenamente ampliando sus pulmones con su grito. Sin embargo, después de ese primer grito, un bebé no tiene otra manera de comunicarse con los demás... excepto con su llanto. Para un bebé, el llanto es sinónimo con la más elemental de las interacciones humanas: la comunicación.

Pero, ¿qué es lo que dice un bebé cuando llora? ¿Tiene hambre, está sucio, enfermo, incómodo, tiene calor, frio, está cansado, tiene sed, sueño, dolor, cólicos, o simplemente necesita de unos brazos? Con paciencia y amor, los padres de familia podrán entender lo que significan ciertos llantos, y cómo mejor cumplir las necesidades del bebé. Es verdad, *habrá* diferentes llantos. El timbre, el tono, el volumen, la frecuencia, e incluso el patrón y ritmo de llanto son maneras de comunicación para el bebé.

Al crecer los bebés, su fundación de lenguaje verbal y no-verbal seguirá creciendo, tal y como vayan agregando más y más técnicas a sus habilidades de comunicación. Más habilidades significan medios de comunicación más eficaces; menos habilidades significan que tus necesidades no se cumplen, tus relaciones sufren, y tu auto-imagen recibe un golpe en la boca del estómago.

De acuerdo con Joel Osteen, "una de las mejores maneras en que podemos mejorar nuestra propia imagen es con nuestras palabras."[7] Él cree que las palabras son como semillas en el sentido que tienen poder creativo. Joel también se refiere a las escrituras cuando dice, "Comeremos el fruto de nuestras palabras,"[8] que significa que nuestras palabras producen aquello que estamos diciendo. Todavía otra escritura dice, "Con nuestra lengua, podemos bendecir nuestra vida o podemos maldecir nuestra vida."[9] Por lo tanto, debemos ser muy conscientes de lo que queremos decir porque "nuestras palabras fijan el rumbo de nuestras vidas" y declarando cosas buenas, hablando las bendiciones sobre tu vida, no solo te ayudan a desarrollar una mejor imagen de ti mismo, pero "te convertirás en un mejor tú."[10]

Sin duda, la mayor parte de la comunicación para los seres humanos es lenguaje corporal, o comunicación no-verbal. La postura de tu cuerpo y tus expresiones faciales hablan más fuerte que las palabras. Una extensión de este sistema es el adagio, "Una imagen habla mil palabras." La manera en que te paras, el modo en que te paseas, y la forma en que miras a alguien pinta una cierta imagen – una imagen que transmite un mensaje mucho más fuerte que las palabras que salen de tu boca.

Joe Navarro, un experto de comunicación no-verbal y ex-agente de la FBI, dice que "hasta 80% de lo que comunicamos es no-verbal."[11] Una persona con cualquier cantidad de influencia sobre los demás debe, por lo tanto, darse cuenta que sus seguidores están viendo. Este líder es un ejemplo modelo, aunque lo sepa o no. Los demás están viendo tus acciones, y están haciendo lo que tú haces… hasta cuando les urges fuertemente que "hagan lo que digo, no lo que hago."

Según el profesor de Psicología de la Universidad de California en Los Ángeles (UCLA), Dr. Albert Mehrabian, relacionamos a la gente en tres V's: *verbalmente* (con palabras), *vocalmente* (el tono de voz), y *visualmente* (lenguaje corporal). Él dice que el lenguaje corporal habla la verdad, aun cuando nuestras palabras mienten. "Si hay alguna inconsistencia entre lo verbal, vocal y visual, nuestras palabras dan la más mínima información," dice Dr. Mehrabian. "Nuestras expresiones faciales desempeñan el papel más importante."[12] Así que, cada parpadeo, cada ceja elevada, cada apretón de labio, cada torcida de esquina de boca, y cada espasmo facial habla volúmenes. Y el que habla mejor, gana.

Hablando de UCLA y de ganar, entrenador de UCLA Henry Russell ("Red") Sanders dijo lo siguiente en un taller de fútbol (Americano) en 1950: "Señores, seré honesto, el ganar no es todo." Después de una larga pausa, concluyó su pensamiento con, "Señores, ¡es lo único!"[13] Desde el principio, el entrenador les dio a todos entender que él no está dispuesto a conformarse con algo que no sea lo mejor. Es su actitud, es su mentalidad, es un cierto *je ne sais pas* (francés para "no sé qué") que lo hace un triunfador. Y los triunfadores no sólo se hacen a sí mismos grandes, hacen a todos alrededor de ellos grandes – se *rodean* de grandeza.

Los ganadores tienen un cierto resorte en su marcha, una irrenunciable confianza que brota a través de sus poros, un verdadero brillo en sus rostros, y una forma concreta de conectarse y comunicarse. Es verdad, los ganadores tienen un lenguaje para ellos mismos – **¡El Lenguaje de los Triunfadores!**

Independientemente de tu lengua materna, es mi deseo que este libro se convertirá en una especie de *lingua franca* inmortalizado en estas páginas.

Más que de ganar, **¡El Lenguaje de los Triunfadores!** es un libro acerca de las personas que han desafiado las probabilidades y de cómo comparten su mensaje a los demás. Las palabras que ellos usan, el tono que utilizan, y el lenguaje corporal que usan para superar los obstáculos o sus adversarios. Las indicaciones verbales, vocales, y visuales son las herramientas. La arena, por otra parte, es cualquier lugar y todos los lugares – puede ser un campo de deportes, una sala de reuniones, un restaurant elegante, un establecimiento de comida rápida, una sala de escuela, un parque local, una atracción turística popular, o incluso tu casa.

Claro, para ser un ganador, para tener éxito en lo que hagas, necesitas más que unas cuantas herramientas y un lugar dónde usarlas. Tienes que entender no sólo **qué** herramientas específicas debes usar para más impacto, pero también **cuando** usarlas, **dónde** se deben usar, **cómo** se deben usar, y más importante, **por qué** las estas utilizando y con qué *sentimientos y propósito*. Zig Ziglar dice que "tu actitud, no tu aptitud, determina tu altitud." Así que, cuando estudies el lenguaje que usan los ganadores, tienes que entender que "hay poca diferencia en la gente, pero esa diferencia hace una gran diferencia. La poca diferencia es la actitud. La gran diferencia es si es positiva o negativa." ~ W. Clement Stone.

Una gran actitud no sólo te regalará oportunidades que otros sueñan, sino que también encenderá el fuego de tu imaginación. Y la imaginación es la que creó este libro, el bebé nacido del amor – del amor que siento para inspirar, contribuyen a hacer la diferencia, para enseñar, para iluminar, y para mejorar su vida. Hoy en día, este libro es más grande que mi imaginación, más grande que una simple idea; hoy en día, este libro es una realidad tangible. Y porque es tangible, lo puedes tocar, lo puedes estudiar, lo puedes leer, puedes ir a su vez a otra página hasta que ya no haya más páginas, y lo puedes sentar arriba de tus otros libros de desarrollo personal como otro paso hacia tu escalera de Desarrollo Personal.

Eso es lo que *¡El Lenguaje de los Triunfadores!* es – es un paso, un instrumento, una herramienta de palabras, sonidos, y gestos especialmente seleccionados y utilizados como un medio para comunicar emociones ganadoras, pensamientos ganadores, e ideas ganadoras para TI, el lector, la persona más importante del mundo. Por lo tanto, puedes continuar tu búsqueda de crecimiento personal, de sabiduría, del desarrollo, de superación, de inspiración, y hasta tal vez, para la iluminación.

Es mi deseo sincero que tu rápidamente adoptes la postura de un ganador – levanta los brazos a los cielos, inclina tu cabeza hacia arriba, y sopla tu pecho hacia afuera[14] – y muéstrale al mundo que eres un triunfador. Y una vez que hayas integrado este tipo de postura, todo lo que tienes que hacer para mantener tu racha ganadora es aprender continuamente, ser fluido en, y habitualmente hablar... *¡El Lenguaje de los Triunfadores!*

Que tengas una lectura bendita.
José Luis "Jay-el" Hinojosa, MD
P.O. Box 530
Johnson, KS 67855

www.TheMDMedical.com

ALFABETO –

Acciones, miradas, palabras, y pasos forman el alfabeto mediante el cual pueden escribir carácter.
~ Johann Kaspar Lavater

Alfabeto [al-fa-be-to] (en inglés, **Alphabet)** *Origen*: 1560s (implícita en alfabético), del último latín alphabetum (Tertullian), del Griego alphabetos, de alpha + beta, las dos primeras letras del alfabeto Griego, del Hebreo-fenicios aleph, forma pausal de eleph "buey" + beth, literalmente "casa;" las letras se llaman así porque sus formas parecían o representan esos objetos. Los griegos añadieron -a al final de muchos nombres Hebreo-fenicios porque las palabras griegas no pueden terminar en la mayoría de las consonantes. Sopa de letras primero atestiguada de 1907.[15]

- • -

TODAS LAS LENGUAS COMPARTEN UNA IDIOSINCRASIA con otras lenguas. Asignan un núcleo, un centro, un alfabeto o un sistema de datos y cifras básicas que representan e identifican su idioma particular. *¡El Lenguaje de los Triunfadores!* no es la excepción. Los ganadores que son, o desean ser, fluidos en su lenguaje específico del triunfo, éxito, victoria, conquista y logro deben adherir a los fundamentos más simples – sus ABCs.

Aquí entonces, está el alfabeto formado por *¡El Lenguaje de los Triunfadores!* – con una cita inspiradora seguida por una breve descripción de su origen al principio de cada capítulo.

A es para la **Actitud** (en inglés, **Attitude**).

> Una actitud ganadora es tu agradable estado de ánimo con respecto a alguien o algo; es la postura física atractiva que adoptas y que expresa lo que está dentro de ti. Todo lo demás siendo igual, la actitud es la diferencia.

B es para **Creer** (en inglés, **Believe**).

> Los ganadores creen en sí mismos primero, y después en lo que representan – su equipo, su empresa, su producto o su servicio. Los ganadores tienen una fuerte convicción; creen profundamente en su corazón y en su alma que tienen lo que se necesita para triunfar.

C es para **¡Llámame!** (en inglés, **Call me!**).

> Los triunfadores se hacen disponibles y están ahí cuando los necesitas. Están a solo una llamada, un texto o un e-mail de distancia. Los triunfadores alientan a otros para pedir ayuda o hacer preguntas porque es señal de fuerza, no de debilidad.

D es para **Disciplina** (en inglés, **Discipline**).

> La disciplina te permite seguimiento con lo que has comenzado. Para ti, la disciplina significa actividad diaria, práctica y preparación. Como un ganador, perfeccionas tus habilidades, técnicas y presentaciones para que pueda continuar tu racha ganadora.

E es para **Educación** (en inglés, **Education**).

Los ganadores están continuamente aprendiendo y creciendo. Se niegan a resolver; todavía no están satisfechos con sus logros. Los ganadores se dan cuenta que la educación, especialmente la educación propia y el crecimiento personal, te pueden llevar a la cima de los Tótem del éxito.

F es para **Enfoque** (en inglés, **Focus**).

Los triunfadores se enfocan en lo que es importante para otros primero, y luego en lo que es importante para ellos. Se convergen y concentran en lo que debe hacerse ahora. Los triunfadores entienden que grandes cantidades de esfuerzo concentrado son más poderosas que un rayo láser y que el enfoque les permitirá llegar a su destino más rápido.

G es para **Dar** (en inglés, **Giving**).

Los ganadores dan, no toman; y dan más de lo que se espera. Debido a su generosidad, los ganadores son filantrópicos, altruistas y grandes humanitarios; ellos voluntariamente dan a la sociedad.

H es para **Hábitos** (en inglés, **Habits**).

Los triunfadores tienen una disposición dominante para lograr sus metas; su temperamento es el del éxito. Los triunfadores tienen la costumbre de ganar – y los hábitos ganadores vienen naturalmente a ellos porque los han practicado una y otra vez.

I es para **Insultos** (en inglés, **Insults**).

> Los ganadores no permiten que las acciones o palabras ofensivas los tumben; ellos convierten los insultos en halagos. Los ganadores pueden girar la falta de respeto al respeto más rápido que un gallo canta al amanecer.

J es para ¡**Justamente correcto!** (en inglés, **Just right!**).

> Los triunfadores se presentan exactamente, perfectamente y a la letra. Hacen grandes esfuerzos para ser precisos y completamente verídicos en sus palabras y acciones.

K es para **Kinética** (en inglés, **Kinetics**).

> Los ganadores aceptan la *acción* como la palabra operativa en su fórmula del éxito; entienden que tienen que movilizarse para llegar a la cima de la montaña. Los ganadores planean su trabajo... y luego *trabajan* su plan.

L es para **Liderazgo** (en inglés, **Leadership**).

> Los triunfadores son líderes que ejercen influencia sobre los demás; son líderes porque son modelos a seguir que otros emulan. Como líderes, los triunfadores hacen lo que otros no están dispuestos ni capaces de hacer para lograr el éxito.

M es para **Gestos** (en inglés, **Mannerisms**).

> El aspecto de los ganadores es el de estar en control; se paran de cierta manera, caminan de cierta manera, y simplemente se representan con confianza. Los ganadores muestran las características que le dicen al mundo, "¡Aquí estoy! ¡Vamos a hacer esto!"

N es para **Red** (en inglés, **Network**).

Otros tienen un trabajo y van a trabajar, pero los triunfadores construyen y desarrollan redes masivas. Los triunfadores entablan un sistema de apoyo de individuos con semejantes ideas que dedican sus esfuerzos a trabajar en red; colaboran como equipo.

O es para **Opciones** (en inglés, **Options**).

Los ganadores han trabajado diligentemente para tener opciones en la vida, para poder tomar decisiones que otros solo sueñan tomar. Los ganadores están preparados para reconocer cuando una oportunidad se presenta, e inmediatamente la aprovechan.

P es parar **Paciencia** (en inglés, **Patience**).

Los triunfadores muestran la capacidad de soportar retrasos o provocación sin molestarse. La tenacidad, persistencia y perseverancia permiten que los triunfadores resistan más que los demás. Los triunfadores se levantan, se sacuden y lo intentan de nuevo – y los perdedores jamás hacen esto.

Q es para **Búsqueda** (en inglés, **Quest**).

Los ganadores están en una misión, y otros lo saben porque lo ven en sus ojos. El ganar se trata del viaje, no del destino. Los ganadores están en busca de superación personal y autorrealización, mientras que a la vez buscan maneras de servir a otros.

R es para **Responsabilidad** (en inglés, **Responsibility**).

Los triunfadores son responsables por sus acciones y por sus resultados. Porque son capaces de pensamiento y acción racional, los triunfadores tienen la habilidad de elegir sus respuestas a lo que la vida les mande.

S es para **Ventas** (en inglés, **Sales**).

Los ganadores son vendedores consumados; primeramente, se venden ellos mismos. Una vez que tu prospecto y tu audiencia creen en ti, te comprarán cualquier cosa que tú, como ganador, representas.

T es para **Equipo** (en inglés, **Team**).

Los triunfadores trabajan bien con los demás; elevan el nivel de todos a su alrededor al traer valor al equipo. Los triunfadores reconocen que juntos, todos logran más.

U es para **Leyes Universales** (en inglés, **Universal laws**).

Así como el sol siempre sale en el este, es de esperarse que los ganadores suben hacia las alturas dependiendo de las circunstancias. Los ganadores sobresalen en maximizar los resultados y minimizar los reveses por aceptar y colaborar con las leyes del universo.

V es para **Valor** (en inglés, **Value**).

Los triunfadores les dan asistencia a otros, lo que les permite ayudarse a sí mismos; les traen valor a otros por servirles y entregarles más de lo que se espera. Los triunfadores se hacen útiles en cada escenario.

W es para **Fuerza de Voluntad** (en inglés, **Will**).

Los ganadores tienen la unidad, el deseo y la determinación para ver el trabajo a la terminación. Los ganadores con hambre nunca son saciados porque su fuerza de voluntad nunca les permitirá darse por vencidos.

X es para Xcusas (en inglés, **Xcuses**).

El ganar no es echarle la culpa a otros por las razones que no tuviste éxito. Los ganadores tienen éxitos económicos y desencadenan acciones; no hacen excusas.

Y es para Yo-yo (en inglés, **Yo-yo**).

El ganar no se trata de "yo, yo, yo" – el ganar se trata de "tu, tu, tu." Los ganadores primeramente piensan en los demás y les otorgan poder sistemáticamente; entienden que la mejor manera de llegar a la cima es en traer a otros consigo mismos.

Z es para Gusto (en inglés, **Zest**).

Los triunfadores mejoran la manera en que otros aprecian la vida; comparten su energía y vitalidad especial. Sencillamente, los triunfadores disfrutan de un espíritu animado, un entusiasmo y un interés extraordinario por todo lo que hacen.

Capítulo 1

ACTITUD – Parte I

No puedes controlar lo que te sucede, pero puedes controlar tu actitud hacia lo que te sucede. Y en eso, vas a dominar el cambio en lugar de permitir que te domine a ti.
~ Brian Tracy

Actitud [ak-ti-tud] *Origen*: 1660–70; < Francés < Italiano *attitudine* < Último Latín *aptitūdini-* (proviene de *aptitūdō*) aptitud.[16]

Aptitud [ap-ti-tud] *Origen*: 1540s, "calidad de ser apropiado para un propósito o una posición," de Último Latín aptitudo (gen. aptitudinis) "fitness," Sustantivo de calidad de Latín aptus "unido, equipado" (ver apt).[17]

- • -

CUANDO YO TENÍA MI PRÁCTICA PRIVADA en el sur de Texas, mi madre, Rosalinda Fernández de Hinojosa, fue diagnosticada con la única cosa que le daba pavor durante toda su vida, la única cosa a la que le temía, la cosa que le había quitado la vida a su propia madre cuando mamá sólo tenía 10 años – la gran "C." De hecho, durante mucho tiempo no podía ni decir la palabra "cáncer."

Mamá y papá vivían solos en el sur de Texas. Sus seis hijos, todos ya adultos, vivían en diferentes partes del estado. Una noche, mamá se estaba bañando cuando se resbaló y calló, hiriendo su muñeca derecha. Mi padre, Homero Hinojosa, la llevó al hospital local en Eagle Pass (El Paso del Águila) donde, después de 3 horas en una Sala de Emergencia vacía, le dijeron "Sí, se la quebró." Mamá sonrió y en su manera típica calmada, le advirtió al trabajador que ella sabía que estaba rota, por eso es que estaba allí. Le mostró la gran deformidad en su muñeca y manteniendo su calma, dijo que no fue allí para que le dijeran lo que ya sabía – fue allí para recibir tratamiento.

Cuando le informaron que el Cirujano Ortopedista más cercano estaba en San Antonio (unas 3 horas de manejo), mis padres decidieron mejor viajar 2 horas a Laredo y ver cómo les iba allí. Aparentemente, Laredo tampoco tenía Ortopedistas, así que mamá y papá decidieron buscar al médico de huesos en México. Cruzaron aguas internacionales y entraron a la ciudad donde yo nací, Nuevo Laredo, y la enyesaron y le aplicaron un cabestrillo inmediatamente, y los mandaron en su camino.

Aproximadamente a las 10pm esa noche, cuando me preparaba para acostarme y dormir en mi casa en McAllen, recibí la llamada telefónica. Era mi padre; narró los acontecimientos que condujeron a la llamada. Cuando mencionó que la mano de mamá se estaba hinchando y no podía sentir sus dedos, le dije que la trajera de inmediato. Hizo lo que le pedí.

Un poco después de las 3:30am, me encontré con mis padres en mi clínica en McAllen. ¡Los dedos de mamá estaban inflados como un globo rojo que estaba a punto de estallar! En ese momento, toda su extremidad superior estaba completamente entumecida. Por suerte, tenía el equipo necesario para quitar yesos y pude librar el brazo de mamá del apretón mortal. Ella suspiró con alivio y me dio un beso en la frente, como siempre lo hacía. Inmediatamente empezó a sentir que algo de vida estaba regresando a su mano.

Porque lo racional era esperar cerca de una semana para que la hinchazón baje antes de intentar otro enyesado, mi esposa sugirió que hiciéramos algunos exámenes de rutina en mi madre. ¿Por qué no? Todos coincidimos que fue un acierto, ya que de todos modos mamá se iba a quedar con nosotros un rato. Papá, como siempre era responsable, condujo las 5 horas y media de regreso a sus obligaciones en Texas Finance Company tan pronto como salió el sol.

Y así fue que un hallazgo incidental muy temprano fue identificado en un mamo grama de rutina. Mi amigo y cirujano extraordinario, el Dr. Jesus Rodriguez, no perdió tiempo; la programó para la Sala de Operaciones de inmediato. Yo fui el asistente quirúrgico para el Dr. Rodriguez cuando el diagnóstico de Adenocarcinoma del seno regresó de Patología. Significaría más cirugías, radiación y quimioterapia...todo lo cual hizo sus adicionales condiciones crónicas de la Diabetes Mellitus, Tipo II e Hipertensión más ominoso. Sin embargo, tuve suerte de estar presente en todos sus tratamientos y procedimientos posteriores.

Y luego vino la grande: el Dr. Rodriguez nos informó a mi madre y a mí que 1 en 500,000 tendrán un "efecto secundario" a la radiación, un efecto adverso, un cáncer más agresivo, un cáncer que no tiene tratamiento, un tal-llamado AngioSarcoma – y mamá era la *una en quinientos mil*. Nunca deja de asombrarme que a través de todo, mi madre mantuvo una actitud positiva. Y así como el Dr. Jesus Rodriguez es un cirujano de eminencia, ella también tenía su eminencia...en ver el vaso medio-lleno en vez de medio-vacío, en encontrar lo bueno en lo malo, en contar sus bendiciones en lugar de sus decepciones. Ni una sola vez dijo ¿por qué yo? Nunca un pensamiento negativo, una acción negativa, una palabra negativa. Muchos vinieron a mí totalmente asombrados de la mentalidad optimista que mi madre siempre demostró. Sí, ella tenía un don para ver el lado brillante de las cosas.

Mamá luchó contra el cáncer por más de 15 años hasta el 19 de enero, 2005 a las 4:05am, cuando ya no pudo luchar más. Esa, por cierto, es también la hora y fecha exacta en que nació mi hermana menor, May, cuarenta años antes. Innumerables personas se acercaron a May y le dijeron qué mala señal era y que lo sentían mucho que tendría que lidiar con esto el resto de su vida. Pero May tiene fortaleza interior y una gran actitud – aprendió de lo mejor – y vio el tiempo de mamá como un gran honor, como un privilegio incomparable. Mamá dijo adiós cuando lo hizo por una razón, y como partió de este mundo y entro en otro, dejo atrás su legado de "actitud de gratitud" con sus hijos. Mamá siempre nos enseñó a dar gracias a Dios que estamos vivos. Y creo que mi hermanita heredó más que una gran actitud de mamá – mi hermana tuvo la máxima antorcha pasada hacia ella, la antorcha de una perspectiva feliz, agradecida y optimista sobre la vida. ¡Qué homenaje! Estoy muy orgulloso de ambas.

Rosalinda Fernández de Hinojosa, mi madre, vivió su vida con una actitud triunfadora a pesar de muchos años de dolor y sufrimiento debido a la mala salud. Cuando otros se quejaban de inconveniencias menores, mamá se regocijaba ante los reveses mayores. Zig Ziglar do puso de esta manera: "De todas las actitudes que podemos adquirir, seguramente la actitud de gratitud es la más importante y por lejos la más impactante."

Eso es tan cierto. Y cuando mi madre entraba en una habitación, el lugar se iluminaba con su resplandor optimista. Qué irónico que en vez de recibir palabras de aliento, ¡ella fue la que levantaba los espíritus de sus contrapartes saludables!

Rosalinda Fernández de Hinojosa fue una triunfadora con una actitud de gratitud porque ella innatamente entendió... *¡El Lenguaje de los Triunfadores!*

ACTITUD – Parte II

Eres el promedio de las cinco personas con las que pasas más tiempo.

~ Jim Rohn

MI ESPOSA, MARÍA ELENA, ME COMPRÓ EL LIBRO, *The Five Major Pieces to the Life Puzzle (Las Cinco Piezas Principales para el Rompecabezas de la Vida)*, por el filósofo de negocios más importante de Estados Unidos, Jim Rohn. En el libro, Sr. Rohn dice que cómo nos *sentimos* acerca de nuestra forma de pensar determina nuestra actitud.[18] Lo que yo sentí después de recibir ese regalo de mi esposa era agradecimiento, amor, ánimo, y andaba definitivamente con sonrisa de oreja a oreja. Sabes, he escuchado que una esposa feliz significa una vida feliz. Bueno, creo que un esposo feliz no es nada mal, tampoco.

Así que, la actitud es identificada por Jim Rohn como una de las cinco áreas principales en la vida. Dice que cómo nos sentimos es influenciado por nuestras asociaciones – es por eso que aconseja que los ganadores necesitan hacerse continuamente tres preguntas:[19] 1) ¿Con quién me estoy asociando?, 2) ¿Qué efecto están teniendo en mí?, y 3) ¿Esto es aceptable para mí? En otras palabras: ¿Con quién me junto? ¿Qué cosas *digo* ahora que ando con ellos? ¿Cuáles son mis *acciones* ahora? ¿Cuáles *libros* estoy leyendo, si algunos? ¿Cuáles películas o programas de televisión estoy viendo? ¿Qué es lo que *pienso* desde que me empecé a juntar con ellos? Y más importante, ¿En quién me estoy *convirtiendo* por estar asociado con ellos? Finalmente, ¿esto está bien conmigo?

Por supuesto, si calibras constantemente tus asociaciones, puedes asegurarte de que serás capaz de reconocer y eliminar las influencias negativas en tu vida, mientras que conectas y relacionas con las influencias positivas. Depende de ti; tú decides.

En *Twelve Pillars* (*Doce Pilares*), la novela que Jim Rohn coescribió con Chris Widener, uno de los personajes lo explica de esta manera: "Rodéate de ganadores, personas exitosas quienes exhiben y viven de acuerdo con los valores y habilidades que tú deseas adquirir y desarrollar. Verás, la gente en tu vida tiene un poder increíble para influenciar tu destino."[20]

Tres personas muy positivas en mi vida que han tenido gran influencia en mi destino y que entienden como las asociaciones pueden influir tu actitud en una dirección u otra, son:

- Mi maestro de Tae Kwon Do, Hong Kang Kim, nos recordaba en la clase que, "¡Pájaros de plumas similares vuelan juntos!"[21]

- Mi madre siempre decía, "Dime con quién andas y te diré quién eres." Y luego lo seguía con, "Bic" – al igual que en "be careful" (inglés para "ten cuidado"). Eso era todo el inglés que sabía.

- Mi buen amigo y empresario multimillonario, Presley Swagerty, decía la siguiente variación del refrán en español de mi madre a su equipo baloncesto cuando era entrenador en la secundaria: "Dime con quien te juntas y te diré quién eres o quién vas a ser."

Los tres ofrecen sabios consejos. Presley habla al hecho de que aunque estés sometido a inferiores, mediocres o simplemente malas influencias, puedes cambiar y mejorar – todavía tienes esperanza. Y si tu esfera de influencia no está dispuesta a reconocer la actitud ganadora que tú traes a la mesa, entonces tal vez deberías reconsiderar y pensar en asociarte con nueva gente.[22] Jim Rohn dice, "Si no puedes cambiar a tus amigos, entonces *cambia* a tus amigos."

Recuerda, no puedes elegir a tus parientes, pero *sí* puedes elegir a tus amigos. Elige a gente positiva, exitosa, entusiasta, y hazte un favor. Definitivamente tendrá un impacto positivo sobre tu futuro. Epíteto, el filósofo griego, creía que "La clave es mantenerte en compañía solo de gente que te eleva, cuya presencia pide lo mejor de ti."

Los ganadores se sienten empoderados y transmiten esto a los demás. Pero también son vulnerables a las influencias negativas. Por eso es que los ganadores con frecuencia deben evaluar, valorar y reevaluar sus asociaciones de esta manera: 1) enumerar sus relaciones más cercanas, 2) reflexionar en quien se están convirtiendo como resultado de esas relaciones, y finalmente, 3) decidir si están dispuestos a tolerar su transformación. Los triunfadores le dedican tiempo a analizar sus amistades, sus asociaciones, sus contactos – y al hacerlo, los triunfadores pueden diseñar un futuro más brillante para sí mismos y para aquellos a quienes aprecian. Los ganadores pueden hacer esto porque han aprendido a cambiar sus asociaciones cuando es necesario y han mejorado su lenguaje a... *¡El Lenguaje de los Triunfadores!*

Capítulo 2

CREER –

El futuro pertenece a los que creen en la belleza de sus sueños.
~ Eleanor Roosevelt

Creer (en inglés, **Believe**) [bih-leev] *Origen*: 1150–1200; Inglés Medio *bileven,* equivalente a *bi-* be- + *leven,* Inglés Antiguo (Anglian) *gelēfan* (cognado con Holandés *gelooven,* Alemán *glauben,* Gótico *galaubjan*).[23] Inglés Antiguo "creer," anteriormente *geleafa* (Mercian), *gelefa* (Northumbrian), *gelyfan* (Saxon del oeste) "creer," de Protogermánico *galaubjan "apreciar, amar" (comparar con Saxon Antiguo *gilobian,* Holandés *geloven,* Alemán Antiguo Alto *gilouben,* Alemán *glauben*), de la base Protoindoeuropea *leubh- "querer, desear" (ver <u>amor</u>).[24]

– • –

EN LA DECADA DE 1980, EL CIRCUÍTO DE TORNEOS de karate en los Estados Unidos fue gobernado por mi buen amigo, Keith Vitali. La revista *Black Belt* (*Cinta Negra*) realmente consideró a Keith como uno de los diez mejores karatekas de todos los tiempos.[25] Yo le pregunté qué cosa, además de ser guapo y patear impresionantemente, lo hizo tan exitoso y me respondió: "Jay-el, cada vez que fui a un torneo llevé dos uniformes conmigo." En esos tiempos, uniformes de artes marciales eran bastante estándar – principalmente todos de blanco, aunque algunos otros colores estaban empezando a aparecer en las competencias. "Dos," le dije, "¿por qué dos?" Keith sonrió y entonces agregó, "Uno para las eliminatorias y otro para las finales."

Keith tenía tanta confianza en sus habilidades, en todo el tiempo que había dedicado en el dojo (la escuela de artes marciales), que él estaba determinado en verse como un ganador, en verse bien en su vestimenta y en su técnica durante la pelea de campeonato. El creía con todo su corazón que debía estar allí, el creía que pertenecía y creía que iba a ganar…y más a menudo que no, ¡ganaba el torneo!

Después de aprender el método des dos uniformes de Keith, empecé a hacer lo mismo – era simplemente brillante. Cada noche antes de un torneo importante, visualizaba cada técnica, cada patada, cada golpe, cada defensa que sucedería al día siguiente; veía a mis contrincantes fracasando; veía *y sentía* mi mano siendo levantada como el ganador, ¡como el campeón del torneo! Visualizaba todos estos detalles acerca de los eventos del día siguiente mientras practicaba, lo que yo llamo, mis *Técnicas de Relajación de Plancha*. Repasaba todo esto en mi mente mientras planchaba mis dos uniformes – era terapia, era muy relajante y me preparaba para el estado de ánimo apropiado para el día siguiente. Creía en lo que estaba haciendo y pagó grandes dividendos.

Claro, no hay sustituto para la práctica, práctica, práctica. Mucha gente dice, "La práctica hace la perfección." La manera que este adagio esta dicho, no es completamente veraz – porque puedes practicar algo *mal* por veinte años y no significa que vas a mejorar, ¿verdad? Siempre les digo a mis estudiantes de artes marciales que "¡la práctica perfecta hace la perfección!" Te comprometes a realizar la tarea, la técnica de forma correcta, con ritmo, sincronización, energía y enfoque... y *sólo entonces* la práctica puede hacer la perfección.

Tomé este consejo a pecho durante el Campeonato Nacional 2006 de Tae Kwon Do de la Unión Atlética Amateur (en inglés, Amateur Athletic Union, o la AAU) en Knoxville, Tennessee. No me presenté solo – mis dos compañeros leales eran mi nivel de acondicionamiento físico de clase mundial y mi preparación. Y antes de que el Himno Nacional fuera interpretado por el sistema de altavoces, tomé mi puesto en línea con el resto de los 1,658 atletas. Recuerdo que cerré mis ojos y visualicé mis técnicas, mi poder, mi enfoque, incluso mi triunfo, mientras que la melodía tocaba. Y como mi mano fue levantada, acabó el himno. ¡Fue simplemente tiempo perfecto! Todos aplaudieron, y abrí mis ojos, listo para conquistar ese torneo, ese mismo día.

Mientras buscaba un lugar para hacer calentamiento y ejercicios de flexibilidad, reconocí a un compañero ganador. Era Peter Bardatsos, ex miembro del Equipo USA, el cual tuve el placer de cuidar durante varios Campeonatos Mundiales en el extranjero. Como él se me acercó, se miraba sorprendido y dijo, "Doc, ¿usted compite?" Con una sonrisa, le dije, "Por supuesto, Peter. ¿Y sabes qué? ¡Hoy gano la de Oro!" Peter mostró su dentadura brillante, me palmeó en el hombro y me deseó suerte. Luego se fue apresuradamente en busca de su alumno, el cual esperaba a su entrenador y mentor.

Ese día, mi división fue la más grande de todos los Campeonatos Nacionales – hubo 68 karatekas compitiendo por 4 lugares: Oro, Plata y 2 Bronce. Era una competencia de *Poomse*, similar a una rutina de baila-por-tu-vida, donde uno realiza una coreografía de combate contra oponentes imaginarios. Dos a la vez realizaron su rutina en el área de competencia de 8 x 8 metros, y como mi suerte lo tendría, el atleta que compitió junto a mí tenía una enorme sección de porristas que empezaron a chiflar y hacer ruido aun antes de que nos dieran la señal para empezar. Yo, por mi parte, tenía lo que consideraba que era la *ventaja de campo*. Es verdad, ningunos de mis partidarios estaban *físicamente* presentes en el lugar, pero eso no me desanimó. El trabajo duro ya se había hecho en el gimnasio – hoy sería nada comparado a eso.

La orden se dio y, como dos caballos finos, nos lanzamos con furia por las puertas de salida. Luché tal como me había visto la noche anterior durante mi sesión de terapia y durante el Himno Nacional al comienzo de la competencia. Intensidad, concentración y energía eran omnipresentes en mi lado del cuadrilátero. Mis patadas eran fuertes y veloces, mis golpes eran poderosos en impacto, y mi respiración se sincronizaba perfectamente con mis movimientos. Estaba solo – el otro competidor en el cuadrilátero, el Sr. Jones, no existía.

Cuando terminamos, nos dieron nuestras calificaciones los cuatro jueces de esquina y los tres de mesa principal. Como siempre, las altas y las bajas puntuaciones se eliminaron y fuimos despedidos del cuadrilátero. Cuando nos sentamos fuera del área de competencia, Sr. Jones estaba estupefacto. Él respiraba sin esfuerzo cuando me habló y dijo, "¡No puedo creer que usted sacó puntuación más alta que yo!" Entre respiraciones, le contesté, "¡Yo sí!" Su mirada se quedó igualmente asombrada, y mientras yo continuaba batallando para respirar, le dije, "Mírate a ti mismo – ni respiras fuerte. Yo, por lo tanto, bueno... (*capturando de mi aliento*) ¡Estaba luchando por mi vida!" No dijo otra palabra. Sus ojos, por lo contrario, hablaron volúmenes – me dijeron, "Tiene razón.

Usted estaba dispuesto a morir hace rato... y yo no."

¡Los planetas estaban alineados ese día, ya que gané el Oro decisivamente! Más tarde, mientras admiraba la medalla de Oro en mi cuello, Peter se me acercó de nuevo. Me detuvo y con una enorme sonrisa, dijo, "Hey Doc, usted dijo que iba a ganar el Oro... ¡y lo logró!" Me dio un abrazo de felicitación y ¡yo brillé intensamente el resto del día!

Alguien más que probablemente también estaba "brillando" después de su victoria fue David, de la historia bíblica de David y Goliat. Como ustedes saben, Goliat era un gigante que estaba aterrorizando a la gente del pueblo durante 40 días y 40 noches. Nadie quería enfrentarse a él; el sentimiento prevalente fue que Goliat era demasiado grande para golpear. En el libro de Zig Ziglar titulado *El Viaje Espiritual* (en inglés, *Spiritual Journey*), Zig nos dice que David pensó de otra manera; ¡David figuraba que Goliat era demasiado grande para fallar un golpe![26] La diferencia era el punto de vista: la gente del pueblo vieron a Goliat y lo compararon con ellos, y él parecía terriblemente grande. Sin embargo, David miró a Goliat y lo comparó a Dios, y él parecía terriblemente pequeño. Evidentemente, la creencia de David en Dios le permitió derrotar a Goliat.

Y cuando Zig Ziglar terminó de contar esta historia a su hijo de 7 años, agregó, "Hijo, ¿no era David un muchacho valiente?" El niño respondió, "Sí, papá, David era valiente...pero Goliat fue el valiente verdadero." Estupefacto, Zig le pidió a su hijo que explicara su comentario. El Ziglar joven habló como una persona mucho mayor y con mucha sabiduría cuando dijo, "Bueno, papá, tienes que entender... Goliat estaba solo. ¡David tenía a Dios con el!"[27]

Así como Zig compartió con su hijo, yo también comparto con mis hijos; les digo a JL, Laura y Alexis que si quieren lograr algo sólo tienen que recordar el abecedario (ABC), solamente al revés. CBA representa las palabras que W. Clement Stone pronunció hace años, "Lo que la mente del hombre puede **c**oncebir y creer (en inglés, **b**elieve), puede **a**lcanzar." Ese es el abecedario al revés, aunque lo modifico un poco y le pongo algo de acción para que se acuerden más fácilmente. Digo, "¡Lo que tu mente puede *concebir*, y tu corazón *creer* (*believe*), tú *alcanzarás*!" Los movimientos que le agrego a esto son: 1) toca tus sienes con los dedos índices de ambas manos cuando dices "concebir," 2) cruza tus manos sobre tu corazón cuando dices "creer," y 3) con tus dedos índices a partir del nivel de tus ojos y hacia los lados, haz un circulo con cada uno alejándote de tu cuerpo, y termina como un conductor de la sinfonía cuando dices "alcanzaras." Este último movimiento representa *tener éxito* o *lograr* en el lenguaje de señas.

Nada se puede parar en tu camino si primero lo concibes en tu mente, si lo piensas, si lo visualizas como real; después, si lo crees en tu corazón, si lo crees en tu alma, si lo crees con todas tus fuerzas; y finalmente, alcanzaras tus sueños, lograras tus metas, cumplirás tu destino, tendrás éxito – porque tus frutos se realizaron de lo que era simplemente una idea o un pensamiento. Piensa en el creer como el puente entre la idea y el éxito.

Por supuesto, hay quienes dicen que "ver es creer." Están en el lado escéptico, son lentos para cambiar, resisten avance – y por lo tanto, necesitan "pruebas" antes de comprometerse completamente de su tiempo y esfuerzo. Piensan que sus ojos los guiará a la Tierra Prometida. Propongo que es todo lo contrario – "creer es ver." Reitero: una vez que realmente crees con tu corazón y el alma, entonces tus ojos verán con una claridad que no estaba allí antes. Todo será tan obvio... si primero crees.

Expertos del desarrollo personal nos recuerdan que los triunfos significantes realmente han sido logrados dos veces – una vez en tu mente y una vez en la vida real. Has visto ese éxito en particular dos veces, cada vez. Hago campaña para dar un paso más – creo que los triunfadores logran todo tres veces; ¡los triunfadores ven cada uno de sus triunfos tres veces! Los ganadores primero ven con su mente, luego ven con su corazón, y finalmente lo ven con sus ojos en la vida real...porque el creer es ver. Por eso el corazón de un ganador, el alma de un triunfador, primero cree en... *¡El Lenguaje de los Triunfadores!*

Capítulo 3

¡HÁBLAME! –

La vida es como un juego de barajas. La mano que se te distribuye representa determinismo; la manera en que la juegas es la voluntad libre.
~ Jawaharlal Nehru

Háblame (en inglés, **Call me**).

Call [kawl] *Origen*: 1200–50; Inglés Medio Tardío *callen*, probablemente < Nórdico Antiguo *kalla* llamar, combinado con Inglés Antiguo (Saxon del oeste) *ceallian* gritar; combinado con Holandés Medio *kallen* hablar, Alemán Antiguo Alto *kallôn* gritar, parecido al Inglés Antiguo *-calla* herald, Irlandés *gall* cisne, Eslavo Eclesiástico Antiguo *glasŭ* voz.[28]

Me [mee] *Origen*: antes de 900; Inglés Medio *me*, Inglés Antiguo *mē* (dativo y acusativo singular); combinado con Holandés *mij*, Alemán Antiguo Alto *mir*.[29]

- • -

NADA DICE, "ESTOY MUY SERIO SOBRE MI NEGOCIO," como una tarjeta de presentación diseñada profesionalmente.

Esta es tu tarjeta de visita, tu tarjeta de llamadas. Dice al mundo, "Estoy disponible. Estoy ahí para ti. Puedo encontrar soluciones a tus problemas. Así que, háblame a tu conveniencia." Como cliente, me da tranquilidad cada vez que tengo acceso a alguien a quien puedo llamar si tengo preguntas o inquietudes. Esta disponibilidad se traduce rápidamente en confianza continua. Y todos sabemos que la gente hace negocios con personas que les caen bien, personas a quienes confían y personas que los hace sentir bien. El punto es este: ¡Las tarjetas de presentación son una manera económica para impulsar tu negocio! Por lo tanto, siempre proporciono nuevos contactos con mi tarjeta de presentación.

Imagina que estás experimentando efectos adversos a un medicamento recetado por tu médico... ¡y no puedes encontrar su número para que te pueda decir que hacer! Digamos, tú estabas tratando de localizar a tu médico familiar y no pudiste. Crees que tu condición no es tan mala como para marcar el 911, pero de todos modos buscas el consejo de tu médico...y él no está en ningún lado. Te contesta la operadora del Servicio de Contestación y media hora después te regresa la llamada un Asistente o alguien más que está de guardia por tu médico, y esta Otra Persona no tiene la menor idea sobre tu historia médica. No sabe cuál medicamento te recetaron y tú no te acuerdas donde dejaste el botecito.

Y después tienes suerte – ¡te acuerdas del nombre de la Farmacia que surtió tu medicamento! Y ahora, la Otra Persona puede empezar a hacer algo de investigación. Él le habla a la Farmacia, pero es sábado por la noche y hay otros dos médicos en la línea, ordenando medicamentos. Lo ponen a esperar un rato, y cuando finalmente le dan el nombre del medicamento que te recetaron, te habla de nuevo. Ahora ya han pasado otros 35 minutos – más de una hora desde tu llamada inicial.

En esa hora, te empiezas a preocupar y te pones a pensar en todas las cosas terribles que puedas tener. Después, tus nervios están a punto de estallar. Tu pulso se acelera. Empiezas a tomar respiraciones superficiales y rápidas. Soplas demasiado dióxido de carbono – y ahora estas hiperventilando. No hay ninguna bolsita de papel café para que respires en ella, así que te dan mareos y te desmallas. Tu cabeza pega contra el piso duro primero – el resto de tu cuerpo pega después. Ahora, has tenido una lesión a la cabeza y el pronóstico acaba de empeorar. Todo esto porque alguien no estaba disponible para ti. ¡Tal vez lo único que necesitabas era su tarjeta de presentación!

Durante la mayoría de mi carrera médica, yo *personalmente* contesté las llamadas después-de-horas de mis pacientes. Mis colegas médicos se asombraron que seguí este *modus operandi*. Todos ellos utilizaban Servicios de Contestación. Al principio, como un nuevo médico, también usé esos servicios porque pensé que era lo que tenía que hacer. Sin embargo, encontré que podía servir mejor a mis pacientes si contestaba sus llamadas directamente. Además, recibí menos y menos llamadas (a pesar de una práctica que estaba creciendo) mientras mis pacientes recibían más y más educación sobre su condición y los síntomas que debían tener al tanto. También tenían la seguridad de que yo estaba literalmente disponible a través de una sola llamada, listo para aliviar su dolor, lo cual les proporcionaba tranquilidad. Al final del día, lo que descubrí a través de este sistema era que las angustias de mis pacientes, por lo general, fueron mejoradas en el momento que conteste el teléfono. ¡Fue algo casi mágico!

El sentido común me dijo que si estás haciendo negocio, le tienes que mostrar al mundo que tomas tu negocio en serio y repartes tus tarjetas de presentación. Pero claro, como el antiguo proverbio chino dice, "El sentido común – no tan común." Por lo tanto, estaba bajo la impresión de que el repartir tarjetas de presentación era algo simple, con sentido común y práctica común. Es decir, hasta que conocí a unas personas peculiares. Esto es lo que ocurrió –

Hace algún tiempo, asistí a un almuerzo de negocios organizado por una empresa que me estaba cortejando para que comprara su producto. Durante un receso, me acerqué a varios de los presentadores porque quería tener seguimiento con ellos. Cuando les pedí a 2 o 3 de ellos por su tarjeta de presentación, me contestaron casi en unísono, "¡No damos tarjetas, las coleccionamos!" Nunca había escuchado tal cosa, pero aparentemente la sala estaba llena de ellos. Así que, con tal de no salir completamente en ridículo, uno de los presentadores más proactivos rápidamente fue a otra mesa, pidió prestados un lápiz y una hoja de 8 ½ x 11, y escribió su nombre y su celular. Procedió a poner la hoja en mi mesa y continuamos la charla. Después de que terminó el intermedio corto, todos regresaron a la reunión y tomaron sus asientos. Y entonces, sucedió lo inevitable – alguien en mi mesa derramó una taza de café y el líquido caliente ¡no tomó ningunos presos con medidas de 8 ½ x 11! El papel estaba empapado y la información de contacto estaba ilegiblemente manchada.

El presentador vio esto desde su mesa vecina y, como no estaba en el escenario por el momento, tuvo un revoloteo para encontrar otro papel, ¡rápidamente volviendo a anotar su información otra vez!

Cuando le pedí que por favor me explicara de nuevo por qué no cree en las tarjetas de presentación, me dijo, "Mi tiempo es muy valioso y tengo que ser realmente selectivo con quién hablo por teléfono. Si no tengo una tarjeta, no la puedo dar y

¡la gente no me puede hablar cuando se les antoje! ¡Como un coleccionista de tarjetas, la gente me da sus tarjetas y yo puedo escoger cuando hablo con ellos!" Los asociados de su compañía que estaban lo suficientemente cerca para oír esto, acordaron diciendo "sí" con sus cabezas. Todo lo que vi fueron las cabezas flotando de los Colectores de Tarjetas, ese nuevo juguete al cual me acababan de introducir. Esperaba que ese juguete no tuviera popularidad.

Manipulador, desleal, injusto, insidioso, egoísta y egocéntrico fueron sólo algunas de las palabras que vinieron a mí. Si una sola de estas palabras llega a la mente del prospecto, sin duda esto no puede ser bueno para el negocio de los Colectores de Tarjetas.

Así que, ¿cuál es la mejor manera de entregar tu tarjeta de presentación? La respuesta es: Hay muchas maneras. Una cosa que no quieres hacer es simplemente dárselas a todos. Resulta que si no hay una buena razón para que tu prospecto guarde tu tarjeta, simplemente se va a deshacer de ella. ¡La siguiente, por favor!

En mis más de 25 años de hacer negocios, he escuchado muchas técnicas para la entrega de tu tarjeta de presentación. Aquí está el gran Jim Rohn, en uno de sus muchos programas de audio, compartiendo una manera muy creativa cuando estás con la cajera, pagando tu mercancía:[30]

Jim Rohn: ¿Ha encontrado la oportunidad que cuidara de usted y su familia por el resto de su vida?

Cajera: Ah, ni siquiera sabía que existían esas oportunidades.

Jim Rohn: Bueno, entonces tengo que hacerle otra pregunta. ¿Cuánto *tiempo* dedica cada semana *buscándola*?

Cajera: ¡No sabía que tenía que estar buscando!

Jim Rohn: Bueno, cuando *decida* empezar a buscar, aquí está mi tarjeta. Hábleme.

Lo que Jim Rohn realmente le está diciendo a la cajera con la primera pregunta es que hay oportunidades que le pueden cambiar la vida a la cajera, la vida de sus hijos y de los hijos de sus hijos, por muchas generaciones. Así que, cuando la cajera admite que no sabía que esto era posible, la siguiente pregunta de Jim Rohn acerca de *tiempo* y *buscando* le da urgencia a todo esto. Realmente está diciendo, "¡Usted ya debe de estar buscando, Señorita!" Cuando la cajera, de nuevo, admite que no sabía, se va a dar cuenta que hay oportunidades que aún no ha considerado; oportunidades, las cuales otras personas ya están tomando ventaja. Además, ella puede experimentar temor de perderse de algo grande, o miedo simplemente a perder. Tal vez ella sentirá que su falta de acción ahora se asocia con una perdida devastadora en algún momento más adelante.

Pero Jim Rohn no hizo una "venta dura." Él no la presionó en que actúe ahora *¡antes de que esta promoción termine y se ha ido para siempre!* Él simplemente reforzó que es la decisión de *ella*, y que cuando la haga y decida hablar, él estará allí. Un gran ejemplo que combina el miedo de la pérdida con la urgencia... ¡y sin la presión de un vendedor de autos! Esta es otra razón por qué Jim Rohn es un maestro.

Aquí esta otro método que me gusta mucho. Es de Michael Bernoff, de sus seminarios de web titulados *Progreso en*

Acción (en inglés, *Progress in Action*).³¹ Él tiene una técnica donde tus prospectos casi te ruegan por tu tarjeta. ¡Recomienda rechazar a tu prospecto primero! Así es, el momento que algo le sucede a una persona que no se lo espera, se queda en su memoria para siempre. En cierta manera, ¡está incrustado en su cerebro!

Antes de que entregues tu tarjeta al prospecto, jala tu mano hacia atrás y di, "Le voy a dar esta con una condición." Así que ahora, la mano de tu prospecto está tendida y todo lo que puede hacer es decir reflexivamente, "¿Qué? ¿Qué está pasando?" Tú continúas, "¿Se compromete usted a tomar posesión que cuando llegue a casa me envía un correo electrónico? Porque la mayoría dicen que van a hacer algo y no lo hacen. Usted no es esa persona, ¿verdad?"

Bien, tu prospecto esta tan sorprendido con lo que estás haciendo que no querrá ser la persona que te defraudará. Entonces responderá, "¡Por supuesto que no!" Luego tú dices, "Okay, la puede tomar." Y acabas de entregar tu tarjeta de presentación a un prospecto que ahora no te quiere defraudar.

En su libro *La Marca Dentro De* (en inglés, *The Brand Within*), Daymond John da algunos consejos sobre cómo tus tarjetas de presentación pueden destacarse de la competencia y hacerte más memorable. Recomienda el uso de la *grabación ciega* en tus tarjetas para que en un principio, tu prospecto no lo note, pero después se verá obligado "a poner un poquito más de atención a quién eres y qué haces."³² Recomienda también hacer tus tarjetas un poco más grandes o un poco más pequeñas del tamaño estándar – de esa manera, tu tarjeta no irá en el lugar habitual y la gente no tendrá otra opción que darse cuenta de ti. No sólo estarás mostrando tu lado innovador, también llegarás a la mente antes que los demás porque impresionaste a tu prospecto.

Tarjetas profesionales de presentación, bien-diseñadas y creativas en las manos de prospectos calificados, clientes, pacientes o socios de negocios, invariablemente dicen, "Yo tengo tu espalda. Tengo las respuestas a tus preguntas. Tengo nuevas ideas para llevar tu negocio al siguiente nivel. Estoy sólo a una llamada telefónica de distancia."

Es fácil ver por qué las tarjetas de presentación son una manera portátil, una manera simple de transmitir... **¡El Lenguaje de los Triunfadores!**

Capítulo 4

DISCIPLINA –

La disciplina es el puente entre las metas y la realización.

~ Jim Rohn

Disciplina [dis-i-plina] *Origen*: 1175–1225; Ingles Medio < Anglo-Francés < Latín *disciplīna* instrucción, colegiatura, equivalente a *discipul* (*us*) disciple + -*ina*.[33]

Discípulo [dis-i-puhlo] *Origen*: Inglés Antiguo discipul (femenino discipula), prestado de la Biblia del Latín discipulus "pupilo," de *discipere "captar intelectualmente, analizar a fondo," de dis- "aparte" + capere "tomar"[34]

- • -

LAS PALABRAS "CASA DE DISCIPLINA" están exhibidas en negrilla en muchas escuelas de artes marciales done he entrenado, o visitado, por todo el mundo. Y porque la palabra "marcial" se refiere a lo "militar," las artes marciales son artes militares. "La historia militar de las artes marciales," como revelo en mi libro *Tae Kwon Do para Todos* (en inglés, *Tae Kwon Do for Everyone*), "mantiene una base de entrenamiento en las artes marciales de hoy."[35] Es precisamente esta disciplina que muchos padres están buscando cuando traen a sus hijos a una escuela de artes marciales. Quieren que el niño obedezca órdenes; ellos anhelan que el niño empiece a actuar de acuerdo con las reglas; esperan que el niño aprenda a respetar la autoridad; les gustaría que esta actividad desarrolle unas habilidades deseables en el niño; anhelan que el niño aprenda auto-control y que ya no se meta en problemas.

El verano de 1982 fue mi último verano "libre" en la Facultad de Medicina; después de eso, debía asistir a la escuela sin pausas ni interrupciones en Cincinnati hasta mi graduación en 1985. Ese verano, lo pasé con mis padres en el sur de Texas y tuve dos trabajos: era asistente durante el turno de noche en el Hospital del Condado Maverick y enseñé las artes marciales durante el día en un gimnasio local. Pero mis alumnos no eran como otros alumnos; eran una docena de los pequeños más malos que jamás hayas conocido. Eran delincuentes de 10-12 años y alborotadores. ¡Eran *La Docena Sucia de Pequeños!*

Sus padres los trajeron a mí casi como un último recurso, para que los guiara, si pudiera. Tomé el reto y durante las primeras semanas venían a clase presumiendo que habían peleado durante el día, o que se habían aprovechado de otro niño. Y aunque no lo sabía en ese momento, seguí las enseñanzas de Jim Rohn de ser "fuerte, pero no grosero; bueno, pero no débil; audaz, pero no un aprovechado; pensativo, pero no perezoso; humilde, pero no tímido; orgulloso, pero no arrogante; tener buen humor, pero sin locura."[36] Según *Doce Pilares* (en inglés, *Twelve Pillars*), estas "malas características son sólo unas buenas (características) llevadas al extremo y por razones egoístas."[37]

Empezaron a cambiar – era como si fueran una bola de arcilla y los fui moldeando en buenos chicos. Muy pronto, venían a clase compartiendo sus historias de éxito sobre cómo evitaron una confrontación y sobre ¡cómo no necesitaban pelear ya! "Hicimos lo que nos enseñó," decían con una grande sonrisa. "Y ¿cómo se sintieron cuando se alejaron?" – pregunté con auténtico interés. "¡Muy bien, entrenador!" – contestaban. "¡Nos sentimos muy bien, entrenador!" Nunca me había llamado alguien "entrenador."

Al final de mis tres meses con ellos, esa docena sucia, esos doce pequeños malosos, ahora eran *buenos* chicos. En nuestro último día, me sorprendieron con pizza, papitas y refrescos. Tuvimos una gran fiesta de despedida, tomamos muchas fotos, y hasta sus padres participaron. ¡Fue muy gratificante!

Como se evidencia de esta historia, el *viaje de la disciplina* puede ir de cero a triunfo bastante rápido. Lao Tzu nos recuerda que "el viaje de mil millas comienza con un sólo paso." Ese primer paso fue los padres llevando a sus hijos a la clase. Los chicos tomaron todos los otros pasos por sí mismos; se mantuvieron en curso y participaron en el proceso de aprendizaje. Así que, el a veces largo y sinuoso camino de la disciplina puede comenzar con la ausencia de disciplina de chicos malosos que comienzan su búsqueda de obediencia y crecimiento, y puede terminar con la disciplina destacada de atletas de clase mundial, así como en mi próxima historia.

Tuve la gran fortuna de haber servido a nuestro Equipo Nacional de Tae Kwon Do de Estados Unidos como oficial Médico del Equipo entre 1993 y 1998. El hecho de que yo también soy un practicante de Tae Kwon Do me dio una comprensión más profunda de estos atletas durante mi tiempo con el equipo. Era una especie de *Doc de los Jugadores* (a diferencia de *Entrenador de los Jugadores*); yo era alguien que podía relacionar. De hecho, muchos de nuestros atletas estaban realmente sorprendidos que podría entrenar con ellos, cuando era necesario. Estaban acostumbrados a médicos sin atletismo en años anteriores.

Durante ese tiempo, viajé por todo el mundo tratando a nuestros atletas de élite y nuestro personal de entrenamiento – nadie era inmune. Desde la aplicación de férulas, cabestrillos y envolturas; hasta ajustar muletas; aplicar puntos de sutura quirúrgicas en laceraciones; a remover cuerpos extraños de ojos y oídos; y bajar las fiebres; hasta proveer tratamientos de sinusitis, cistitis, gastroenteritis y otras palabras que terminan con -*itis*; y hasta diagnosticar embarazos, puedo decir honestamente que la Medicina Deportiva se dirige a más que los atletas y su deporte.

En retrospectiva, puedo decir honestamente que mi tiempo como Médico del Equipo fue uno de mis momentos de definición durante mi carrera de medicina durante mis primeros 25 años. No sólo fue este trabajo voluntario muy gratificante profesionalmente, sino también a nivel personal. Profesionalmente, tuve el privilegio de atender a atletas de élite que son el epítome de la disciplina, y además tuve la oportunidad de experimentar de primera mano los sistemas médicos en otras partes del mundo, como Filipinas, Brasil, Hong Kong y Corea del sur. Personalmente, he desarrollado algunas grandes amistades con los atletas y entrenadores.

En uno de nuestros viajes a Corea del sur, un miembro del equipo juvenil (edades 14-17) se lastimó el pie durante ejercicios de calentamiento. Observé cómo pateaba, cómo pisó torpemente y luego cojeó a la parte posterior de la línea. Cuando fue su turno de nuevo, no era capaz de patear – y es entonces cuando intervine. Mientras caminaba hacia él, y porque había sido testigo del actual mecanismo de lesión, ya sentía que sabía el diagnóstico. Inmediatamente pude poner mi dedo en el diagnóstico, literalmente. Palpé la base del quinto metatarsiano de su pie izquierdo y él hizo una mueca de dolor. Cuando aconsejé al cuerpo técnico que creía que nuestro atleta tenía fracturado el pie, todos pensaban que estaba bromeando. Se rieron y querían que continuara con los ejercicios.

Después de un tiempo, cabezas más tranquilas prevalecieron y fui capaz de convencer a los entrenadores en que nos permitieran ir por una radiografía. Tomamos un taxi a un hospital local, donde los pacientes llenaban todos los asientos en la Sala de Espera de urgencias. Cuando fue finalmente nuestro turno, me presenté al médico de guardia, un hombre agradable, y luego esperamos que las radiografías fueran tomadas. Ambos médicos estaban de acuerdo con el diagnóstico de fractura. Había una interrupción de las estructuras óseas en la base del quinto hueso metatarsiano, en la parte lateral del pie, y esto se señaló y se explicó a nuestro atleta. *(Nota: Qué contraste comparado a la visita de mi madre a la Sala de Emergencias. Nos trataron más rápidamente en un país extranjero, ¡con una Sala de Urgencias bastante ocupada!)*

El diagnóstico de fractura fue traído al cuerpo técnico y recuerdo a alguien diciendo, "Bien, así que no está roto, ¿verdad?" Parece que los entrenadores prefieren que sus jugadores continúen (lastimados o no), en lugar de lo contrario. Expliqué que una rotura, una quebradura, una grieta, una viruta y una fractura son lo mismo, simplemente diferentes maneras de decirlo.

Me recuerda una historia que Darren Hardy, editor de la revista *ÉXITO* (en inglés, *SUCCESS*), cuenta de su padre, que era un entrenador de fútbol (Americano) universitario y disciplinario estricto. El entrenador Jerry Hardy exigía mucho de sus jugadores. Un día, su mariscal de campo pidió salir del juego debido a una lesión y el entrenador dijo algo a la melodía de, "¡No sales a menos que estés mostrando hueso!" Entonces, el jugador le dio un jalón a su cojín de hombro y reveló un hueso sobresalido de su piel.[38] Se le permitió salir, pero nadie más... a menos que estén *mostrando hueso*. (En el lenguaje médico, el jugador había sufrido una *fractura compuesta*, un signo muy inquietante que lleva consigo un mayor riesgo de infección de hueso y otras complicaciones.)

La disciplina es trabajo duro porque consiste de actividad continua, todos los días...y sólo unos pocos están dispuestos a someterse a sus rigores. En *Doce Pilares* (en inglés, *Twelve Pillars*), la novela de Jim Rohn y Chris Widener, uno de los personajes afirma, "Todos debemos sufrir uno de dos dolores: el dolor de la disciplina o el dolor del arrepentimiento. La diferencia es que la disciplina pesa onzas mientras que el arrepentimiento pesa toneladas."[39]

Al final de nuestras vidas, los ganadores celebrarán todos los bellos momentos que compartieron con sus seres queridos, estarán orgullosos de todos los éxitos que fueron capaces de lograr, y experimentarán cumplimiento en todos sus sueños que pudieron seguir. Por otro lado, individuos que permitieron que el temor los detuviera – los que no arriesgaron el seguir sus sueños y pasiones – no estarán celebrando nada cuando ya estén en su lecho de muerte, se sentirán avergonzados de todas las oportunidades que dejaron ir, y es entonces cuando van a experimentar la peor parte del peso enorme del dolor del arrepentimiento.

Los triunfadores sufren el pequeño dolor de la disciplina, que no es nada comparado con el dolor del arrepentimiento. Los triunfadores aprenden y desarrollan nuevas habilidades, donde quizá no había ninguna. Los triunfadores participan en un régimen estricto para mejorar su técnica, cuando ya disfrutan de buena forma. Los ganadores se centran y recorren la ruta llamada disciplina – sin embargo, incluso aquellos sin disciplina, aquellos que carecen de dirección y orientación, quienes han tenido problemas en el pasado, pueden viajar en este camino...todo lo que se necesita es pequeñas acciones cotidianas y puedes llegar a la meta del éxito. Zig Ziglar nos recuerda que "era el *carácter* lo que nos sacó de la cama, *compromiso* que nos movió a la acción, y *disciplina* que nos permitió cumplir."

La disciplina es una actividad diaria, un ejercicio, un régimen que mejora y desarrolla... **¡El Lenguaje de los Triunfadores!**

Capítulo 5

EDUCACIÓN – Parte I

Grandes líderes nunca están satisfechos con lo ordinario. Quieren hacer algo, o decir algo, o ser algo que sólo es un poco más grande y un poco mejor que lo que es el promedio...por lo que son atractivos a los demás y añaden valor a los demás de una manera que es infrecuente.
~ John C. Maxwell

Educación (en inglés, **Education**). [ej-oo-key-shuhn] *Origen*: 1525–35; (< Francés Medio) < Latín ēducātiōn- (rama de ēducātiō), equivalente a ēducāt (us) < Latín ēducātus criado, enseñado (participio pasado del verbo ēducāre), equivalente a ē- e- + -duc- llevar + -ātus.[40]

- • -

ERA EL AÑO 1995 Y LA CUENTA REGRESIVA había empezado. El lugar era las Filipinas. Manila, para ser preciso. Miré el reloj – ¡diecisiete segundos! ¡Dieciséis! Quince...

¡Vamos, ya casi llegamos! Estaba usando mi fuerza de voluntad para que los segundos avanzaran más rápido. Años de trabajo dedicado y duro habían llegado a estos últimos

pocos segundos del último round, el Tercer Round. *Todavía no estamos fuera de peligro*, pensé. Catorce segundos...

Nuestro equipo, el Equipo Nacional Masculino de Tae Kwon Do de Estados Unidos, ¡está a punto de ganar su primera Medalla de Oro *en la historia* en un Campeonato Mundial de Tae Kwon Do! Aún más notable es que se está llevando a cabo lejos de casa, sin la ventaja de cancha-de-casa que uno siempre aspira tener durante un evento deportivo tan importante como este. Estamos al otro lado del mundo y la única sección que nos anima es ¡nuestro propio equipo! Mientras el reloj termina su marcado, el nivel de decibelios sube como más y más personas se dan cuenta lo que está a punto de suceder. Están viendo la historia hacerse en su presencia. Están viendo el Thrilla en Manila,[41] parte 2.

Nuestro atleta, Jean López, viene del gran estado de Texas y su contrincante, José Jesús Márquez, un karateka un poco más alto, representa a España. El reloj sigue. Trece segundos... ¡para que el combate agotador termine! Como el médico oficial de nuestro equipo de Estados Unidos, estuve allí a unos pocos pies de la acción, animando a nuestro atleta desde *el interior* – no tanto desde *el exterior*, ya que "porristas" eran mal vistos cerca del cuadrilátero. Tuve que hacer lo que mi profesión me enseñó; me tuve que mantener calmado, sereno y tranquilo. Con Jean ganando por un punto y sólo 12 segundos separándolo del Oro, ahora era sólo cuestión de tiempo. Lo único que tenía que hacer es usar el reloj – a – su – fa...

¡Pow!

¡El marcador mostraba 11 segundos! ¡Vino de la nada! Los dos allí estaban, en un aprieto – el español se miraba validado y el tejano parecía completamente confundido, inclusive algo cómico, mientras su casco protector había cambiado de puesto sobre su cabeza y cubría sus ojos.

¿Qué acaba de pasar? Bueno, en ese nano-instante, mi corazón saltó un latido y el de Jean probablemente paró completamente. Él era el epítome de un atleta que iba ganando un instante y después no. Esta imagen era cortesía de una increíble patada a la cabeza – ¡y todavía no lo puedo creer! Y así (*un chasquido de los dedos*), España estaba arriba por un punto.

Los representantes de los 77 países comprendieron la importancia de una patada a la cabeza, especialmente en una batalla muy reñida. Patadas a la cabeza valen 2 puntos, uno más que cualquier otra técnica en el estilo olímpico de Tae Kwon Do en 1995. Y entonces, alguien empujó el botón de avance rápido – y los últimos 11 segundos pasaron como un relámpago: patada, bloqueo, doble patada, contra-patada, paso lateral, gancho al hígado, evasión, frustración de uno, éxtasis del otro y el zumbador final que marcó... ¡Alto! ¡Paren! Y eso fue todo.

Oh, la agonía – de perder, de tener que "conformarse" con segundo lugar, ¡de tener la medalla de Oro tan cerca de tu alcance! O tal vez, la emoción – de ganar la medalla de Plata, de ser uno de los 2 mejores atletas del mundo, de ¡ir y "arrebatar" el 2do lugar del resto del campo! El resultado final en estas dos descripciones sigue siendo el mismo: un ganador de la medalla de Plata. Sin embargo, depende de cómo se comunica esta experiencia, que finalmente revelará la verdadera percepción de lo que realmente sucedió. Lo importante es el punto de vista. Cómo uno lo ve. Cómo interpretas y reaccionas ante lo que está sucediendo a tu alrededor. Los expertos nos dicen que no podemos controlar lo que sucede a nuestro alrededor, pero *sí* podemos controlar *cómo reaccionamos a lo que nos sucede.*

John C. Maxwell, la autoridad más importante de Estados Unidos en el Liderazgo, menciona una fórmula matemática que aprendió en los años 70 de Earl Nightingale.[42] La fórmula es: E + R = O (léase, "E más R es igual a cero"). En otras palabras, un "evento" (E) ocurre en o cerca de ti; va a proporcionar tu "respuesta" (R), que a su vez producirá un "outcome" (O) – en español, un "resultado." Por supuesto, ya que muchas veces no podemos controlar el evento (por ejemplo, un desastre natural, como un tornado – o, como en este caso, una patada "tipo tornado" que nos cayó de sorpresa a todos), y si queremos cambiar el resultado, tenemos que cambiar nuestra respuesta. Entonces, ¿cuál fue la respuesta de Jean? ¿Cómo reaccionó este atleta después de este partido desgarrador? ¡Él reaccionó como un ganador!

Sucede que entré en la habitación de Jean esa noche cuando estaba en el teléfono con una persona de Texas – su padre. Jean le contaba detalle por detalle sobre el combate de medalla de Oro. Hacia el final de la conversación, dijo algo que me confirmó que es un triunfador. Él dijo, "¿Cómo me siento? Me siento muy feliz con mi esfuerzo…pero no estoy satisfecho. No, yo no estoy… satisfecho… todavía." Lo dijo con una actitud y tono tranquilo. Para mí, él pronunció esas cuatro últimas palabras, no – estoy – satisfecho – todavía – en ritmo de metrónomo a 45 latidos por minuto. La bradicardia de un corazón atlético. Estuvo en sintonía y hablaba en serio. No estaba molesto, no se quejaba. Él estaba expresando su verdad, sus expectativas. Estaba haciendo una afirmación – a su padre, a mí, al mundo entero – y lo decía con certeza.

Avance rápido para el día de hoy. Hoy en día, Jean es el Entrenador Principal del equipo Olímpico de Tae Kwon Do de los Estados Unidos y sus tres hermanos menores (Steven, Mark y Diana) no sólo han sido guiados y entrenados por su hermano mayor, pero también han cosechado una plétora de medallas Olímpicas y de Campeonatos Mundiales – ¡incluyendo la que se escapó cuando faltaban solo 11 segundos! De hecho, bajo la tutela de su hermano mayor, el trio López logró una especie de *venganza* (e hicieron historia en el proceso) en que cada uno ganó la medalla de Oro en los Campeonatos Mundiales de Tae Kwon Do en 2005 en (¿dónde más?) ¡España! ¡Aún más impresionante es que el total de medallas de Oro para los Estados Unidos ese año fue…exactamente tres![43]

A pesar de todas sus victorias, si hablas con los López, todavía existe esa esencia de un verdadero ganador. Lo que resonará ahora es lo que resonaba esa noche de noviembre en una habitación de hotel en Manila: *Yo no estoy satisfecho todavía*. Los López, como muchos triunfadores, quieren más – porque si fueran satisfechos, pondría fin a su hambre, a sus deseos, sus sueños. Para estar satisfecho es que todos tus deseos, necesidades, sueños y expectativas están *totalmente* cumplidos. Por lo tanto, no quisieras más. Si fuese la sed, se apagaría; si fuese el hambre, seria saciado; si fuera un libro, lo cerrarías y comenzaría a acumular polvo en un cementerio de libros. Empezarías a ser complaciente. Y uno que es complaciente pierde la ventaja de un triunfador – de hecho, el que es complaciente probablemente *¡nunca* experimentará la ventaja de un triunfador!

Los hermanos López te llevarán a la escuela porque patean duro, patean rápido y porque hablan… **¡*El Lenguaje de los Triunfadores*!**

EDUCACIÓN – Parte II

Una inversión en sabiduría paga el mejor interés.
~ Benjamin Franklin

LA MAYORÍA DE LOS ADULTOS COMPRENDEN la importancia de la educación formal. Queremos que nuestros hijos reciban la mejor educación posible porque queremos que sobresalgan, aplaudimos sus éxitos, deseamos escuchar todo sobre sus sueños y aspiraciones, y oramos para que se "gradúen." Los niños representan el futuro. De hecho, mi familia emigró a Estados Unidos para ese propósito – para tener la oportunidad de adquirir una educación que podría abrir las puertas de un sinfín de posibilidades.

Es asombroso el nivel de compromiso necesario para tener éxito durante el proceso educativo. El estudiar y hacer la tarea es un trabajo duro. Si fuera fácil, todo el mundo mostraría con orgullo su diploma de la Universidad en su muro, pero ese no es el caso. Los hispanos, por ejemplo, representan ¡menos del 6 por ciento de todos los recipientes de títulos de licenciatura en los Estados Unidos![44] No es tan fácil.

Recuerdo cuando mi madre era dueña y operadora de Hinojosa's Grocery (en español, Abarrotes Hinojosa), una tiendita en nuestra vecindad en el sur de Texas. Era un día de otoño temprano en 1978 cuando uno de los vecinos, que era de mi camada, entró a comprar una pasta dental, un cepillo de dientes, un peine, un rastrillo para afeitar, y uno de sus alimentos básicos, un paquete de seis de cerveza. Puesto que mi madre no lo había visto por un tiempo y él se veía mal forjado, le preguntó qué se había hecho. Él respondió, "Estaba en la grande." (Se refería a la prisión.) Mamá le preguntó que por qué y él contestó, "Porque me filarié a uno." (O sea, había acuchillado a alguien.)

Después de que compró sus artículos, miró a su alrededor y no vio a mi hermano ni a mí, así que preguntó, "¿Dónde están sus hijos? ¿Están trabajando?" En ese tiempo, mi hermano Juan Homero y yo estábamos asistiendo a la Universidad Brown en Providence, Rhode Island y mi madre dijo, "Sí, trabajan muy duro." "¿Ah, sí? ¿Dónde trabajan?" Mamá entonces respondió con gran orgullo, "Están en la Universidad." Él hizo un movimiento con la mano como para descartar esa información. "Ahhh, ¡eso no es trabajo! ¡Es escuela!" Mi madre dijo, "La escuela *es* trabajo muy duro. ¿Por qué no estás *tú* en la escuela?" Sin más ni menos se dio la media vuelta y se fue, pegándole a la parte superior de una de sus latas.

En 1980, cuando gradué de Brown, los hispanos representaron ¡sólo el 4 por ciento de todos los estudiantes universitarios en todo el país![45] Esto significa que si 100% de los hispanos graduaron exitosamente de colegio en Estados Unidos en 1980, sólo el 4% de nosotros hubiéramos recibido un título universitario. De hecho, un estudio importante que tomó parte sobre varios años encontró que "los hispanos están detrás de todos los demás grupos raciales y étnicos en la capacidad de adquirir una licenciatura."[46] Así que, ir a la escuela y obtener un título universitario *es* trabajo muy duro – mi madre tenía razón.

Jim Rohn, como mi madre, fue un gran defensor de la educación. En una grabación clásica del disco compacto *SUCCESS* (en español, *ÉXITO*) de noviembre de 2009, dijo, "Los libros son la marca de la civilización."[47] Su creencia era que debemos continuar leyendo, especialmente después de terminar el proceso educativo porque "una educación estándar te dará resultados estándar" y porque "una educación formal hará que te ganes la vida, pero la auto educación te hará una fortuna." Se refería a aprendizaje de toda la vida, no sólo leer y aprender durante tus años en la escuela, pero crecimiento personal real y superación personal – cosas que no te enseñan en la escuela.

En la edición de agosto 2010 del disco compacto *SUCCESS* (en español, *ÉXITO*), Darren Hardy le preguntó al gran Brian Tracy cuales son las claves del aprendizaje continuo y de por vida. Brian Tracy respondió como el maestro que es – dijo que todas las grandes verdades son sencillas. Y simplicidad dicta que los efectos acumulativos de estas tres claves para el aprendizaje permanente darán resultados asombrosos: 1) *leer* una hora diaria en tu industria o profesión; una hora por día es un libro por semana, que se traduce en 50 libros al año, que te pondrá muy delante de todo el mundo, 2) *escucha* programas de audio educativos y de desarrollo personal en tu coche, especialmente cuando la mayoría de personas conducen 500-1,000 horas/año; y 3) *conéctate* a todas las conferencias, cursos y presentaciones de desarrollo personal y crecimiento como sea posible; estando alrededor de personas con la misma mentalidad, orientadas al éxito sólo alimentará tu racha ganadora.[48]

Darren Hardy nos recuerda que gastando el diez por ciento (10%) de tus ingresos en superación personal será la mejor inversión que puedes hacer; el retorno de la inversión será sorprendente. Por lo tanto, dispara hacia la luna – y si no llegas, caerás entre las estrellas. Por eso creo en la educación; primero, obtén tu título y continua con el aprendizaje durante toda la vida...porque una educación formal te enseñará sobre el Sistema Solar, y auto educación te permitirá descubrir el Universo.

Los ganadores leen, y los que leen son líderes. Los ganadores aprenden de por vida, y el aprendizaje durante toda la vida se convierte en ganancias permanentes. Los ganadores están constantemente aprendiendo – en la casa, en el coche y en cursos virtuales y en vivo; están comprometidos no sólo en progresar académicamente, pero también en su desarrollo y superación personal. Los ganadores entienden que una ceremonia de graduación no señala el final, señala el comienzo – el comienzo de una búsqueda permanente de conocimiento. En su libro *Success for Dummies* (en español, *Éxito para los Tontos*), mi mentor Zig Ziglar lo dice así, "Cada vez que tomas un paso para adelante por aprender algo de valor, mejoras la imagen de ti mismo. Porque esa imagen determina tu desempeño y tu desempeño determina tu futuro, la adquisición diaria de conocimientos y habilidades es una manera maravillosa para garantizar tu futuro."[49]

Por lo tanto, da un paso adelante por aprender algo de valor. Y al hacerlo, estarás en tu camino a convertirte en un ganador. Eso es correcto, los ganadores son estudiantes consumados, son implacables en asegurar su futuro, y ganan altas tasas de interés por su experiencia y conocimiento ya que aportan valor a los demás a través de... **¡El Lenguaje de los Triunfadores!**

Capítulo 6

ENFOQUE –

Recuerde que el nombre de una persona es, para esa persona, el sonido más dulce y más importante en cualquier idioma.
~ Dale Carnegie

Enfoque (en inglés, **Focus**) [foh-kuhs] *Origen*: 1635–45; < Latín: chimenea, hogar.[50] 1640s, de Latín focus "chimenea, hogar," de origen desconocido, usado en tiempos post-clásicos para "fuego," tomado por Kepler (1604) en un sentido matemático para "punto de convergencia," tal vez por analogía del punto de quema de un lente (el sentido puramente óptico de la palabra puede haber existido antes de Kepler, pero no se graba). Introducido al Inglés 1650s por Hobbes. El sentido transferido al "centro de actividad o de energía" se registró por primera vez 1796. El verbo primero se atestigua de 1814 en el sentido literal; el sentido figurado es grabado anteriormente (1807).[51]

- • -

SE DICE QUE LAS PERSONAS MANIFIESTAN un "diente dulce" cuando ansían bocados llenos de azúcar. Mi hijo, J.L., por ejemplo, siempre brilla con alegría en la presencia de galletas de chispas de chocolate. Él tiene una predilección por ese tipo de cosas dulces chocolatadas. Y como él creció desde la infancia a la adolescencia, su diente sacó lo mejor de él…y se sucumbió. Mi hijo vagó en territorio extranjero, la cocina, y tomó el asunto en sus propias manos. J.L. cocinó sus propias galletas – y, por supuesto, ¡se las comía! Ahora, como adulto, hornea las galletas y las comparte con todos.

Al igual que hay un diente dulce, también hay un "oído dulce." El oído dulce es sin duda más difícil de saciar adecuadamente que el diente dulce. Se puede ciertamente ser logrado, pero algo incoherente. El oído dulce es una ocurrencia natural y lo llegas a experimentar cuando escuchas ese sonido encantador, tu nombre. Tu nombre, cuando es pronunciado correctamente, es muy agradable a tu oído y a tu alma. Es casi mágico. Así, los ganadores se centran en lo que es importante para ti – tú y tu nombre.

Por otro lado, cuando alguien dice tu nombre incorrectamente tiende a estar en desacuerdo contigo tal que produce un amargor desagradable al oído y acidez del alma. ¡Sin duda puede molestarte! Y el culpable, el que pronuncia mal, quizás no tenga la menor idea de lo que acaba de suceder. Él lo podría haber hecho de una forma bastante inocente, pero tú lo pudiste haber percibido como malicioso. Yo me incomodo cuando alguien me llama *José* o *Jouseas*, en lugar de *José Luis* o *Jay-el*, mi nombre artístico. *José* no se siente bien; hay algo que falta. Mi buen amigo, Jim Wagner, es probablemente la única persona que puede llamarme *José* y salirse con la suya. Nos conocimos cuando los dos éramos adolescentes, durante un periodo difícil en ambas de nuestras vidas, así que cuando dice mi nombre pulsa un *acorde sincero* dentro de mí que reverbera en todo el cuerpo.

En su libro de superventas de superación personal en 1936, *Cómo Ganar Amigos e Influir a la Gente* (en inglés, *How to Win Friends and Influence People*), Dale Carnegie da varios ejemplos de por qué es importante recordar y usar los nombres de la gente. Él dice que hay magia en un nombre y que debemos ser conscientes del hecho de que el único dueño de ese nombre es la persona delante de nosotros en ese preciso momento. El nombre es lo que hace a esa persona sentirse importante, único y especial. No es sólo un número más, es alguien con una identidad y tiene importancia. Sr. Carnegie dice que lo que le estamos comunicando a esa persona, si su nombre se usa cuando nos acercamos a él, las circunstancias tomaran una magnitud especial.[52]

Algunas de las técnicas de Carnegie para recordar nombres de las personas todavía son válidas hoy en día. Por ejemplo, cuando a Napoleón III, emperador de Francia, se le preguntó cómo él podía recordar el nombre de cada persona que conoció, respondió que se concentraba en el nombre y lo repetía varias veces durante la conversación y reunión inicial, y trató de asociar el nuevo nombre en su mente con facciones, expresiones y apariencias específicas de la persona que acaba de conocer.[53]

Aprendí la versión 2011 de la técnica de Napoleón en una conferencia de Superación Personal en Dallas, Texas. Ron White, dos veces el Campeón Nacional de Memoria en Estados Unidos, fue un orador en el evento y recuerdo haberlo visto saludar a personas antes de que subiera al escenario. Ya que yo nunca había visto a Ron antes, no sabía qué esperar. Sin embargo, adiviné que probablemente iba a llegar al escenario e impresionar a todos por recordar los nombres de las personas que acababa de conocer.

Ron estaba cubierto por sudor profuso y claramente andaba de prisa cuando intenté acercarme al él, pero fue más rápido que yo. Recuerdo que pensé cómo había conseguido escaparse de mí – tal vez utilizó algunos movimientos de Jackie Chan para maniobrarse alrededor de los miles de asistentes. ¡Eso es, Jackie Chan fue el que me derrotó – Ron White no! Si mis amigos se dan cuenta que un no-atleta me dejó, un campeón mundial de karate, en el polvo nunca van a dejar que se me olvide – si Jackie Chan me dejó en el polvo, eso es más fácil de creer.

En cualquier caso, mi saludo de mano e introducción que nunca sucedió hubiera revelado mi verdadero nombre: *José Luis Hinojosa Fernández Guerra Ramón*. Como puedes imaginar, en mi tierra madre de México, ¡usamos todos los apellidos! Ron White me hubiera realmente impresionado esa noche si recordaba mi nombre.

Concedido, con todos esos apellidos que tengo, y en una lengua extranjera, va a ser más difícil de recordar. Entonces ¿estás de acuerdo que es difícil recordar algo que no entiendes? Por supuesto lo es. Es la razón por qué, si no entiendes el nombre de tu nuevo conocido, debes pedirle que lo repita. Si es un nombre poco común y todavía no entiendes, tal vez le puedes pedir que te lo deletree. Y una vez que estés seguro de tener el nombre correcto, pasa algún tiempo, enfócate y memorízalo.

Práctica, práctica, práctica. Después de eso, debes guardarlo en un "archivo" específico para esa persona, o ese evento en el que se conocieron, *dentro de* tu biblioteca de memoria. Si haces esto, tus archivos estarán organizados y fáciles de recuperar cuando los necesites. Con este método, mi archivo en la memoria de Ron White hubiera sido algo como "tipo con canas, piel pálida, sin cejas y con muchos nombres hispanos." Tal vez iría tan lejos como pegar mi nombre en una bandera imaginaria de Estados Unidos y empezar a cantar el himno nacional, "Oh, José, puedes ver... ¡que no tienes cejas!" ¡Ahí está, Ron White habría recordado con éxito mi nombre!

Esa noche, Ron White exitosamente recordó los nombres de doscientas personas que acababa de conocer – ¡doscientas! ¡Yo estaba allí! Sin embargo, sí *batalló* con algunos. Y ¿qué hizo con los que tuvo dificultades? Literalmente, él caminó hacia ellos, estudió sus rostros con enfoque intenso durante unos segundos, y luego pudo recordar sus nombres.

Recuerdo vívidamente cuando mi profesor de Neuroanatomía, el Dr. James B. Hall, anunció a nuestra clase de escuela de medicina, "Como seres humanos, somos seres visuales." Esta fue su introducción a nuestro estudio de lóbulos occipitales del cerebro, la corteza visual. Es en la corteza visual, en la parte posterior del cerebro, donde se procesa toda la información visual. Y, cuantas veces escuchas a las personas decir, "Nunca se me olvida una cara, pero soy terrible con los nombres."

Isabel Gauthier, Profesora Asociada de Psicología en la Universidad de Vanderbilt, fue coautora de un estudio que demuestra que podemos recordar más caras que otros objetos por la manera que se codifican las caras. Caras tienden a "pegarse" mejor a nuestros bancos de memoria. Kim Curby, de la Universidad de Yale y autora principal del estudio, compara la codificación al empaque de una maleta. Ella dice, "Cuánto puede caber en una bolsa depende en cuán bien la empaquetas. De la misma manera, nuestra experiencia en 'empaquetar' caras significa que podemos recordar más de ellas."[54]

Este estudio reveló también que los objetos (es decir, coches y relojes) fueron recordados mejor que las caras cuando los sujetos del experimento recibieron medio segundo para estudiar las imágenes. Sin embargo, cuando se dio más tiempo (específicamente, cuatro segundos) para codificar las imágenes, los rostros fueron recordados mejor que los objetos. Por lo tanto, ¡los rostros se pueden recordar mejor si nos enfocamos sólo en la cara de alguien durante simplemente 4 segundos! Creo que ese es el tiempo que Ron White tomó centrándose en los rostros de la gente difícil-de-recordar antes de que los nombres correctos le vinieran a su mente.

Los actores, por lo contrario, enfrentan desafíos diferentes – los de recordar sus líneas. Pueden recordar sus líneas mejor una vez que han hecho el bloqueo, una vez que han averiguado sus movimientos en el escenario, y no solo cuando tienen el guion en sus manos. Con este enfoque de atar las palabras con los movimientos, puedes mejorar tu memoria. Puedes ir directamente a tu archivo particular para esta producción teatral en tu biblioteca de memoria porque estas organizado.

Yo era uno de los protagonistas en una producción de teatro comunitario a principios de este año cuando utilicé esta técnica. No podía recordar mis líneas durante una escena en particular, y entonces me di cuenta que una vez que Toñita me entregara el vaso de limonada, me debía levantar y decirle al actor a mi izquierda, "¡Ven, Rufas! ¡Déjame mostrarte el gallo nuevo que nació hace un par de semanas!" Y luego debía tomar un paso para enfrente con el pie izquierdo, detenerme, y voltear a mi derecha para entregar mi siguiente línea a Toñita. Y así es como se puede realizar una obra completa de 2 ½ horas sin apuntes – conectando tus movimientos a tus palabras.

Una de mis primeras maestras de actuación, Dra. Marian Monta, siempre destacó la importancia de los movimientos y el bloqueo en el escenario. Cuando alguien olvidaba una línea, ella decía, "¿Qué negocio estás haciendo?" (En el teatro, el término "negocio" es cuando te mantienes ocupado en el escenario, es acción incidental tal como darle un trago a la limonada. Principalmente se hace para que el personaje sea más realista – pero también ayuda con recordar las líneas.) Y una vez que el actor comprende qué negocio necesita llevar a cabo, se va "de libro" más pronto porque aprendió sus líneas más rápidamente. Dr. Monta también me dirigió en algunas de las obras de Shakespeare, que eran un poco más difíciles porque nadie habla así en el mundo de hoy. Entonces, cuando el bloqueo nos permitía comprender mejor lo que significaba ese soliloquio, la terminología de Shakespeare ahora tenía sentido, y las líneas fluían con ese ritmo llamado *iambic pentameter*[55] de nuestras bocas.

Volviendo a la versión de Ron White de metodología de Napoleón parar recordar nombres, aquí un ejemplo de lo que Ron compartió durante la conferencia. Digamos que la persona que acabas de conocer es Steve. *Steve* suena como *estufa* (en inglés, *stove*), así que pon una imagen de una estufa en tu cabeza y pega el nombre "Steve" en la estufa. A continuación, prestando atención a su apariencia, notas que él tiene una nariz inusualmente grande – enfócate en eso. Y porque tendemos a recordar mejor cuando las palabras son asociadas con acciones, él recomienda que agarres esa estufa y la empujes dentro de las fosas nasales de Steve. Quizás esto es un poco gráfico, pero la próxima vez que veas a Steve probablemente recordarás su nombre y lo usarás en todos los momentos correctos en la conversación. Steve, como puedes sospechar, estará sorprendido de que lo tienes en tan alta estima. Él, de hecho, puede enviarte su negocio en un futuro próximo.

Los triunfadores son especialmente expertos en enfocarse en tu oreja dulce porque recuerdan y usan tu nombre apropiadamente. De esta manera, tus interacciones con ellos siempre serán gratificantes y productivas. Y ¿por qué no? Los triunfadores han logrado tocar tu alma de una manera simple, pero muy especial. Tú puedes hacer lo mismo; simplemente pon un poco de esfuerzo concentrado y técnica la próxima vez que conozcas a alguien. Muy pronto, recordarás los nombres de las personas como si fueran parte de tu familia y le ganarás al resto de la manada con respecto a los negocios, aunque solo por una nariz, porque te has enfocado en dominar... ***¡El Lenguaje de los Triunfadores!***

Capítulo 7

DAR –

*Nos ganamos la vida por lo que obtenemos,
pero hacemos una vida por lo que damos.*
~ Winston Churchill

Dar (en inglés, **Giving**) [giv-ing] *Origen*: antes de 900; Inglés Medio < Nórdico Antiguo *gefa* (compara con Danés *give*); sustitución de Inglés Medio *yeven, yiven,* Inglés Antiguo *gefan, giefan;* cognado con Holandés *geven,* Alemán *geben,* Gótico *giban*.[56] Creo que es cuando eres altruista con tus dones, talentos, tiempo y esfuerzo – y en el proceso, aportas valor a otros.

Dar (en inglés, **Give**) [giv] *Origen*: Inglés Antiguo *giefan* (Sajón Occidental), verbo fuerte de clase V (tiempo pasado *geaf,* plural *giefen*), del Alemán Prehistórico *gebanan (compara con Frisón Antiguo *jeva,* Medio Holandés *gheven,* Alemán *geben,* Gótico *giban*), de Proto-Indo-Europeo *ghab(h)- "tomar, sostener, tener, dar." Se convirtió en *yiven* en Inglés Medio, pero cambió a una "g" gutural por inflexión de Nórdico Antiguo *gefa* "dar," Danés Antiguo *givæ.* Significa "ceder a la presión" es de 1577. Dado "asignado, predestinado"

(Inglés Antiguo *giefeðe*). El sentido moderno de "lo que es dado, hechos conocidos" es de 1879. Darle a alguien un resfriado parece reflejar la vieja creencia de que uno podría curarse de la enfermedad cuando infectaba a otros deliberadamente.57

- • -

¿ERES UNO QUE TOMA O UNO QUE DA? ¿Das más de lo que recibes? Los ganadores dan de sí mismos, se preocupan por los demás y son generosos con su tiempo, esfuerzo, compromiso y amor. Le dan a la sociedad no porque *tienen que*, pero porque *quieren*.

Jim Rohn dice que "dar es mejor que recibir porque el dar empieza el proceso de recibir." La clave es que cuando das sin ninguna expectativa que el receptor está obligado a ti de cualquier manera, tus recompensas serán aún más que la cantidad original. Algunos expertos dicen que tu retorno de la inversión es *diez veces* lo que diste.

Uno de los 25 americanos más influyentes de la revista *TIME* (en español, *TIEMPO*) en 1996, Stephen Covey, tiene una visión solida de retribuir. Dice, "El éxito financiero – prestigio, riqueza, reconocimiento, realización – siempre será secundario en grandeza. Grandeza primaria tiene que ver con el carácter y la contribución. Grandeza primaria pregunta, *¿Qué estás haciendo para causar una diferencia en el mundo? ¿Vives realmente por tus valores? ¿Tienes integridad total en todas tus relaciones?*"58 Stephen Covey está diciendo que tus medallas, trofeos, diplomas y triunfos son buenos, pero sólo son victorias secundarias. Darle a la sociedad es la verdadera victoria para los ganadores.

En 1986, durante el segundo año de mi formación de Residencia en Medicina Familiar en McAllen, Texas, fui voluntario como Médico del Equipo para uno de los programas de futbol (Americano) de una secundaria local. Al principio, me presentaba los sábados por la mañana, durante las evaluaciones del Entrenador Atlético cuando evaluaba las heridas de la noche anterior. El entrenador principal, Alex Leal, estaba muy agradecido que yo estaba allí y que estaba ofreciendo mi experiencia. Un día, finalmente dijo, "Oye, Doc – ¿por qué no te unes a nosotros como nuestro médico del equipo? ¡Siempre estás aquí, de todos modos!" Por supuesto, le dije que sí. Pensé que ayudaría por una temporada o dos – en el recuento final, ¡estuve allí 13 años!

Comencé con una secundaria y como los juegos se ampliaron de sólo el viernes al jueves y los sábados también, terminé asistiendo a tres o cuatro escuelas diferentes. Muchas veces, cubría los equipos de otros médicos cuando ellos no estaban disponibles. Y cuando las lesiones superaban al número de médicos voluntarios, pasaría la mitad de un juego en un local y la otra mitad en otro local. Generalmente sólo una ambulancia cubría los juegos, así que cuando no estaba disponible porque iba en camino al hospital y otro jugador se lastimaba, mi coche era la ambulancia de respaldo. Llevé literalmente a decenas de atletas a la Sala de Emergencia los viernes por la noche. Era fácil saber cuándo iba a estar especialmente ocupado: ¡cuando yo corría más yardas que mi equipo! Correr desde la orilla hasta el medio del campo durante una pausa por lesiones, y después repetirlo varias veces durante el partido, tiende a acumular las yardas. Eso es bueno para tus estadísticas en yardas totales... ¡si eres un jugador, no el médico!

Amigos y conocidos que descubrieron que yo era el médico en los juegos del viernes por la noche preguntarían, "¿Qué número es tu hijo?" Hacían esta pregunta porque el 99.9% de los doctores voluntarios antes de mi tiempo estaban allí porque su hijo o sobrino estaba en el equipo. Cuando respondí que nadie de mi familia estaba jugando, no lo podían creer. Sí, era trabajo muy duro, pero disfruté cada minuto de él. No me pagaron con dinero, me pagaron con paz mental y en siempre tener un sueño profundo y una gran noche de descanso – bueno, cuando no estaba asistiendo con partos en medio de la noche.

Hablando del fútbol, miembro del Salón de Honor de la Liga de Fútbol Nacional (N.F.L.) Jim Kelly y su esposa, Jill, recibieron con satisfacción el nacimiento de su hijo, Hunter, con grandes expectativas en 1997.[59] Sin embargo, a la edad de cuatro meses Hunter fue diagnosticado con la Enfermedad de Krabbe (o *Leuco distrofia Celular Globoide*), una enfermedad rara y fatal del sistema nervioso que afecta el cerebro. La Enfermedad de Krabbe impide el desarrollo de habilidades motoras significativas y niños afligidos con esta enfermedad sólo viven unos 18 meses – ¡Hunter alcanzó 8 ½ años de edad!

Jill Kelly dice, "Estábamos ambos viviendo la clase de vida que viven las familias famosas del futbol, con todas las cosas materiales que podríamos desear. Luego Hunter entró en nuestra vida, y él salvó a nuestra familia. Dios lo utilizó para ayudarnos a ver el mayor propósito de nuestra vida. Él utilizó a este niño que no podía decir una palabra para hablar de volúmenes en nuestra vida y en la vida de las familias como la nuestra."[60]

La Familia Kelly fundó una organización sin fines de lucro, *Fundación Esperanza de Hunter* (en inglés, *Hunter's Hope Foundation*), el mismo año que nació su hijo.[61] Ha recaudado millones de dólares para ayudar a la investigación y tratamientos innovadores, y espera ayudar al establecimiento médico en eventualmente encontrar una cura para la Enfermedad de Krabbe. Como un homenaje permanente a Hunter, la Fundación ha ayudado a aprobar legislación para mejorar los exámenes de recién nacidos para más rápida detección y tratamiento. Ya, miles de familias se han beneficiado del legado de dar de la Familia Kelly.

Historias de dolor, sufrimiento y filantropía como la de La Familia Kelly traen a la mente un dicho de Lao Tzu, que dice, "La bondad en palabras crea confianza; bondad en el pensamiento crea profundidad; bondad en dar crea amor." Y es conocimiento científico común que no sólo los receptores de las buenas obras experimentan mejor salud y bienestar, también los que dan de sí mismos, los que obran bien.

Una conexión entre el altruismo, sacrificio y el alivio del estrés fue accidentalmente encontrada en 1956 por un grupo de investigadores de la Universidad de Cornell en la ciudad de Nueva York, cuando siguieron a 427 mujeres casadas con hijos, por 30 años. Los investigadores asumieron que las mujeres con más niños tendrían más estrés y morirían antes que sus contrapartes con menos niños, pero los resultados fueron asombrosos; encontraron que 52% de las mujeres en el estudio que no eran voluntarias sufrieron una enfermedad importante, en comparación con el 36% de las mujeres que *isí* eran voluntarias![62]

Dar, el altruismo y la filantropía tienen más substancia que simplemente repartir dinero. La increíble Oprah Winfrey dice, "No pienso que jamás paras de dar. Realmente no. Creo que es un proceso continuo. Y no sólo se trata de ser capaz de escribir un cheque. Es poder tocar la vida de alguien." Oprah es una triunfadora que hace la diferencia en las vidas de muchas personas, y cuando haces eso suficientes veces llegarás a enfrentarte cara a cara con el tal-llamado *helper's high* (o *el vuelo alto del ayudante*). El *helper's high*, esa euforia que experimentas después de realizar una buena obra, se cree que tiene un fundamento científico.

Stephen G. Post, PhD, profesor de Bioética en la escuela de Medicina de la Universidad Case Western Reserve, dice que se han utilizado pruebas de Resonancia Magnética para identificar ciertas áreas del cerebro que están muy activas durante las emociones profundamente empáticas y compasivas.

El Dr. Post dice, "Estos estudios del cerebro demuestran un estado profundo de gozo y deleite que procede cuando uno da a los demás. No viene de ninguna acción seca – donde el acto se hace solo por compromiso en el sentido más estrecho, como escribir un cheque para una buena causa. Viene cuando se trabaja para cultivar una calidad generosa – de interactuar con otros. Hay la sonrisa, el tono de voz, el toque en el hombro. Estamos hablando de amor altruista."[63]

Además, los efectos beneficiosos de dar van más allá de la neuropsicología de la generosidad; también se relacionan directamente con los componentes de Inmunología y Endocrinología. El Dr. Post continúa y cita un estudio grande cual encontró una reducción de 44% en muerte prematura entre los voluntarios – ¡un mayor efecto que hacer ejercicio cuatro veces a la semana![64] ¡Wow! Tal vez si eres voluntario *y haces ejercicio*, obtendrás resultados aún más formidables.

Los triunfadores dan y dan y dan, sin esperar ningún retorno de la inversión. Resulta que los triunfadores obtienen y obtienen y obtienen, más de lo que se pensaba. Tu generosidad como triunfador te permitirá vivir más tiempo, más sano y más feliz porque has dado de tu corazón y de tu alma, y estas haciendo una diferencia en el mundo. Sí, cuando auténticamente te enfocas en retribuir a la sociedad, eres el verdadero triunfador porque has compartido desinteresadamente... *¡El Lenguaje de los Triunfadores!*

Capítulo 8

HÁBITOS –

Somos lo que repetidamente hacemos. Excelencia, por lo tanto, no es un acto sino un hábito.
~ Aristóteles

Hábitos (en inglés, **Habits**) [hab-its] *Origen*: 1175–1225; Inglés Medio < Latín *habitus* estado, estilo, práctica, equivalente a *habi-* (tallo variante de *habēre* tener) + *-tus* sufijo de sustantivo verbal; reemplazando Inglés Medio *abit* < Francés Antiguo.[65]

- • -

EL CONSEJO SABIO ES UN VIAJERO DEL TIEMPO que deja una impresión positiva siempre que y dondequiera que vaya. En el año 2015, uno tal vez no quisiera considerar los consejos de 1940 de un propietario de tienda de abarrotes llamado Ernest, en los Estados Unidos. A menos que, por supuesto, su apellido es Buffett – como en Warren uno-de-los-hombres-más-ricos-del-mundo Buffett. Entonces, tal vez, ese consejo puede tomarse como Evangelio. Ernest fue abuelo de Warren y en 1940 escribió la misma carta dirigida a cada uno de sus hijos. Treinta años después de que la carta fue escrita, Warren Buffett la descubrió en una caja de seguridad junto con el dinero en efectivo mencionado en la carta. La siguiente, dirigida a Fred, tío de Warren, y a la esposa de Fred, es esa carta:[66]

Estimados Fred & Catherine:

Durante un periodo de unos buenos muchos años he conocido a un gran número de personas que en algún momento u otro han sufrido de varias maneras simplemente porque no tenían acceso a dinero en efectivo. He conocido personas que han tenido que sacrificar algunas de sus pertenencias para poder tender dinero que era necesario en aquel momento.

Por un buen número de años su abuelo mantuvo una cierta cantidad de dinero, el cual estaba disponible y a su alcance en muy corto plazo.

Durante varios años me he dedicado a mantener una reserva, por si acaso alguna ocasión se presenta donde necesitaría dinero rápidamente, sin molestar el dinero que tengo en mi negocio. Ha habido un par de ocasiones cuando me pareció muy conveniente ir hacia estos fondos.

Por lo tanto, creo que todos deben tener una reserva. Espero que nunca les suceda a ustedes, pero las posibilidades son que algún día van a necesitar dinero, y necesitarlo gravemente, y con este pensamiento en mente, comencé un fondo colocando $200.00 en un sobre, con sus nombres, cuando se casaron. Cada año le he agregado algo, hasta que ya hay $1,000.00 en el fondo.

Diez años han pasado desde su boda, y este fondo ya está completo.

Es mi deseo que coloquen este sobre en su caja de

seguridad y que lo mantengan para el propósito que fue creado. Si llega el tiempo cuando necesiten parte, les sugiero que utilicen lo menos posible y que lo reemplacen lo más pronto posible.

Pueden sentir que esto se debería invertir y traer un ingreso. Olvídense de eso – la satisfacción mental de tener $1,000.00 al alcance donde pueden poner sus manos en ellos vale más que cualquier interés que podría traer, especialmente si tienen la inversión en algo que no podrían realizar en forma rápida.

Si después de años sienten que esta ha sido una buena idea, posiblemente la pueden repetir con sus propios hijos.

Para su información, yo podría mencionar que no ha habido nunca un Buffett que ha dejado una finca muy grande, pero nunca ha habido uno que no dejó algo. Nunca gastaron todo lo que ganaron, pero siempre guardaron parte de sus ganancias y todo ha funcionado bastante bien.

Esta carta está siendo escrita en la expiración de diez años después que se hayan casado.
Ernest Buffett
"Papá"

Esto es lo que Warren Buffett dijo en 2011 acerca del asesoramiento financiero atemporal de su abuelo:[67]

> *En Berkshire, hemos tomado su solución de $1,000 un poco más allá y hemos prometido que mantendremos por lo mínimo $10 billones de dinero en efectivo, excepto lo que tenemos guardado en nuestra utilidad regulada y en las empresas de ferrocarril. Debido a ese compromiso, solemos mantener por lo menos $20 billones a la mano para poder soportar perdidas de*

> *seguros sin precedentes (nuestras más grandes hasta la fecha han sido aproximadamente $3 billones de Katrina, la catástrofe más costosa de la industria de seguros) y aprovechar rápidamente las oportunidades de adquisición o inversión.*

Como Ernest y Warren Buffett, un hombre Mexicano de baja estatura llamado Homero también cree en poner una reserva de dinero en efectivo aparte, por si acaso. Homero es mi padre y falleció hace tres años, a la edad de 88 años. Él no terminó una educación de escuela primaria, sólo hablaba español y trabajó duro toda su vida. De hecho, durante los últimos 50 años, fue a su oficina religiosamente de lunes a viernes, en una pequeña casa de préstamos y jamás tomó vacaciones. Cuando tenía oportunidades para descansar, me decía que él podía descansar después. También me aconsejó que para tener éxito, tienes que ser consistente con tus acciones; tus acciones tienen que convertirse en un hábito. Papá me dijo muchas veces, "A través de los años, he desarrollado un solo hábito: el ahorrar dinero." El dinero que guardó todos esos años ya se asignó, en su testamento, para sus hijos.

Homero Hinojosa hizo trabajos ocasionales durante muchos años, pero nunca comenzó su "hábito" hasta que llegó a Detroit, Michigan, donde trabajó con orgullo en dos industrias. En una, él era Ingeniero de Eventos y Operaciones Diarias en un hotel – está bien, él era un conserje. En la otra industria, era un Experto de Instrumentos Culinarios, o un lavaplatos. En cualquier caso, fue en el hotel donde él se introdujo a un concepto, que luego puso en movimiento continuo y posteriormente se convirtió en un hábito que cambió su vida y las vidas de sus hijos.

Papá – en sus días como "ingeniero."

Verás, temprano en los años 60s, los esfuerzos de mi padre en un hotel de Detroit le obtuvieron propinas monetarias recurrentes de parte de los huéspedes e invitados, especialmente de los Tigres de las ligas grandes de béisbol – ellos frecuentaban el establecimiento. Mi padre me decía, "No me daban propinas por bonito. Me las daban por mi buen servicio." Me decía que trabajó muy duro para ofrecer *el mejor servicio posible.*

Estas propinas, este dinero repentino en los bolsillos de papá y en los bolsillos del resto de los custodios, condujeron naturalmente a emoción, la cual después encendió la acción.

Vamos a hacer algo con este dinero, pensaron. Y así fue que durante los periodos de descanso en el hotel, casi todos del Departamento de Mantenimiento llegaron a reunirse alrededor de una mesa, jugaron a la baraja y apostaron con su dinero. Mi padre y otro compañero eran los únicos que no participaron. De hecho, este compañero era el capataz, y él probablemente le dio a papá la mejor propina de todas; se le atribuye con mostrarle a papá la diferencia entre *la vista* y *tener visión*. Con respecto a la vista, mi padre claramente vio la mayor parte de sus compañeros perder sus ganancias limitadas en el juego. El tener visión, por el contrario, era un concepto totalmente diferente para él. Ahora podía ver con mucha más claridad – y tenía a su colega para darle gracias por eso. Le aconsejó a mi padre que no apostara y que no arriesgara en perder todo su dinero. En su lugar, debería de poner su dinero en una cuenta de ahorros en el banco.

Resulta que el banco estaba al cruzar la calle, y cada vez que las propinas de mi padre llegaban a la marca de cinco dólares, iba al banco y hacia un depósito. A veces, ¡literalmente cruzaba la calle hasta cuatro veces al día! Mi papá era ahora un hombre cambiado. Darren Hardy lo puso muy bien cuando dijo, "Cuando ves una situación con un par de ojos diferentes, parece que la situación ha cambiado, pero *eres tú* el que ha cambiado." Eso es muy cierto.

Para mi padre y La Familia Buffett, el ganar es un hábito – un comportamiento adquirido que han dominado hasta que se ha convertido en instinto, como un reflejo rotuliano. También han diversificado; han mantenido una reserva; han guardado algo para un día de lluvia, para una emergencia…o para un huracán, como Katrina. Homero Hinojosa y Warren Buffett son ganadores habituales y genios financieros que tienen la costumbre de hablar... *¡El Lenguaje de los Triunfadores!*

Capítulo 9

INSULTOS –

La buena crianza del hombre es la mejor seguridad contra las malas costumbres de otras personas.
~ Lord Chesterfield

Insultos (en inglés, **Insults**) [in-suhlts] *Origen*: 1560–70; < Latín *insultāre* brincar arriba de, insultar, equivalente a *in-*in-² + *-sultāre*, combinación de *saltāre* brincar; ver saltant.⁶⁸

Saltant [sal-tnt] *Origen*: 1595–1605; < Latín *saltant-* (proviene de *saltāns*, participio presente de *saltāre* brincar, bailar, frecuentemente de *salīre* brincar), equivalente a *sal-* brincar + *-t-* sufijo frecuentativo + *-ant-* -ant.⁶⁹

- • -

UNA TARDE, MI ESPOSA Y YO ASISTIMOS a un encuentro de pista y campo en la secundaria de nuestra hija. Cuando nos dirigíamos a un lugar donde podríamos tener una mejor vista, pasamos cerca de uno de mis estudiantes sentado en las gradas. Naturalmente, me acerqué a él y lo saludé de mano – y también saludé de mano a las otras personas que estaban con él. Al día siguiente en clase, mi estudiante (con al menos 30 años de edad) quiso asegurarse que el resto de la clase (principalmente de 20-22 años de edad) escuchara esto, "Señor, después de que nos saludó ayer, mi padre me preguntó quién era usted. Yo le dije, *'Ese es mi instructor de karate'* y él dijo, *'¿Karate? ¿Ka-ra-te? ¡Él no se ve como gran cosa!'* " Mi estudiante procedió a reír en voz alta después de que dijo esto, tal vez esperando un ejército de vergüenza que entrara marchando. El ejército no se presentó.

Nunca perdiendo una gran oportunidad para enseñar una lección valiosa, en cambio le dije, "¡Perfecto! ¡Es lo mejor que tu papá podría haber dicho de mí! ¡Es ab-so-lu-ta-men-te perfecto!" Por supuesto, la mandíbula de mi estudiante se le cayó porque así no es como esta escena se debería de lucir. Adultos con la boca abierta no se ven que estén llenos de confianza.

Continué, "Ven, clase, cuando no aparentan mucho... no van a amenazar a nadie. Y porque no eres una figura imponente, otros te van a menospreciar. No te van a tomar en cuenta. No van a estar preparados cuando tú –"

¡KIAI!

Yo rápidamente y poderosamente lancé un grito demoledor mientras que mi puño golpeaba a un contrincante imaginario. El tiempo se detuvo. Los únicos movimientos que noté de mis alumnos eran indistintos: ojos agrandados, pupilas dilatadas, y la saliva fue ingerida en cámara lenta.

"El elemento sorpresa es una de tus armas más valiosas," dije. "Por lo tanto, nunca menosprecies a nadie – porque la próxima vez que veas a alguien que *no se ve como gran cosa*, esa persona puede ser tu próximo instructor de karate, tu próximo jefe o incluso la persona que salva tu vida."

Luego procedimos con nuestros ejercicios de patadas. Pero las cosas nunca serian igual después de ese día. ¡Mis alumnos ahora estaban comprometidos! Mostraron mejoras notables y globales, desde habilidades para escuchar mejor a técnicas más precisas con un poco de *¡Umf!* (o sea, *¡con ganas!*) Como siempre, tuve el privilegio de guiar su crecimiento personal y experimenté humildad por su dedicación, y alegría de que yo era parte de su excursión.

Los ganadores están cómodos en su propia piel; no necesitan pretender ser alguien más; están relajados, confiados y no les afectan los pesimistas. El estar cómodo en tu propia piel significa que no necesitas tener "piel gruesa" para sobresalir en los modelos de negocio. El dicho es algo como esto: *Si quieres tener éxito en este negocio, tienes que tener la piel gruesa.* Por supuesto, la referencia es que si tu piel es gruesa, es impenetrable y las objeciones, los insultos, la negatividad y el rechazo no te pueden afectar en forma adversa. Más a menudo que no, he escuchado este refrán como aplica a las ventas y al mercadeo.

Visualiza a las balas rebotando de la piel áspera y dura, flechas rompiéndose en impacto, y un ejército de *No's* retirándose en derrota. Todo eso está bien, pero ¿qué pasa con la imagen adicional de la piel gruesa, seca, escamosa y agrietada? No creo que un elefante se sienta muy a gusto en este aspecto; ciertamente no es una imagen bonita. Ahora, en vez de eso, imagínate con tu piel suave, lisa, saludable y vibrante. ¿Se oye esto como la piel que quisieras tener?

Así que, ¿por qué no mejorar el dicho para que se oiga así? – "Para tener éxito en este negocio, tienes que tener la piel lisa, suave, saludable y vibrante!" Y ahora, la referencia sigue siendo que tu piel sea impenetrable a todo lo negativo porque simplemente se *deslizará* de tu cuerpo sin efectos adversos. Los ganadores no se refieren a sí mismos con tener la piel gruesa, poco saludable; eligen una piel vibrante y saludable.

Ahora vamos a observar cómo el uso adecuado del lenguaje puede detener la intimidación verbal de inmediato. El Presidente Lincoln recordó un sueño en el que se encontraba en una gran asamblea. En el sueño, cuando el Mar Rojo de gente se abrió para que él pasara, él oyó a alguien decir, "Él se ve como una persona común y corriente." Lincoln se detuvo, volteó hacia el hombre y dijo tranquilamente, "Amigo, el Señor prefiere a la gente común y corriente – esa es la razón por la cual hizo muchos de ellos."[70]

Cierto, Lincoln fue cualquier cosa menos belleza visual. Muchos creyeron que él fue afligido con el Síndrome de Marfan u otra anomalía del sistema esquelético. Él era alto y desgarbado, y parecía desnutrido – pero no tenía nada malo con su cerebro. De hecho, era un maestro autodidacta de la lengua, y su dicción, cognición y su ingenio rápido (al parecer, incluso en sus sueños) le permitió a inspirar respeto y admiración.

Los insultos, sin embargo, no están limitados al ámbito verbal. Pueden, y muchas veces, llegar a agresiones físicas. Nuestra responsabilidad como ganadores, es evitar enfrentamientos físicos a todo costo y darnos cuenta que el combate sólo debe considerarse como un último recurso. Los daños colaterales y las ramificaciones a largo plazo pueden ser devastadores, tanto legalmente como personalmente.

El reportero americano, David Brinkley tenía esto que decir acerca de las agresiones: *Un hombre exitoso es aquel que puede sentar una base firme con los ladrillos que otros han tirado hacia él.* Como estudiante de primer año en la Universidad de Brown, una base sólida se colocó de hecho, cuando con frecuencia recibí "pruebas" con insultos, comentarios racistas y desafíos físicos para pelear. Así es, en una institución Ivy League donde, supuestamente, los estudiantes eran más... ¡cultivados! Supongo que a los 5'10" y 145 libras, no me consideraban como un digno oponente. Yo, sin embargo, evité todas las peleas que pude – aunque algunas se deslizaron a través de las grietas.

Una noche, un hulk – tú sabes el tipo, alguien que es tan musculoso que no puede girar la cabeza sin girar su cuerpo entero – con una camisa de músculo vino a mi dormitorio en Bronson House sin previo aviso. Nunca nos habíamos conocido, pero al parecer él había oído hablar de mí; había oído que un chico Mexicano era bastante bueno en esas cosas de karate. En realidad, ese año (1976) fue la primera vez que había sido introducido a las artes marciales, y como el Tesorero del Club de Karate de Brown (y después, Presidente), tomé mi participación en las artes marciales muy en serio. Así, este tipo musculoso solo se aparece y dice, "¡Vamos a pelear!" y subió sus *dukes*[71] (los puños). Pensando rápido, le dije, "¡Seguro, yo peleo contigo!" Y puesto que él pensó que estábamos listos para pelear, empezó a moverse con unos brincos peculiares. Inmediatamente puse mi mano en alto para que dejara de brincar y dije, "Yo peleo contigo *si...*"

"Si me puedes ganar en lagartijas," le dije. Él era muy obediente y rápidamente se tiró al suelo. Cuando estaba a punto de comenzar, lo paré. "Ah, ah, ah," le dije, señalándole que *no* con mi dedo índice, "... así no." Él estaba perplejo. Toqué mi puño y agregué, "¡En tus nudillos!"

Como dije, él era muy obediente, y empezó rápidamente a

hacer una lagartija tras otra en sus nudillos. Después de unas diez lagartijas, comenzó a batallar...pero continuó, pues estaba en una misión. Permítanme añadir que él no respiró una sola vez durante todo esto. A las dieciséis, sus brazos temblaban y su rostro estaba rojo como una remolacha. Al fin cayó después de veinte, logrando salvar su cara de que explotara. Sus nudillos, por el contrario, no se salvaron; al menos cuatro de ellos estaban sangrando libremente. ¿Olvidé mencionar que nuestra competencia se llevaba a cabo sobre un suelo áspero, concreto? De todos modos, él soplaba y batallaba para respirar, mientras esperaba que yo hiciera mis lagartijas.

Me bajé al piso y con ritmo de ametralladora, emparejé sus veinte en unos cuantos segundos. Nunca parando, el número veintiuno se hizo en cámara súper lenta para acentuar mi victoria. Me levanté victorioso y todo su cuerpo tembló incontrolablemente durante unos segundos antes de que se fuera en ira como un *tigre de papel*,[72] y nunca jamás se escuchó de él. ¡Yo había logrado derrotarlo sin tener que lanzar un golpe!

Dos años después, vi por primera vez *Enter the Dragon* (*Entra el Dragón*). Si eres un fanático de Bruce Lee, sabes que esta es su película más famosa y que salió al mercado después de la muerte de Bruce en 1973. En la película, hay una escena donde varios competidores van en un barco a una isla secreta para competir en un torneo mundial de artes marciales. El personaje de Bruce, apropiadamente llamado Sr. Lee, está en ese barco y también un matón que ha estado haciendo sus rondas a bordo. El matón se acerca a Sr. Lee y le tira golpes cerca de su cara, para intimidarlo. Puesto que el Sr. Lee está cómodo en su propia piel y no le está molestando nada, el matón le pregunta, "¿Cuál es tu estilo?" Sr. Lee responde tranquilamente, "Lo llamo el arte de pelear sin tener que pelear." Obviamente, el matón nunca ha oído de este estilo y dice, "Muéstrame." Sr. Lee está de acuerdo pero van a tener que tomar una lancha más pequeña para llegar a una isla cercana para poder pelear contra él con este nuevo estilo. Así

que, cuando el matón se sube en la embarcación menor para remar a la isla para combatir, Bruce le da la cuerda de anclaje a las víctimas anteriores del matón para que le cobren los daños a su agresor. En esencia, el Sr. Lee derrotó a su contrincante sin tener que pelear físicamente contra él.

Cerebro sobre musculo te llevará a muchas victorias. Mi buen amigo, campeón mundial invicto Eric Lee (sin relación a Bruce), le encanta recordar los buenos días cuando competía. En realidad, a mí me encanta hacerle preguntas sobre los más de cien campeonatos mundiales que ganó. De todos modos, Eric dice que muchos karatekas intentaban romper su concentración antes de la competencia, y tomaban varias posturas raras e invadían su espacio personal. Realizaban técnicas intrincadas justo en frente de él, mientras el hacía ejercicios de flexibilidad en el piso.[73] Un día, uno de estos machos alfa exigió, "¿Cómo te gusta mi técnica?" Eric pretendió estar consumido por otras cosas más importantes y después de un rato le dijo, "Oh, ¿tú eres el que estaba haciendo todas esas patadas supuestamente impresionantes?...no te veías tan bien." El intruso se molestó tanto por los comentarios de Eric, que se le hizo *espuma en la boca*[74] durante la competencia y ¡totalmente olvidó lo que debía hacer! Por cierto, Eric Lee pasó a ganar la división... otra vez.

Ahora, pasando de intrusos de espacio personal a intrusos de espacio físico, veamos cómo el gran Mark Twain respondió a un robo de casa una tarde en 1908 mientras dormía en la planta superior. Los ladrones, por cierto, fueron capturados más tarde con los cubiertos que habían robado de su casa. Y, siendo un prolífico hombre de palabras, Sr. Twain puso el siguiente mensaje en su puerta frontal:[75]

NOTICIA.
Al siguiente Ladrón.

No hay nada más que mercancías plateadas en esta casa, ahora y en adelante. La encontrará en esa cosa de latón en el comedor en la esquina al lado de la cesta de gatitos. Si quiere la cesta, ponga los gatitos en la cosa de latón. No haga ruido – perturba a la familia. Encontrará cauchos (zapatos) en el pasillo delantero, en seguida de esa cosa donde están los paraguas, chifonier, creo que lo llaman, o pérgola o algo como eso. ¡Por favor cierre la puerta cuando se vaya!
Muy verdaderamente suyo, S.L. Clemens

No todos los que te arrojan "ladrillos" son malas personas – simplemente pueden estar inseguros, celosos o pueden tener miedo. La mayoría de las personas temen a lo desconocido, a lo que está más allá de su imaginación, a lo que está un poco fuera de su alcance, a nuevas e innovadoras ideas, ¡al cambio! Muchas personas están atrapadas en una rutina; han llegado a la complacencia y el estancamiento.

Y luego ¡hay quienes tienen un temor fatal al éxito! En su libro *A Return to Love* (*Un Retorno al Amor*), Marianne Williamson dice:[76]

Nuestro miedo más profundo no es que seamos inadecuados. Nuestro miedo más profundo es que somos poderosos sin medida. Es nuestra luz, no nuestra oscuridad que más nos asusta. Nos preguntamos, ¿Quién soy yo para ser brillante, magnifico, talentoso, fabuloso? En realidad, ¿quién eres para no ser eso? Eres un hijo de Dios. Tu jugar pequeño no le sirve al mundo. No hay nada esclarecedor en encogerse para que otras personas no se sientan inseguras a tu alrededor. Todos estamos destinados a brillar, como lo hacen los niños. Nacimos para hacer manifiesta la gloria de Dios que está dentro de nosotros. No está sólo dentro de algunos de nosotros; está en todo el mundo. Y mientras dejamos que nuestra propia luz brille, con nuestro subconsciente les damos permiso a otros para hacer lo mismo. Como estamos liberados de nuestro propio miedo, nuestra presencia automáticamente libera a otros.

Una vez que llegues a darte cuenta de que estás destinado para la grandeza, habrás quitado un enorme peso de tus hombros. Serás más ligero sobre tus pies; encontrarás el valor para iniciar un nuevo negocio, para ir en un viaje que habías dejado a la desidia, para comenzar tu búsqueda de superación personal, para vivir de la manera que estabas destinado a vivir.

Mi buen amigo Presley Swagerty es un gran ejemplo de alguien que está viviendo la grandeza que fue destinado a vivir. Y al hablar de gente mala, de insultos y de la negatividad, él dice, "To be successful, you have to lie, cheat, and steal!" ("Para tener éxito, ¡tienes que mentir, engañar y robar!" En inglés, la palabra *lie* también significa *acostarse*.) Wow – ¡hablando de malas influencias! Mucha gente hace una doble toma cuando él dice esto, pero entonces lo explica y lo hace positivo, y todos se ríen y le aplauden en aprobación.

Una adaptación de la frase de Presley es:

*Para tener éxito, tienes que mentir (acostarte), engañar y robar! Es verdad, tienes que **acostarte**...en la cama para reflexionar sobre toda la gran información que leíste hoy en ¡El Lenguaje de los Triunfadores! Tienes que **engañar**... unos pocos minutos de tu día ocupado para que puedas leer unas cuantas páginas más de ¡El Lenguaje de los Triunfadores! Y tienes que **robar**... una gran idea o dos de ¡El Lenguaje de los Triunfadores! y usarla para impactar positivamente la vida de los demás hoy... ¡y cada día!*

Los ganadores transforman lo negativo a positivo; insultos, críticas, objeciones y el rechazo no les duelen porque no lo toman personal. Los ganadores dominan el arte de pelear sin pelear en ser más astutos que la competencia. Los ganadores pueden voltear la condescendencia 180 grados, del desprecio al respeto, con simplemente siendo proficientes en el uso de palabras y el lenguaje. Los ganadores superan sus miedos y rápidamente vienen a darse cuenta de que están destinados para la grandeza, el poder y el éxito más allá de cualquier medida. Los ganadores van a mentir, engañar y robar – en el buen sentido – para lograr sus sueños. Los ganadores ponen una fundación sólida para el éxito con los ladrillos, insultos y ataques que otros han lanzado contra ellos a lo largo de los años. Y tú, como un ganador, encontrarás que una vez que seas capaz de convertir los insultos en halagos, habrás dominado un lenguaje mejor – **¡El Lenguaje de los Triunfadores!**

Capítulo 10

¡JUSTAMENTE CORRECTO! –

*Colecciona como perlas preciosas las palabras
de los sabios y virtuosos.*
~ Abdel Kader

Justamente (en inglés, **Just**) [juhst] *Origen*: 1325–75; Inglés Medio < Latín *jūstus* justo, equivalente a *jūs* ley, derecho + *-tus* sufijo adjetivo.[77]

Correcto (en inglés, **Right**) [rahyt] *Origen*: antes de 900; (nombre y adjetivo) Inglés Medio; Inglés Antiguo *reht, riht*; cognado con Holandés, Alemán *recht*, Nórdico Antiguo *rēttr*, Gótico *raihts*; similar al Latín *rēctus*, Irlandés Antiguo *recht* ley, Griego *orektós* decente.[78]

- • -

¿CÓMO SONARÍA SI HEINZ TE DIJO que tenía "más de 50 variedades?" Extraño, ¿verdad? Extraño y también vago. Todos sabemos que Heinz tiene *exactamente* 57 variedades. Y ¿cómo sonaría el jabón Ivory si afirma que es 100% puro! Y ¿qué tal el café Taster's Choice afirmando ser 100% libre de cafeína! Nadie lo creería.

En el disco compacto de la revista *SUCCESS (ÉXITO)* de marzo 2009, Roger Dawson habla sobre negociar poderosamente y la importancia de utilizar números específicos. Él dice, "Números específicos tienen credibilidad. La gente tiende a creer números específicos, pero te harán una contra-propuesta en números redondeados."[79] Es por eso que el café Taster's Choice es 99.7% libre de cafeína y el jabón Ivory es 99.44% puro. Wow, esos son números muy específicos – el jabón hasta las centésimas de un punto. Este número debe haber venido de un laboratorio de investigación, por lo que ¡tiene que ser verdad! Y puesto que las personas tienden a creer información detallada en lugar de declaraciones amplias y generalizadas, entonces ¿tiene sentido procurar utilizar *cifras exactas* cuando te refieres a números? Por supuesto que sí.

No sólo eres más creíble, pero las cifras que citas pueden significar la diferencia entre un nuevo socio uniéndose a tu equipo o no, un posible cliente comprando de ti o no, un paciente decidiendo cambiar médicos o no, o incluso ¡la diferencia entre la vida y la muerte!

Primeramente, echemos un vistazo a un ejemplo de negocio: Digamos que te han invitado a asistir a una presentación en la Sala de Conferencias en un hotel local. El presentador es carismático, tiene buena presencia en el escenario, y enuncia claramente y proyecta su voz a la parte posterior de la sala. Hay energía positiva en el lugar y hasta el momento, estás entusiasmado con la oportunidad de aprender más acerca de esta empresa.

Luego, llega a los números. Él presenta las cifras de su base de clientes esperada en este negocio y dice, "Mas de dos mil clientes." Bueno, esto te molesta. Te molesta porque no sabes si es dos mil ciento veinticinco o cinco mil doscientos cincuenta... pero lo dejas ir.

Entonces sigue el plan de compensación y dice que ganarás "¡más de siete mil dólares al mes!" Una vez más, esto te molesta. Te molesta porque es *tu ingreso* del cual no está siendo claro. Y ahora, realmente estás empezando a dudar de este magnífico presentador, de esta maravillosa oportunidad de negocios, de esta empresa ideal.

¿Por qué no te puede decir tu salario exacto? ¿Por qué no te puede dar cifras específicas? ¿Esconde algo? Al final de cuentas, no sientes que puedes confiar en alguien que redondea números importantes como los que acabas de escuchar. Y aunque no era un dolor incapacitante, esta espina en tu pie te irritó suficientemente hasta el punto en que te retiraste cojeando de esta oportunidad. Si esto hubiera sido un programa de televisión (digamos, *Dragnet*), el Sargento Joe Friday habría dicho, "Sólo los hechos, señora. Sólo los hechos."

Por lo tanto, ahora tienes un problema con tu pie y cojeas a tu Podólogo – él accisa rápidamente la espina y tu pie está bien ahora. La siguiente semana, te encuentras en la oficina de tu Medico Familiar, esperando ansiosamente los resultados de laboratorio que se analizaron hace dos semanas. No has podido dormir bien desde que te sacaron la sangre, y hoy es el día cuando te darán unas respuestas. La Sala de Espera está llena, y tú saliste de tu trabajo temprano para poder mantener esta cita muy importante.

Después de unos estresantes 45 minutos en el vestíbulo, te pasan a la estación de enfermeras, donde te quitas los zapatos y otros artículos que añadan peso extra a tu total. En este momento, no te sientes bien porque estas nervioso, todo esto está tomando mucho tiempo y ahora también has aumentado algo de peso. Tu peso se documenta junto a tu presión arterial, la cual también está más alta de lo normal. A continuación, te sientas en el cuarto de examinación durante otros 25 minutos y finalmente entra la Asistente del Médico. Ella te informa que el Doctor está en el hospital en una emergencia y te pregunta si estás de acuerdo que ella revise tus resultados de laboratorio contigo. Aunque preferirías que no, le contestas afirmativamente y lo siguiente es un escenario hipotético de lo que sucede a continuación:

AM: ¡Buenas noticias – su nivel de *Homocisteína* es menos de 10!

Tú: Ah, ¿*menos* de diez?

AM: Sí, menos de 10 es lo que recomienda el Doctor.

Tú: Bueno, sí – pero sólo si *no hay* otros riesgos para enfermedad del corazón. Y yo tengo riesgos, como puede ver en mi expediente. Por eso el Doctor quería que mis resultados fueran menos de 7.2.

AM: Oh, yo no sabía…

Tú: Entonces, ¿qué es mi resultado?

AM: *(busca en el expediente)* Ah, está en 9.8.

Tú: *(murmuras)* ¿Cómo es esa buena noticia?

AM: ¿Perdón?

Tú: El Doctor dijo que si no estaba menos de 7.2 me iba a recomendar que fuera a un Cardiólogo para un "catéter" o algo así.

AM: Un *cateterismo*. Y el Cardiólogo tendría que decidir eso.

Tú: Sí, y *yo* tengo que decidir si quiero seguir viniendo aquí.

AM: ¿Por qué dice eso?

Tú: Porque es muy obvio que usted no sabe lo que está pasando.

AM: Ah…

Tú: Tal vez regreso después, cuando el Doctor me pueda ver.

En este escenario, la falta de una cifra exacta fue el colmo. Empujó al paciente sobre el borde; el paciente se quedó sin paciencia – y un paciente impaciente no es una buena cosa. Había dos largas semanas de espera e insomnio, seguidas por una Sala de Espera llena de pacientes y más espera, y luego la inusualmente alta presión arterial y unos kilitos de más en un individuo ya en riesgo. Finalmente, la persona de confianza no estaba disponible y la sustituta no tomó el tiempo o no sabía mejor, estableciendo un resultado desafortunado.

Así, cuando se trata de números, el prestar atención a los detalles puede ser extremadamente importante. Me recuerda la historia del centavo que se duplica cada día durante un mes. Había escuchado esta historia hace tiempo y no había resonado como lo hizo cuando Darren Hardy me habló en su libro de audio, *El Efecto Compuesto* (*The Compound Effect*).[80]

Naturalmente, lo intenté en mi propio "laboratorio" – en mi clase de karate. Les pregunté, "Clase, si yo les diera un millón de dólares en efectivo ahorita, o un centavo que se duplica en valor cada día por un mes, ¿cuál tomarían?" Yo decía "un mes" en vez de "treinta y un días," para ser vago y para reducir al mínimo la importancia de treinta y un días versus treinta días. Como era de esperar, la mayoría de mis estudiantes contestaron, "El millón de dólares." De vez en cuando, tuve algunos estudiantes que iban contra la convención y por lo tanto, elegían el centavo. Pero cuando les preguntaba por qué el centavo, decían algo como, "Porque su pregunta es un truco," o "Porque ¿es más?" Decían esta última como pregunta, no como declaración. Así que no estaban seguros.

Invariablemente, se sorprendían cuando se enteraban que era ¡más de 10 millones de dólares! Sin embargo, estaban más impresionados cuando yo recitaba, "Después de treinta y un días, el centavo es ahora ¡10 millones, 737 mil, cuatrocientos dieciocho dólares y veinticuatro centavos!" Y porque lo decía con tanta confianza y convicción – y, más importante, porque es un número muy *específico* – ¡me creyeron! Ninguno de mis estudiantes cuestionó la exactitud de este número durante la clase. Los desafié a que lo comprobaran en casa con sus calculadoras, y estoy seguro de que algunos lo hicieron.

Le conté esta historia de mi clase de karate a uno de mis socios de negocios y buen amigo, Freddy Peralta. Freddy es un elocuente orador en español y hombre de negocios, y él creía que era un gran anécdota por lo que lo incorporó en su discurso más o menos un año después. Cuando llegó a la cantidad acumulada después de treinta y un días, no pudo recordar los números exactos – sólo recordaba, como muchos, que el total era más de 10 millones de dólares. Así que, se atrevió a desafiarme y me preguntó con una sonrisa, "Doctor Hinojosa, ¿cuál era esa cantidad?" Para sorpresa de todos, incluyéndome a mí, ¡declaré con confianza la cifra de $10,737,418.24! Freddy mostró sus dientes brillantes y agregó, "Después de todo este tiempo, ¡nunca pensé que recordaría todos los números!" Y después de la presentación de Freddy, me convertí en casi casi una celebridad. Varios prospectos para el negocio se me acercaron con grandes sonrisas, y todo el mundo se sentía mejor a causa de esto.

A menudo se dice que "el dinero habla," pero creo que la cantidad exacta de dinero se comunica "justamente correcto" – la cantidad correcta de dinero habla de una manera más persuasiva. Por eso números totalmente precisos enuncian claramente... *¡El Lenguaje de los Triunfadores!*

Capítulo 11

KINÉTICA –

Acción es la clave fundamental de todo éxito.
~ Pablo Picasso

Kinética (en inglés, **Kinetics**) [ki-net-iks, kahy-] *Origen*: 1850–55; < Griego *kīnētikós* moviéndose, equivalente a *kīnē-* (vástago verbal de *kīneîn* moverse) + *-tikos* -tic.[81]

- • -

EL CUERPO HUMANO FUE HECHO para el movimiento; es una obra maestra inherentemente cinética. ¿Por qué otro motivo entonces, tenemos cientos de coyunturas? Seamos realistas, si fuimos diseñados para la inactividad, el número de articulaciones en el cuerpo humano tarde o temprano iría desapareciendo hasta terminar en los dígitos individuales. Por lo tanto, si somos innatamente cinéticos, ¿por qué es que muchos de nosotros pasamos mucho de nuestro tiempo perezosos – inactivos en nuestro acondicionamiento físico, perezosos en nuestra superación personal, en nuestra imaginación y creatividad, en nuestros sueños y aspiraciones, en nuestras relaciones y perezosos en la planificación de un futuro mejor?

El Departamento de Kinesiología en el Colegio del Sur de Texas (South Texas College) en McAllen, Texas también estaba perezoso hasta cierto grado en la parte temprana de este milenio. Kinesiología, como ustedes saben, es el estudio del movimiento, especialmente lo que respecta al cuerpo humano. En 2003, acepté una posición de Facultad como el instructor de Karate del colegio – todos los estudiantes con concentración en Kinesiología debían tomar dos semestres conmigo. Pasé varios años realmente inolvidables allí y espero volver al colegio para seguir enseñando algún día.

A menudo, le pregunté a mi clase si estaban de acuerdo con el adagio, "El conocimiento es poder." Invariablemente, todo el mundo estaba de acuerdo, pero entonces decía, "¿De qué me sirve si *sé* cuál técnica debo ejecutar para defenderme durante una crisis, y no la realizo?" Luego añadía, "¡El conocimiento *más la acción* es poder!"

Y a la vez arrojaba al suelo a un estudiante cuando decía la palabra "acción," al mismo tiempo asegurándome no lastimar al estudiante en su trayectoria hacia la lona. O tiraba un golpe al plexo solar de otro estudiante, apenas tocándole para que así él todavía experimentara el impacto, mientras que al mismo tiempo lanzaba un grito demoledor *¡Kiai!*, completamente inmovilizándolo debido a la descarga del grito repentino. Sin lugar a dudas, la clase de Karate en el Colegio del Sur de Texas siempre fue entretenida y divertida.

Así, el paso de acción parece ser el catalizador para la mayoría de fórmulas de éxito. Por ejemplo, muchos individuos exitosos recitan algo parecido a lo siguiente: "La suerte es cuando la preparación se encuentra con la oportunidad." Sí, tienes que preparar – estudiar, leer, aprender, practicar, ejercitar, memorizar y cualquier otra cosa que debes hacer para prepararte. Luego, cuando finalmente llega la oportunidad, serás capaz de reconocerla y podrás aprovechar al máximo los resultados. Y así es como mejorará tu fortuna – mejorará, es decir, ¡sólo si tomas acción! Una vez más, ¿de qué sirve si estás preparado cuando la oportunidad viene a tocar en tu puerta y tú *no haces nada* al respecto! Por lo tanto, creo que la nueva fórmula debería verse algo así:

Preparación + Oportunidad + Acción = ¡Suerte!

Asimismo, la acción que realices debe estar alineada con tus metas; la acción te debe llevar más cerca a lo que estás tratando de lograr. Benjamin Franklin nos recuerda a "nunca confundir movimiento con acción." Por ejemplo, tomemos el primer proverbio que hemos mejorado de este capítulo: *¡El conocimiento más la acción es poder!*

Por decir, te están robando a punta de pistola y tienes el conocimiento, tienes la perfecta defensa contra este ataque en particular. Sin embargo, en lugar de ejecutar la técnica que salvará tu vida, ¡empiezas a bailar el twist! Ese movimiento ciertamente no te está acercando más a tu meta; ¡te está acercando más a la meta de tu atacante! A menos que, por supuesto, lo estás haciendo como una distracción que seguirás con un movimiento más definitivo en una fracción de segundo después.

Lo mismo aplica para mi creencia que "La suerte es cuando la preparación se encuentra con la oportunidad...y tomas acción." Digamos, has estado estudiando y aprendiendo la presentación de negocio de tu empresa y quieres ser el presentador en la próxima reunión. Ya has cumplido los requisitos mínimos para ser un presentador, pero tu supervisor no te ha dado la luz verde todavía; tiene otras personas en mente. Luego, en la reunión, tu supervisor te palmea en el hombro y te pide que seas el presentador del evento porque el presentador programado se ha retrasado y la empresa no puede permitirse esperar otro segundo más. Te has estado preparando para esta oportunidad y ahora es tiempo para brillar y tener suerte, ¿verdad? Claro – ¡a menos que corras en la dirección contraria a grito abierto! Corriendo y gritando no es acción dirigida a lograr tu meta; ¡es acción dirigida a que te desocupen! En lugar de la buena fortuna que promueve esta fórmula, acabas de crear un poco de mala suerte para ti.

Gurú motivacional, Tony Robbins, dice que "el camino al éxito es tomar acción masiva y determinada." Estoy de acuerdo – la acción determinada a la que se refiere es la acción enfocada, dirigida, indomable que te llevará más cerca a tus metas, en vez de más lejos de ellas.

Líderes del desarrollo personal nos recuerdan que para tener éxito, debes tener planes visiblemente pensados que organizas y trabajas todos los días. El refrán viene a la mente, "planea tu trabajo y trabaja tu plan." Una vez más, la palabra operativa aquí (es decir, el verbo "trabajo") se refiere a la acción que está dirigida y enfocada en una meta claramente definida. Por otro lado, el "plan" que estás trabajando es el mapa que has diseñado para tu éxito, el mapa para que vayas del punto A al punto B. "Un genio sin mapa se perderá en cualquier país; una persona común y corriente con un buen mapa irá directo y fiel a su destino," dice Brian Tracy.

James R. Sherman, PhD, en su libro *Planea Tu Trabajo / Trabaja Tu Plan (Plan Your Work / Work Your Plan)*, dice que "La planificación es el diseño de un futuro esperado y el desarrollo de medidas efectivas para hacerlo realidad." Él dice que la planificación "te ayuda a identificar *los peligros y las oportunidades* que pueden determinar tus probabilidades de éxito."[82] Se refiere al mapa para el éxito. Él podría muy bien estar diciendo, "La planificación es el mapa para un mejor futuro y el desarrollo de *pasos de acción* y estrategias para hacerla realidad." Como es el tema de este capítulo, la acción te llevara allí. ¿De qué sirve un gran mapa para un mejor mañana si nunca tomas ese primer paso? Tienes que empezar a moverte en la dirección de tus sueños. Sí, planea tu trabajo – pero no gastes todo tu tiempo en la fase de planificación a costa de la fase de acción. Algunas personas evitan esta "acción" porque tienen miedo de lo que puede suceder una vez que comienzan el trabajo pesado; temen a las objeciones o, peor aún, el rechazo; tienen un temor fatal de lo que otros piensen de ellos.

Claro, si nunca pides la venta nunca te dirán que *No*… pero también nunca avanzaras en tu negocio. Así que, basta ya; ¡empieza a movilizarte y trabaja tu plan! Y, como dijo Confucio, "Cuando es obvio que los objetivos no pueden alcanzarse, no ajustes los objetivos, ajusta las medidas de acción." Trabaja de forma diferente; trabaja más inteligentemente, no más duro; pero… ¡manos a la obra!

Los triunfadores tienen metas claramente definidas y planes de acción para llevarlos allí; planean su trabajo y trabajan su plan; siguen un gran mapa en su viaje hacia el éxito. Los triunfadores trabajan, trabajan, trabajan consistentemente – es por eso que logran todo lo que logran – y cuando no pueden alcanzar sus metas, simplemente modifican su actividad con el fin de tener éxito. Los triunfadores entienden que sin acción, nada se hace. La acción es el catalizador para el éxito; la acción es movimiento incesante y enfocado para alcanzar una meta;

la acción es el denominador común visto en los triunfadores que articulan... *¡El Lenguaje de los Triunfadores!*

Capítulo 12

LIDERAZGO –

La última medida de un hombre es no donde él se encuentra en momentos de comodidad, pero donde se encuentra en momentos de desafío y controversia.
~ Martin Luther King, Jr.

Liderazgo (en inglés, **Leadership**) [lee-der-ship] *Origen*: antes de 900; Inglés Medio *leden,* Inglés Antiguo *lædan* (causative de *līthan* ir, viajar); cognado con Holandés *leiden,* Alemán *leiten,* Nórdico Antiguo *leitha,* -er + -ship Inglés Medio, Inglés Antiguo *-scipe;* similar a la forma; cognado con Frisón dialectal, Holandés dialectal *schip.*[83]

Guiar (en inglés, **Lead**) [leed] *Origen*: "guiar," Inglés Antiguo lædan "causa para ir con uno, guiar," causativo de liðan "viajar," de Germánico del oeste *laithjan (cf. O.S. lithan, Nórdico Antiguo liða "ir," Gótico ga-leiþan "ir"). Significa "estar en primer lugar" es de finales del siglo XIV. El nombre es grabado primero en c.1300, "acción de llevar." Significa "la parte frontal o lugar principal" es de 1560s.[84]

- • -

UN CIERRE TÍPICO PARA "LLAMAR A LA ACCIÓN" que he escuchado una multitud de veces en reuniones de negocios va algo así:

> *Señoras y señores, hay tres clases de personas en este mundo – aquellos que hacen que las cosas sucedan, aquellos que se paran a un lado y ven las cosas suceder, y aquellos que andan sin ton ni son y preguntan '¿qué es lo que acaba de suceder?' ¿Cual eres tú? Esperamos que seas un arribista – alguien que hace que las cosas sucedan, porque te queremos en nuestro equipo. ¡Gracias por tu tiempo! Aquí estaremos un rato para responder a cualquier pregunta, y ¡bienvenidos al equipo!*

Primeramente, el arribista en este ejemplo tiene todos los atributos deseables, como cualidades de liderazgo, entusiasmo, vitalidad, influencia y una actitud positiva. A todos en la audiencia les gustaría ser considerados así de comprometidos al éxito. Asimismo, tener estos atributos indica que tú debes comprometerte a formar parte del equipo porque eso es lo que están buscando.

A continuación, aquellos que ven las cosas suceder son personas que tienen miedo de tomar riesgos; tienen dificultades para tomar decisiones; ellos simplemente no están motivados ni convencidos; pueden estar sufriendo de una de tantas enfermedades médicas, como el *Parálisis por Análisis*, por la cual están demasiado ocupados encontrando todo lo que hay que saber sobre el tema, que están paralizados en la inactividad; o carecen de las ganas, el deseo y la determinación para ir tras sus sueños y hacerlos realidad. Si este tipo de individuo se oye como tú, la insinuación es que no estás realmente siguiendo tu propósito en la vida; no estás cumpliendo tu verdadero potencial. Como el gran Jim Rohn dice, "Nuestro objetivo principal en la vida debe ser el crear lo más que posiblemente pueda permitir nuestro talento, habilidad y deseo. Al conformarnos en hacer menos de lo que podríamos hacer es fracasar en esta más digna de las actividades." Y tal vez, tú comenzaras a estar de acuerdo con su filosofía y te darás cuenta de que "¡para que las cosas cambien en tu vida, *tú* tienes que cambiar!" Así que, ¿estás listo para unirte al equipo?

Y por último, el tercer tipo de persona es la peor porque no tiene ninguna idea. No sabe lo que le acaba de pasar. Ha visto una oportunidad inigualable para él y su familia, tal vez por generaciones que están por venir, y no puede ver eso. Esta descripción alude a un I.Q. (Cociente de Inteligencia) indeseable y nadie en la audiencia quiere pensar que no es lo suficientemente inteligente. Este individuo puede ser atraído al equipo sólo porque no quiere parecer tonto.

Una vez más, en una de sus muchas enseñanzas, Jim Rohn comparte con nosotros *Cómo Evitar Estar en la Quiebra y Tonto* (*How to Avoid Being Broke and Stupid*).[85] Dice que para que no estés en la quiebra, no seas tonto. En otras palabras, eres tonto si no te unes a un equipo con individuos exitosos así como los que acabas de escuchar. Eres tonto si no continuas leyendo y aprendiendo todo lo que puedas para mejorarte. Y si aprendes de estos individuos exitosos y pones a práctica lo que has aprendido, entonces no estarás en la ruina jamás.

Entonces, el mensaje en la tercera clase de persona es que si no te unes a este equipo, todavía vas a estar en la quiebra... y ahora también eres tonto. Y Jim Rohn dice que no hay nada peor que eso, a menos que estés enfermo también – entonces estarás enfermo, en la quiebra *y* tonto. Pero, si tienes la mala suerte de ser feo también, entonces eso es lo más bajo que puedes llegar, porque ¡ahora estas feo, enfermo, en la quiebra *y* tonto![86] Nadie quiere estar en esta categoría, así que ¡únete al equipo y empieza a mejorar tu vida ahora mismo!

Por lo tanto, has decidido que no quieres pertenecer a esta última categoría – preferirías ser parte de los arribistas, los líderes. Pero ¿cómo te *conviertes* en un líder? Gran pregunta – el liderazgo es *un proceso continuo*. Simplemente no te despiertas un día y anuncias al mundo, "¡Yo soy un líder!" y de repente no gritas con todo lo que dan tus pulmones, "¡Síganme – yo los llevo!" Jeff Olson, en su libro audio *La Ligera Ventaja (The Slight Edge)*, dice que el estudio continuo, seguido por la acción, y después por modelar a un experto en la materia y repitiendo este proceso sin cesar, algún día te hará digno de emular. Podrás así, transformarte en un líder a través de diligentemente "buscando el camino del autodominio y el aprendizaje continuo."[87]

John C. Maxwell también cree que el aprendizaje tiene que ser continuo...incluso *dentro de* los niveles de liderazgo diferentes, de los cuales dice que hay cinco. Maxwell ha enseñado por más de 30 años los cinco niveles de liderazgo, que son, de menor a mayor: Posición, Permiso, Producción, Personas (y su desarrollo), y Pico (o cumbre).[88]

Como líder *posicional*, la gente te sigue porque tiene que – tú eres el jefe. En el nivel de *permiso*, la gente te sigue porque quiere – tú has establecido, y ahora estas desarrollando, relaciones. Como líder en el nivel de *producción*, tú logras resultados y la gente te sigue por lo que has hecho por la organización. El nivel de *desarrollar personas* es un nivel de reproducción – la gente te sigue por lo que has hecho por ellos; aquí es donde puede ocurrir crecimiento masivo. Y por último, el nivel más alto de liderazgo es el *pico* (o la *cumbre*), donde has cosechado respeto universal – la gente te sigue por la persona que te has convertido y lo que representas.[89]

Un estudio de caso de una persona importante que *hace que las cosas sucedan* puede encontrarse en la edición de octubre 2010 de la revista *ÉXITO* (*SUCCESS*). En el disco compacto de esta edición de *ÉXITO*, John Maxwell lee acerca del Dr. William Foege, un médico de renombre mundial que trabajó en la exitosa campaña para erradicar la viruela (smallpox). Maxwell menciona los logros de salud global de Foege para ejemplificar las cinco cualidades de las personas que hacen que las cosas sucedan: 1) son impulsados por una causa, 2) sienten que su trabajo es un llamado, 3) no tienen un camino fácil, 4) piensan fuera de la caja, y 5) hacen más de lo requerido o esperado. Al final del segmento, Maxwell enumeró las siete cosas que hacen a los líderes efectivos:[90]

1. *¿Establezco dirección y lanzo bien la visión?*
2. *¿Cultivo una cultura de crecimiento?*
3. *¿Logro resultados con otros?*
4. *¿Puedo participar y desarrollar un consenso con los demás?*
5. *¿Los guio bien en una crisis?*
6. *¿Me vuelvo a crear yo mismo y mi organización cuando es necesario?*
7. *¿Hago que las cosas sucedan?*

Esencialmente, Maxwell dice que las personas que hacen que las cosas sucedan son impulsadas por un poder superior a ellos mismos; son apasionados por lo que están haciendo; han tenido que superar dificultades; han tenido que ser creativos e innovadores; y han ido más allá de lo que se requiere o espera. Y ¡hacen todas estas cosas voluntariamente! Si esto parece como mucho trabajo duro, sí es...para alguien que no tiene su pasión, sus ganas, su creatividad y su ética de trabajo. Por otro lado, para individuos que hacen que las cosas sucedan, es una gran satisfacción y alegría hacer lo que hacen. No es un trabajo – es vivir la vida que eligieron y en el proceso, se están convirtiendo en líderes más efectivos. No cabe duda, aquellos que *hacen que las cosas sucedan* hablan fuerte y claro porque hablan... ***¡El Lenguaje de los Triunfadores!***

Capítulo 13

Gestos –

> *La personalidad es una serie ininterrumpida de gestos exitosos.*
> ~ F. Scott Fitzgerald

Gestos (en inglés, **Mannerisms**) [man-uh-riz-uhms] *Origen*: 1125–75; Ingles Medio *manere* < Anglo-Francés; Francés Antiguo *maniere* Latín Vulgar **manuāria*, sustantivo usado del femenino de *manuārius* práctico, conveniente (Latín: de, pertenece a la mano). Ver manus, -er -isms < Griego *-ismos, -isma* sustantivo sufijos, a menudo directamente, a menudo a través de Latín *-ismus, -isma,* a veces a través Francés *-isme,* Alemán *-ismus* (todos en última instancia < Griego).[91]

- • -

EN SU DISTINTIVA FORMA DE TRANSMITIR un mensaje, el inimitable Jim Rohn articula lo siguiente en el disco compacto de noviembre 2009 de la revista *ÉXITO (SUCCESS)*:[92]

> *El éxito deja pistas. Mira cómo el hombre estrecha su*

mano. Mira cómo la dama responde. Las personas que tienen éxito hacen ciertas cosas una y otra vez... y si eres listo, las puedes aprender. Míralo todo – si un fulano está ganando $10,000 al mes, yo vería cómo camina. ¡Tal vez eso es! Copea su manera graciosa de caminar. Alguien dice, "Bueno, esa es una caminata tonta." ¡Es 10,000! Todavía no tengo el dinero, ¡pero tengo la caminata! Se empieza por alguna parte. Lo que te pido... es que seas inusual y un buen observador de lo que está sucediendo a tu alrededor. ¡Puedes aprender ideas que pueden cambiar tu vida a partir de mañana!

Es cierto, observa lo que está sucediendo y estudia la literatura. Por ejemplo, un estudio de comunicación no-verbal en 2011 de la Universidad de California, Berkeley, encontró que las personas determinan en segundos si alguien es digno de confianza, amable o compasivo basado en algunos factores claves – es decir, con qué frecuencia el sujeto hace contacto con los ojos, sonríe, asienta con la cabeza mientras escucha y muestra postura de cuerpo abierto.[93] Los individuos exitosos saben que 3 de los 4 parámetros que producen resultados inmediatos son expresiones faciales. Por lo tanto, nos corresponde descubrir algunas perlas faciales.

Por ejemplo, digamos que simplemente te encantó *¡El Lenguaje de los Triunfadores!* y deseas darle una copia autografiada del libro a una amiga. (Ponte en contacto conmigo, ¡puedo hacerlo realidad!) Te das cuenta que al recibir el libro, tu amiga sonríe. Pero ¿es la sonrisa de tu amiga genuina o no? Bien, si la única cosa en la cara de tu amiga que se mueve son sus labios, la has decepcionado. Sin embargo, si la sonrisa es acompañada por una arruga en las esquinas de los ojos (las mentadas, *Patas de Gallo*) y las mejillas se elevan un poco, ¡eres un campeón![94]

Así, cuando observas alguien con las temidas Patas de Gallo, es una buena señal – a pesar de que muchas mujeres creen que es un signo de envejecimiento para ellas y una muestra de carácter para los hombres. Estos cambios en el área de los ojos realmente implican que ¡has pasado mucho tiempo compartiendo sonrisas legítimas con otros! Entonces, no te apresures demasiado en ir al Cirujano Plástico o en conseguir las inyecciones del *botulinum toxin* para tratar de borrar esos signos de felicidad y plenitud. Están allí por una razón.

Los triunfadores usan una técnica conocida como "espejeando" para que otros se sientan cómodos.[95] En esencia, estás coincidiendo con lo que la otra persona está haciendo en algunos casos claves, como cuando se saludan de mano o al hacer contacto con los ojos. Al recibir la mano de la otra persona en tu mano, rápidamente determina la fuerza o la delicadeza de la interacción y (como un espejo) has lo mismo – dará una buena primera impresión. Asimismo, trata de corresponder el contacto visual con la otra persona, teniendo cuidado de no quedarte embobado o de mirar lejos demasiado pronto. Al tener este equilibrio de contacto con los ojos, estás involucrando a la otra persona y mejorando sus tiempos juntos. Si, por el contrario, alguien evita el contacto con los ojos, están diciendo realmente: No me interesa hablar contigo; no me gustas; estoy tratando de engañarte; no apruebo de esto; no me atraes.[96]

Y porque los ojos son las ventanas del alma, permiten a los triunfadores averiguar lo que realmente está ocurriendo en el interior.[97] Por ejemplo, las pupilas dilatadas significan que la persona que está hablando está cómoda y receptiva; esa persona está feliz de verte y no se quiere ir por un buen rato. Las pupilas se han dilatado para poder ver más de ti, lo más posible; están permitiendo más información acerca de ti que se procese en ese mismo instante. Sin embargo, no malinterpretes las pupilas dilatadas de noche – fisiológicamente, las pupilas se dilatan cuando se baja el sol para permitir que más luz entre, para que puedas interpretar mejor lo que estás viendo.

Pero para determinar si las pupilas de alguien están dilatadas o no, tienes que estar cerca. Por otro lado, cuando te encuentras lo suficientemente lejos que no eres capaz de medir el tamaño de las pupilas, es tiempo de enfocar tu atención en la "imagen grande," como la postura del cuerpo. Mark Asher, en su libro *Lenguaje Corporal* (*Body Language*), habla sobre la importancia de la postura en lo siguiente:[98]

> *La mala postura puede señalar una falta de autoestima. Una persona que está jorobada, con la cabeza hacia abajo, ojos en el suelo, los hombros redondeados y los pies separados probablemente no podrá galvanizar nuestra atención por mucho tiempo. Inmediatamente recibimos mensajes de vergüenza, humildad y alguien que desea retirarse de allí. Por lo contrario, una persona que se para recta y camina con la cabeza en alto captura nuestra atención mucho más. Aquí está un personaje que muestra interés en sus alrededores y en la gente en su proximidad... Nuestras posturas cambian a medida que cambia el peso de un pie al otro. Por lo tanto, si alternamos nuestro peso para enfrente y para atrás nos vemos intrigantes – dando la impresión que estamos tratando de salirnos*

de la situación en la que nos encontramos.

Otro aspecto de la postura se ve en las posiciones de artes marciales. Por ejemplo, la *Posición de Atención* en Tae Kwon Do es una postura de alerta y mayor consciencia.[99] Consiste de estar parado recto con los hombros relajados; los ojos están alerta y miran hacia adelante; las manos están abiertas y las palmas tocan los lados; y los pies están juntos. La representación completa de esta posición sólo puede ser realizada por un karateka serio – uno que está serio acerca de su salud y su higiene personal, y serio de usar un uniforme limpio y bien planchado.

Pero la vestimenta y los uniformes adecuados no sólo son importantes en las artes marciales. De hecho, la gente hará suposiciones acerca de tu prosperidad, estatus e incluso tu salud, evaluando tu ropa y tu apariencia. Nuestro aspecto es meticulosamente analizado por otros. Mark Asher declara, "Cada característica física como el tamaño de nuestro pecho, lo largo de nuestro pelo, nuestra cintura, incluso el tamaño de nuestro collar de la camisa es esencialmente un pedazo de comunicación no-verbal que un observador examinará y categorizará, principalmente inconscientemente..."[100]

Los triunfadores cuidan su aspecto personal. Como decía Jim Rohn, "Para atraer a otros, tienes que ser atractivo." Ciertamente, si no haces ejercicio, comes bien y duermes con descanso adecuado, tu salud y tu apariencia van a sufrir.

En mi novela médica de suspenso, *El Tónico* (*The Tonic*), lo siguiente ocurre cuando la tensión crece y Alfred Campbell ha tenido suficiente de John Stone. Para estos dos personajes de ficción, la escena llega a un punto de hervor debido a las apariencias:[101]

> *" – y por el amor de Dios, Stone," él dijo como si había estado hablando desde el principio. "Has algo acerca de ese pelo feo tuyo."* Esta no era la primera vez que había criticado a Stone acerca de esto, ni sería la última vez. *"Además, ¿qué haces con todo tu dinero?"*

Quizás una de las maneras *más fáciles* para verte más atractivo es el usar algo que es gratis: una sonrisa. Después de todo, "se requieren 72 músculos para fruncir la cara, pero solamente 14 para sonreír," dice Zig Ziglar.[102] Sin embargo, según el Jefe de Cirugía Plástica y Reconstructiva en los Hospitales de la Universidad de Chicago, David H. Song, MD, se requieren 12 músculos para lograr una sonrisa genuina, versus 11 músculos para fruncirse.[103] A pesar del hecho que la sonrisa usa un músculo más que fruncir el ceño, Dr. Song cree que toma menos esfuerzo que una mueca porque la gente tiende a sonreír con más frecuencia. Así, los músculos relevantes de "la sonrisa" están en mejor forma.

Aunque tus músculos de la sonrisa estén (o no estén) en forma, son muy importantes y es necesario utilizarlos más regularmente. Y para entender mejor la importancia de una sonrisa, aquí tenemos una perspectiva maravillosa del Rabino Samson Raphael Hirsch:[104]

> *Una SONRISA no cuesta nada, pero da mucho. Enriquece a quienes la reciben, sin hacer más pobres a quienes la dan. Se toma sólo un momento, pero el recuerdo de ella a veces dura para siempre. Nadie es tan rico o poderoso que pueda seguir adelante sin ella, y nadie es tan pobre que no se pueda hacer rico por*

ella. Una sonrisa crea felicidad en el hogar, fomenta la buena voluntad en los negocios y es la contraseña de la amistad. Trae descanso para los fatigados, ánimo a los desalentados, la luz del sol para el triste y es el mejor antídoto de la naturaleza para los problemas. Y no se puede comprar, rogar, prestar o robar, porque es algo que no es de valor para nadie hasta que es regalada. Algunas personas están demasiado cansadas para darte una sonrisa. Dales una de las tuyas, ya que nadie necesita una sonrisa tanto como el que no tiene más que dar.

Los triunfadores comprenden que el éxito deja pistas, y van a modelar a individuos exitosos para aprender de ellos cada oportunidad que tengan. Los triunfadores se dan cuenta que muchas señales no-verbales se pueden adquirir de las expresiones faciales, especialmente de los ojos. Los triunfadores van a tranquilizar a otros con técnicas de "espejo" y posturas corporales abiertas. Los triunfadores saben la importancia de una sonrisa y el hecho de que no es de valor para nadie hasta que se regala…y la regalan, una y otra vez. Como resultado, los músculos de la sonrisa de los triunfadores están "¡en forma!" Los triunfadores no sólo poseen fluidez de palabra y de paso, también se visten para el éxito porque creen en el lenguaje corporal de… **¡El Lenguaje de los Triunfadores!**

Capítulo 14

RED –

Las personas más ricas del mundo buscan y construyen redes; todos los demás buscan trabajo.
~ Robert Kiyosaki

Red (en inglés, **Network**) [net-wurk] *Origen*: antes de 900; Inglés Medio *net* (sustantivo), net "malla," del Protogermánico *natjan (compara Nórdico Antiguo, Holandés net, Sueco nät, Gótico "red"), originalmente "algo en nudos." Inglés Antiguo weorc, worc "algo hecho, acción, procedimiento, negocio, fortificación militar," del Protogermánico *werkan (compara Holandés werk, Nórdico Antiguo verk, Gótico gawaurki), del Protoindoeuropeo base *werg- "trabajar" (ver urge).[105]

- • -

ENTRE MÁS GRANDE Y MÁS FUERTE LA RED, más grande el pez que puedes pescar. Un "gran pez" no sólo implica tamaño, también significa que el pez posee otros atributos deseables. No importa si estas pescando en el mar o en el mercado de negocios, quieres atraer lo mejor que existe. A través de la red, te estás asociando con personas que comparten un interés común; estás proporcionando apoyo mutuo y ayuda para que todos puedan crecer y desarrollar una cultura ganadora... para que puedas pescar un gran pez.

Las redes se componen de un gran número de individuos, cada uno aportando un poco más, todos tirando en la misma dirección y maximizando sus resultados. John D. Rockefeller, el primer multimillonario de los Estados Unidos, dijo, "Yo prefiero ganar 1% de los esfuerzos de 100 personas, que el 100% de mis propios esfuerzos." Cuando te apalancas de otra gente, realmente estás trabajando más inteligente, no más difícil. Esa es la belleza de utilizar la red poderosa que has construido para sacar lo máximo de lo que tienes a tu disposición...la gente y sus conexiones. Esa es la filosofía detrás de las compañías de Red de Mercadeo (Network Marketing); utilizan los esfuerzos de muchos para obtener resultados fenomenales. Muchas personas adineradas han alcanzado sus fortunas utilizando este principio.

El viejo refrán, "Lo importante no es *lo que* sabes, sino *a quien* conoces" apoya la importancia de crear redes grandes y fuertes. Cierto, algunas personas tienen pocas habilidades pero uno o dos amigos en puestos clave y eso puede conducir a muy malos resultados con las personas equivocadas en los lugares equivocados. Por otro lado, siendo el orgulloso propietario de muchas habilidades no te subirá a ninguna escalera del éxito si nadie se entera de ti o de lo que puedes traer a la mesa. Tiene que haber un sentido de equilibrio entre tus habilidades, talentos y nivel educativo *y* la gente de influencia a la que tienes acceso, o con la que te asocias. Y cuando la primera parte del refrán es idéntica entre tú y un competidor, entonces *a quien* conoces significa mucho.

Mientras se mantenga la integridad y la ética, a quien conoces puede positivamente impulsarte hacia tus metas más rápido de lo imaginado.

Aunque la población del planeta está aumentando, la explosión de los avances tecnológicos aporta credibilidad a la línea, "Es un mundo pequeño, después de todo." Hoy en día, podemos conectarnos instantáneamente con alguien al otro lado del mundo. Recuerdo cuando, como un muchacho joven en 1969, mi familia estaba sentada acurrucada alrededor de nuestro televisor de blanco y negro en nuestro pequeño hogar en 421 Calle Medina en Eagle Pass, Texas y vimos a Neil Armstrong tomar "un paso pequeño para el hombre; un gran salto para la humanidad." Mi tía Licha estaba de visita desde México y ella nunca creyó la transmisión. Ella decía que lo que estábamos viendo eran "trucos de la cámara" y muchos años más tarde, se fue a la tumba con esa misma creencia. Ella era una mujer trabajadora sin educación formal que no era capaz de visualizar las vastas posibilidades de una red de individuos, más la tecnología.

La obra teatral de 1990 de John Guare titulada *Seis Grados de Separación* (*Six Degrees of Separation*), después la película de 1993 del mismo nombre, incluye las siguientes líneas por uno de los personajes:[106]

> *En algún lugar leí que todo el mundo en este planeta está separado por solamente seis otras personas. Seis grados de separación entre nosotros y todos los demás en este planeta. El Presidente de los Estados Unidos, un gondolero en Venecia, simplemente introduce los nombres. Me resulta sumamente reconfortante que estamos tan cerca. También me parece como tortura de agua China que estamos tan cerca porque tienes*

> *que encontrar las seis personas correctas para hacer la conexión correcta... Me veo obligado, tú estás obligado, a todos en este planeta por una línea de seis personas.*

En su libro *Los Aislados* (*Outliers*), Malcolm Gladwell escribe acerca del papel que las oportunidades tienen en el éxito de uno. Él dice que los ganadores "son invariablemente los beneficiarios de ventajas ocultas y oportunidades extraordinarias y legados culturales que les permiten aprender y trabajar duro y hacer sentido del mundo en formas que otros no pueden."[107] Continúa, refiriéndose a las prácticas de contratación (de empleo) de las oficinas de abogados en la Ciudad de Nueva York en los 1940s y 1950s citando *El Abogado de Wall Street* (*The Wall Street Lawyer*) de Erwin Smigel con lo siguiente:[108]

> *... abogados que son Nórdicos, tienen personalidades agradables y apariencias "limpias," son graduados de las "escuelas correctas," tienen el fondo social "correcto" y experiencia en los asuntos del mundo y están dotados con tremenda resistencia. Un ex Decano de la escuela de leyes, en discutir las cualidades que los estudiantes necesitan para obtener un trabajo, ofrece una imagen un poco más realista: "Para conseguir un trabajo [los estudiantes] deben ser lo suficientemente extensos en conexiones de la familia, suficientemente extensos en aptitud o suficientemente extensos en personalidad, o una combinación de éstas. Algo que se llama aceptabilidad se compone de la suma de sus partes. Si un hombre tiene alguna de estas cosas, él podría conseguir un trabajo. Si tiene dos de ellas, puede tener de dónde escoger un trabajo; si tiene tres, podría ir a cualquier lugar."*

Esto alude a la observación de que cuando estas usando la vestimenta adecuada, la ropa apropiada para la ocasión y más específicamente, la *cachucha* (en inglés, *cap*) correcta – como en las **c**onexiones adecuadas, **a**ptitudes y **p**ersonalidad – las puertas de posibilidad se abrirán para ti. Sí, puertas se abrirán para ti, pero tú todavía tienes que trabajar en construir y desarrollar una red sólida. Va a tomar tiempo y mucho esfuerzo dedicado de muchas personas – por eso se llama trabajo en red (*net-working*), en lugar de no-trabajo (*not-working*).

La mayoría de la gente mira simplemente a "construir" una red, la cual consiste en reclutar, reunir, registrar y juntar a su equipo. Creo que los ganadores no sólo *construyen* una red, también "desarrollan" su red, la cual requiere entrenamiento, apoyo, nutrir y guiar en la dirección correcta – en la dirección de la visión del equipo.

Los ganadores construyen y desarrollan redes grandes e influyentes porque aceptan el hecho de que hay solo 86,400 segundos en un día y ningún sólo individuo puede trabajar más que eso en cualquier día dado. Así que, ¿cómo pueden los ganadores dedicar más de 86,400 segundos de tiempo productivo por día? Al traer otros hacia la red, así maximizando sus esfuerzos y añadiendo *su* tiempo a *tus* totales. Los ganadores entienden acerca del apalancamiento y en tener una red de personas dedicadas trabajando hacia un objetivo común. Los ganadores trabajan más inteligente, no más duro. Las redes de los ganadores aumentan rápidamente y crecen hasta alcanzar una *masa crítica*, el punto en que tu vida cambia para mejor. Los ganadores utilizan no sólo su talento, sino también sus conexiones para hacer contribuciones notables a la sociedad porque ellos entienden de qué se trata... ***¡El Lenguaje de los Triunfadores!***

Capítulo 15

OPCIONES –

¿Por qué la gente llega a lugares tan diferentes al final del viaje? ¿No hemos todos navegado sobre el mismo mar? La diferencia principal no es circunstancia; es el fijar de la vela.
~ Jim Rohn

Opciones (en inglés, **Options**) [op-shuhns] *Origen*: c.1600, "acción de elegir," del Francés option, del Latín optionem "elección, libre elección," relacionado a optare "desear, elegir," de la base Protoindoeuropea *op- "elegir, preferir." Significa "cosa que puede ser elegida" se certifica desde 1885. Sentido de la transacción comercial primero grabada 1755.[109]

- • -

COMO UN TRIUNFADOR, TU DOMINIO DEL LENGUAJE te permitirá tener varias opciones a tu disposición en todo momento – opciones que un fulano común y corriente no tendrá porque él no está preparado como tú. Digamos que tú eres un presentador para tu empresa y esta noche vas a presentar para un grupo de posibles inversionistas. Esta es una reunión enorme, la cual has estado trabajando durante varios meses, y es considerada la reunión más importante en la historia de tu empresa. No hay presión, pero al último minuto, tu jefe te advierte que este grupo tiene una aversión a varias de las palabras clave dentro de tu plática. Por lo tanto, debes adaptarte rápidamente y debes elegir otras palabras que todavía transmiten tu mensaje, y que son igual de poderosas. Para lograr esto en tan corto plazo, ya debes poseer un vocabulario extenso para poder reemplazar esas palabras críticas, esas palabras que harán o romperán el trato. ¿Puedes hacerlo? Más importante aún, ¿*lo harás*?

Mi hija adolescente, Laura, fue a una entrevista en una tienda de ropa y me llamó después con el seguimiento. Estaba emocionada en decirme todos los detalles de su entrevista. En un momento dado, el entrevistador dijo, "Describe qué clase de persona eres." Laura, sin tomar una pausa, respondió con una de estas dos afirmaciones:

1. *"Soy una persona muy directa; lo digo como lo veo."*

2. *"Soy una persona honesta, pero con tacto."*

En ambos casos, Laura es la misma persona; la única diferencia entre estas dos respuestas es cómo el entrevistador percibe a mi hija. ¿Es atenta y reflexiva? O ¿es egocéntrica y vanidosa?

Experto en liderazgo, John C. Maxwell, describe la diferencia entre ser *amable* y ser *franco*.[110] Dice que para que seas un líder eficaz, debes alcanzar un equilibrio de ambas de estas opciones con tu equipo. El hecho de que eres amable con alguien no significa que no puedes ser honesto con ellos; simplemente hazlo con tacto y un sentido agudo de lo que es apropiado en ese momento en particular. De esa manera, habrías evitado ofender a un compañero, el cual ahora estará dispuesto a dar más de sí mismo para el bien mayor, el equipo.

Asimismo, mi hija, por ser una vendedora honesta pero con tacto, será más capaz de enfrentarse a situaciones delicadas en el trabajo. Por lo tanto, el ser amable empezará la relación, pero la franqueza la mantendrá.

La amabilidad y la franqueza aplican para cualquier tipo de relación, incluso una relación de estudiante-profesor. En mi tercer año de secundaria, Sr. Flores (mi maestro de mecanografía) me animó a registrarme para el equipo de competencia de Mecanografía I de la Liga Interescolar Universitaria (*University Interscholastic League* o U.I.L.). Todos los competidores de Mecanografía I calificaban al estar inscritos actualmente en el primer año de mecanografía y al estar bien académicamente. (Hoy en día, esta clase se llamaría "teclado," pero como no teníamos computadoras en esos días, se llamaba "mecanografía.") Todos los días después de la escuela, durante tres meses, practicamos nuestras técnicas y rapidez de mecanografía. Al final de nuestro primer día de práctica, nuestra entrenadora de U.I.L. anunció al equipo que ¡yo ya había hecho mejor que el ganador del año anterior del campeonato estatal de Texas! Todo el mundo estaba encantado; esperábamos tener una temporada ganadora. Y aquí es donde la historia se pone buena.

La entrenadora estaba acostumbrada a que sus alumnos triunfaran en U.I.L., y puesto que yo no estaba inscrito en su clase, ella quería que me cambiara a *su clase*. "De todos modos," dijo ella, "mi clase esta justo al lado." Pero yo no quería irme de la clase del Sr. Flores; era un gran maestro y mi hermano, que ahora estaba en su último año, también estaba en la clase. Decir que disfruté la clase de mecanografía del Sr. Flores no le haría justicia. Y la entrenadora tenía dos estudiantes de su clase representando a nuestra escuela, pero ella quería que *yo* fuera su estudiante; pensé que todos éramos sus estudiantes.

Cada día, la entrenadora me suplicaba que me cambiara a su clase, y cada día le decía que yo estaba contento con el Sr. Flores. Le decía, "¡Pero usted es mi maestra de U.I.L.!" Ella no estaba satisfecha; quería más. Después de varias semanas, finalmente dejó de suplicarme y sentí que habían quitado un gran peso de mis hombros. Muy rápidamente, mi velocidad mejoró enormemente y cada vez que la entrenadora regresaba mis papeles de práctica, había una palomita con las palabras "¡Muy bien!" escritas a un lado. Por supuesto, guardé todos mis papeles.

Y el día se llegó; la competencia de nuestro Distrito. Todos esperaban que yo ganara fácilmente. Pero no gané; de hecho, ¡ni siquiera estuve cerca! Y ¿qué pasó con las dos alumnas de la entrenadora? Ambas terminaron en los primeros lugares... sólo para ser derrotadas fácilmente en la siguiente ronda de la competencia. Eran más de veinte palabras por minuto más lentas que el representante más rápido de nuestro equipo. Así que, ¿qué pasó?

Había ciertas y específicas reglas que la entrenadora no compartió conmigo – y las retuvo. Yo nunca fui consiente de estas reglas y a consecuencia, esa fue la diferencia. Verás, nos calificaban en velocidad *y también* en precisión – hasta un sólo error significaba una pena grave. Mi papel regresó con tres errores, y nadie gana con tres errores. No tenía ni la mínima indicación de lo que los jueces consideraban "errores." Pensé que había hecho un trabajo superior; había hecho como lo hacía siempre en las prácticas.

Al final de cada línea, una campanita sonaba y debías pulsar la tecla del "regreso." Pero no la podías pulsar en cualquier lugar, tenía que hacerse dentro de un cierto número de espacios, y yo no tenía esa información. Durante cada práctica por tres meses, la entrenadora había revisado mis papeles y había añadido sus bonitos comentarios, pero nunca corrigió mis deficiencias.

Cuando regresamos a casa del U.I.L., Sr. Flores estaba aturdido al oír que ni siquiera califiqué. Cuando le mostré todos mis papeles de las prácticas y le señalé las muchas veces que pude haber sido corregido, ¡él estaba furioso! La amabilidad y la franqueza: Supongo que la entrenadora se preocupaba por mí mientras pensaba que me cambiaría a su clase de 6º periodo; la franqueza, por otro lado, había estado de vacaciones.

Todos tenemos opciones. Después de muchos años de luchar con esto, y aunque no la he visto desde la secundaria, opté por perdonar a la entrenadora. Creo que ella se había desviado; no supo cómo fijar su vela; nunca se dio cuenta que ¡si *cualquiera* de su equipo ganaba, ella ganaba!

Pero "opciones" también tienen que ver con el dinero que los triunfadores pueden generar. Cierto, el dinero no te puede comprar amor y no te puede comprar felicidad, pero te puede dar opciones. El dinero es importante debido a todas las diferentes opciones que tienes a tu disposición cuando lo tienes; y a todas las limitaciones cuando no lo tienes.

Zig Ziglar dice, "El dinero no es lo más importante en la vida, pero está razonablemente cerca del oxígeno en la escala de *lo-tengo-que-tener*." Después de solo tres minutos sin oxígeno, el cerebro puede sufrir daños serios y después de cuatro minutos, corres el riesgo de ser declarado con *cerebro muerto*;

ciertamente, no estarás económicamente muerto después de tres o cuatro minutos sin dinero, pero Zig hace su punto de la manera que sólo él puede.

Hablando de la importancia del oxígeno, un revisor de mi libro, *El Tónico (The Tonic)*, escribió lo siguiente:[111]

> *Adepto en el uso de su fondo único, el Dr. Hinojosa combina su conocimiento clínico muy bien con sus escenas de amor, violencia, crimen, conflicto ético, drama en la Sala de Emergencia, pasión y más.* "Sus labios estaban apasionadamente mantenidos juntos por lo que parecía para siempre," *una frase tal vez utilizada en novelas anteriormente, es seguida por palabras iluminadoras frescas:* "Se estaban arriesgando a la hipoxemia, peligrosamente bajos niveles de oxígeno en la sangre, como resultado de sus labios firmemente sujetados. También se estaban olvidando de respirar. Era un momento peligrosamente maravilloso para ambos." *Ahora eso es novedad. ¿Ha habido dos personas que se hayan besado hasta la muerte?*

En la novela de gran éxito de John Grisham, *El Testamento (The Testament)*, una doctora misionera se enfrenta a retos increíbles en la selva brasileña por su falta de dinero y recursos. Un abogado de los Estados Unidos la encuentra para notificarle de una gran herencia y trata de convencerla para que acepte el dinero, lo cual ella se niega rotundamente. Una niña local acaba de morir de una mordedura de víbora y la doctora dice, "… hay un antídoto. En realidad, lo he tenido aquí anteriormente, y si lo hubiese tenido ayer, la niña no hubiera muerto." El abogado responde y declara su caso, "Entonces, si tuvieras mucho dinero pudieras comprar bastante antídoto. Podrías almacenar tus estantes con todas las medicinas que necesitas. Podrías comprar un motor fuera de borda para llevarte a Corumbá y traerte de regreso. Podrías construir una clínica y una iglesia y una escuela, y difundir el evangelio en todo el Pantanal."[112] El abogado delinea un montón de opciones específicas aplicables a la misionera si el dinero no fuera un obstáculo.

Los triunfadores tienen más opciones porque están mejor preparados; tienen un vocabulario más extenso, el cual resulta útil en los momentos críticos. Los triunfadores eligen por continuar estudiando, practicando y mejorándose; se preocupan por la persona en que se están convirtiendo. Los triunfadores entienden que la amabilidad y la franqueza deben coexistir; entienden que al hacer ambos consistentemente y continuamente crecerá una relación. Si alguien se preocupa por ti, aceptarás su honestidad brutal, aunque duela. Por otra parte, los triunfadores también se dan cuenta de que hay solamente dolor en que la gente sea honesta contigo cuando sabes que realmente no les importas.

Los triunfadores pueden cobrar más dinero por sus servicios debido a sus habilidades, talentos y valor en general que traen a la mesa. Los triunfadores han trabajado diligentemente para poder tener opciones en la vida, para poder tomar decisiones que otros sólo sueñan tomar, y para poder estar preparados para reconocer e incorporar en su vida diaria… **¡El Lenguaje de los Triunfadores!**

Capítulo 16

PACIENCIA – Parte I

Es más fácil encontrar a hombres que se ofrecen como voluntarios para morir, que encontrar aquellos que están dispuestos a soportar el dolor con paciencia.
~ Julio Cesar

Paciencia (en inglés, **Patience**) [pey-shuhns] *Origen*: principios de 13c., "calidad de ser paciente en el sufrimiento," del Francés Antiguo pacience, del Latín patientia "paciencia, resistencia," de la base Protoindoeuropea *pei- "dañar, herir, lastimar" (ver pasión).[113]

Pasión (en inglés, **Passion**) [pash-uhn] *Origen*: finales de 12c., "sufrimientos de Cristo en la cruz," del Francés Antiguo passion, del Latín Antiguo passionem "sufriendo, aguantando," del tallo de Latín pati "sufrir, aguantar," de la base Protoindoeuropea *pei- "lastimar," Griego pema "sufrimiento, miseria," Inglés Antiguo feond "enemigo, diablo," Gótico faian "culpar"). Sentido ampliado a los sufrimientos de los mártires y el sufrimiento en general, por principios de 13c.; significado "emoción fuerte, deseo" está atestiguado desde finales de 14c. Sentido de "amor sexual" primero atestiguada 1580s; el de "gustar fuertemente, entusiasmo, predilección" es del 1630s. La flor de la pasión así llamada desde 1630s.[114]

"El nombre flor de la pasión -- flos passionis – surgió de la semejanza supuesta de la corona a la corona de espinas y de las otras partes de la flor para los clavos, o heridas, mientras que se tomaron los cinco sépalos y cinco pétalos que simbolizan los diez apóstoles – Pedro ... y Judas ... quedando fuera de la verdad." ["Enciclopedia Británica," 1885][115]

- • -

FUI INTRODUCIDO AL PASATIEMPO DE los Estados Unidos a la tierna edad de 8 años, un año después de que mi familia emigró de México al sur de Texas. Muchos de mis compañeros entendían mi ignorancia del béisbol – pensaban que yo podía jugar futbol soccer, pero estaban equivocados. Nunca había participado en los deportes hasta que llegué a los Estados Unidos.

Era tiempo para Las Ligas Pequeñas (Little League) y parecía que la escuela estaba electrizante – ¡todos los niños estaban entusiasmados! Yo no tenía ni la menor idea de lo que estaba sucediendo, pero el vendedor dentro de mí asumió el control y pude convencer a mis padres que me compraran un bate, un guante y una pelota de béisbol. Recuerdo la noche que mi padre volvió a casa con todo lo esencial – el bate era de un color marrón oscuro brillante, la pelota estaba dura como una piedra y no tenía ni un sólo rasguño, y el guante era simplemente... rígido. No podía esperar para empezar a aprender este juego, esta obsesión que tenía a mis amigos totalmente cautivados.

El día siguiente cuando llegué a casa de la escuela, mi madre, Rosalinda Fernández de Hinojosa, estaba ocupada atendiendo a mis cuatro hermanitas – 1 año, 2 años, 3 años y 5 años de edad. Mi hermano, el mayor a los 9, estaba haciendo su tarea.

Así que, mi mamá tomó tiempo de sus obligaciones maternas y de *Ingeniera Domestica* para ir afuera conmigo. Me entregó el bate, me mostró la colocación apropiada de las manos y me dio una sonrisa cálida y amorosa. Luego, caminó cinco o seis pasos, se dio la media vuelta para enfrentarse a mí y se preparó golpeando el guante rígido dos veces con la pelota.

Mamá – en sus días como mi "entrenadora" de béisbol

Mamá me dio estas palabras de aliento cuando ya estábamos enfrentándonos: "Pégale con todas tus ganas, mi'jo!"

Estaba en medio de su preparación para lanzar la pelota cuando quebré su ritmo con, "Pero, ma', no le quiero pegar a usted."

"Ay, mijo, no me vas a pegar. Por eso traigo el guante. Ándale, pégale con todas tus ganas."

.Jim Rohn sabiamente dice, "La persistencia corre profundamente como el océano."[116] Y mamá era persistente, así que a regañadientes le hice caso y elevé el bate de mi hombro derecho. Instintivamente, comencé a desplazar mi peso hacia delante y hacia atrás, anticipando el lanzamiento. Mamá se preparó para lanzar la pelota de nuevo, y esta vez completó el lanzamiento – muy delicadamente. Ella, como yo, no tenía idea de lo que estábamos haciendo, pero de todos modos le encantaba aprender y participar con sus seis hijos.

Como una curva en forma de campana, la pelota dura siguió su trayectoria hacia arriba y luego hacia abajo. Mis ojos se quedaron fijos en la esfera blanca todo el camino, y como llegó a la zona de strike en el final de su trayectoria, hice lo que cualquier niño con un garrote en sus manos hubiera hecho – le amagué. Y como era un niño obediente, le di con todo lo que tenía. Creo que incluso calculé el momento de impacto perfectamente, incluyendo mi kinética corporal, esfuerzo de torsión y seguimiento. ¡Fue impresionante! ¡Hice contacto! La pelota se fue como disparada de un cañón... ¡directamente a la espinilla de mamá!

Ya que llevaba puesto un vestido, vi el resultado inmediato del golpe – un área grande de negro y azul que cubría casi la mitad de la pierna desde la rodilla hacia abajo. Mamá no gritó, no maldijo a nadie, ni se quejó. Ella simplemente respondió en su comportamiento normal; compuesta, analítica y en control. Me sugirió tranquilamente que nos fuéramos dentro y que buscáramos un pedazo de carne cruda de la hielera. Esa fue mi primera práctica de béisbol. Una lanzadora, un bateador, una lesión, una bolsa de hielo improvisada y un momento inolvidable con mamá. Estaba listo para la temporada. ¡Bateador, adelante!

Desde esta introducción a un juego de niños, un pasatiempo, un deporte, mi madre me enseñó sobre el amor, sacrificio y paciencia. Ella fue capaz de soportar una dolorosa desgracia a su pierna sin perder su autocontrol y sin quejarse.

Quienes conocieron a mi madre no creían que sólo fue al primer grado de escuela primaria. Era sabia más allá de lo que podría ofrecer cualquier sistema educativo formal. Siempre fue auto motivada y autoeducada, e inculcó esas características en sus hijos. Además, mamá siempre tenía un refrán inteligente listo para cualquier situación que enfrentábamos, y eso nos daba esperanza. Por ejemplo, a muy temprana edad yo aprendí que quería seguir una carrera de Medicina, y no era tímido en dejar al mundo saber esto. Pero de vez en cuando, cuando me entristecía, cuando me desanimaba con mi trabajo escolar, ella me animaba con algo como, "La paciencia es la madre de la ciencia." Ella sabía *qué* decir, *cuando* decirlo y *cómo* decirlo. Hablaba como una ganadora. Y eso es lo que usualmente tomaba para poder despejar mi cabeza, sacudir las telarañas y volver a centrarme.

Ella me recordaba que en el mundo de hoy, cuando todos tienen prisa, cuando la gente quiere cosas "ayer," cuando pueden casarse en Las Vegas sin bajarse del auto, cuando una gratificación inmediata es un derecho y gratificación retrasada es obsoleta, hay todavía espacio para que sus hijos sean la excepción… si solamente se quedan – en – curso.

Sí, mamá me enseñó acerca de esa elusiva cualidad conocida como la paciencia. Como Thomas à Kempis dice, "Todos los hombres recomiendan paciencia, aunque pocos están dispuestos a practicarla." Creo que aquellos que practican la paciencia pueden practicar cualquier otra cosa que ellos quieran.

Una de las cosas que hizo a mi madre una triunfadora era su habilidad para no sólo rendir homenaje al esplendor de la paciencia, pero también en ser una de las pocas practicantes de esta virtud. A través de la paciencia, puedes lograr muchas cosas, puedes cumplir tus sueños, puedes conquistar lo inconquistable y puedes vencer a la derrota. Los triunfadores, como mi madre, que desarrollan el atributo de la paciencia, no se frustran porque han conquistado… **¡El Lenguaje de los Triunfadores!**

PACIENCIA – Parte II

*¡La diferencia entre tratar (try) y el triunfo (triumph)
es un poco de ganas ("umph")!*
~ Marvin Phillips

EN SU LIBRO CLÁSICO DE 1840, *El Manual del Maestro* (*The Teacher's Manual*), Thomas H. Palmer observó que la paciencia y perseverancia no son naturalmente la virtud de la juventud. Por esta razón recomienda que los maestros hagan su mejor esfuerzo para animar y promoverlo al inscribir el siguiente poema en algún lugar en la clase donde la atención del estudiante podría dirigirse a él en todos los casos de dificultad.[117]

TRATA, TRATA OTRA VEZ.

Presta atención a esta lección,
Trata, trata otra vez;
Si al principio no triunfas,
Trata, trata otra vez;
Entonces tu valor aparece,
Porque, si perseveras,
Nunca temas, triunfarás;
Trata, trata otra vez.

> Una vez o dos, aunque falles,
> Trata, trata otra vez;
> Si al final, lo superas,
> Trata, trata otra vez;
> Si lo intentas, no es deshonra,
> Aunque la carrera esté perdida;
> ¿Qué harás en este caso?
> Trata, trata otra vez.
>
> Si encuentras tu tarea difícil,
> Trata, trata otra vez;
> El tiempo te traerá tu recompensa,
> Trata, trata otra vez;
> Todo lo que otros puedan hacer,
> ¿Por qué, con paciencia, no tú?
> Solo mantén esta regla en tu vista,
> TRATA, TRATA OTRA VEZ.

¡Verdaderamente me encanta este poema! Ofrece consejos comprobados sobre las disciplinas de la paciencia y la perseverancia que puedes utilizar para motivar a tus esfuerzos ganadores. El Sr. Palmer prologó el poema declarando que la perseverancia no es intrínsecamente una virtud de la juventud – me atrevería a decir que la paciencia, perseverancia, la gratificación retrasada, planificación de objetivos a largo plazo y nunca darse por vencido son virtudes que hacen falta en la mayoría de las personas en el mundo de hoy.

De hecho, el legendario comediante W.C. Fields dice que, "Si al principio no triunfas, trata, trata de nuevo. Después déjalo. No hay punto en ser un maldito tonto sobre esto." Espero que sólo intentaba ser gracioso, porque hay innumerables ejemplos de personas que perseveraron a pesar de grandes obstáculos y repetidos fracasos, sólo para lograr resultados increíbles.

Por ejemplo, Thomas Edison no tuvo éxito en la creación del primer foco incandescente, económicamente viable y duradero después de sólo unos intentos. De hecho, no se sabe exactamente cuántas veces fracasó, pero está generalmente aceptado que hizo miles de intentos antes de lograr su creación del foco de luz.[118] Y cuando le preguntaron si se consideraba un fracaso después de tantos intentos fallidos, dijo algo al efecto de, "No me considero un fracaso. No fracasé 10,000 veces; simplemente encontré 10,000 maneras que una bombilla de luz eléctrica no funcionara." Edison tenía razón – eso no es fracasar, es la acumulación de conocimiento. Y tal vez estaba aludiendo a sus múltiples desafíos con la bombilla de luz cuando pronunció esta frase: "El genio es uno por ciento inspiración, noventa y nueve por ciento transpiración."[119]

Comúnmente clasificado como uno de los mejores Presidentes de los Estados Unidos, Abraham Lincoln es otro gran ejemplo de lo que puede lograr la virtud de la paciencia. Lincoln fue el decimosexto Presidente de los Estados Unidos, y sus vidas personales y profesionales estuvieron llenas de reveses y decepciones, uno tras otro. Incluso, hay una *Lista de Fracasos (Failure List)* de Lincoln que ha sido compilada, relatando sus numerosas deyecciones.[120] Abraham Lincoln demostró que hasta un fracaso puede llegar a ser Presidente, si no se da por vencido.

Estos dos instantes son ilustraciones excepcionales de la paciencia y perseverancia, de nunca darse por vencido, de seguir adelante con lo que empezaste. Pero ¿cuantas personas realmente siguen su curso después de unos cuantos reveses? De hecho, he visto mucha gente dejar todo después de la primera *No*, después del primer rechazo. A nadie le gusta ser rechazado. La gente desea que la quieran; la gente anhela que le den aprobación y aceptación. Así que, si eres un vendedor, la mejor manera de evitar el rechazo es, o no hacer ninguna llamada de ventas – o si *sí haces* una llamada de ventas, entonces continuas hablando con la esperanza de que tu prospecto te pare en mitad de frase y te diga, "¡Está bien, está bien – entro!" o "¡Pare – voy a tomarlo!" o "¿Dónde firmo?" El rechazo es difícil.

Para evitar el dolor del fracaso y el rechazo, algunas personas establecen la barra tan baja que se garantizan una victoria fácil. Esto no te ayudará a crecer porque no te estás retando. El refrán sería entonces, "Si al principio *sí tienes éxito*, trata un desafío más grande." Darren Hardy cuenta la historia de cuando, como un muchacho joven, le anunció con orgullo a su padre que no se cayó una sola vez en las pistas de esquí. Su padre le dijo que si no se cayó, significa que no mejoró. El Hardy mayor continuó, "Si vas a mejorar, tienes que empujarte a ti mismo. Si te empujas a ti mismo, te vas a caer. El caerse es parte de mejorar."[121] Y sinceramente, no hay ninguna vergüenza en caer, la vergüenza llega cuando te quedas abajo. Siempre les digo a mis hijos, "Entre más fuerte caes, ¡más alto rebotas!" En el camino para convertirte en un triunfador, te caerás, punto. La diferencia entre ti y todos los demás es que para cada caída que tomes, te levantarás una vez más, *cada vez* – de la misma manera que lo hace D.J. Gregory.

El 4 de abril de 2012, el programa de E:60 de ESPN televisó una entrañable historia sobre la persistencia de un hombre y su búsqueda individual de un sueño.[122] La historia, titulada "Walk On" (doble sentido con "cameo" y "sigue caminando"), comparte las luchas de D.J. Gregory, quien nació con Parálisis Cerebral, los pulmones subdesarrollados y las piernas severamente deformadas. Los doctores de dijeron a la familia

Gregory, simplemente que D.J. nunca iba a caminar, punto.

La familia Gregory se negó a creer a los expertos, y D.J. experimentó un total de cinco cirugías en las piernas en el tiempo que llego al 1er grado. Durante sus rehabilitaciones, avanzó de un caminador, a dos muletas, luego una muleta y finalmente a sólo un bastón. Y mientras que él creció, encontró que le encantaban los deportes, pero no los podía jugar... excepto el golf. A la edad de 8 años, él desarrolló un movimiento con un brazo y a través de mucha paciencia, sacrificio y trabajo duro, se le vino una idea brillante como adulto – una idea que le ayudaría a mantenerse en contacto con el deporte que ama.

D.J. decidió que caminaría cada hoyo, de cada round, de cada torneo durante la Gira (Tour) anual de la Asociación de Golferos Profesionales (PGA) – ¡esas son más de 900 millas! Nadie ha hecho eso nunca. En realidad, esa distancia es demasiado difícil para alguien sin problemas con la ambulación, y aun peor para alguien que batalla con cada paso. Finalmente, a la edad de 30 años, D.J. fue permitido ir por su sueño; el PGA Tour le permitió embarcarse en su búsqueda durante el circuito de torneos 2008.

Durante el Tour, D.J. cayó varias veces; de hecho, tuvo más de veinticuatro caídas, pero se levantó cada vez. "Es sólo otro reto," dijo. "Me voy a caer. Así es como es." Y cuando D.J. tuvo éxito en su aventura, el locutor exclamó que ésta había sido "una caminata más allá de las medidas." Sí, D.J. se cayó muchas veces, pero tuvo éxito cuando muchos ni siquiera pensaban que iba a caminar.

Los fracasos son simplemente marcadores de crecimiento en tu viaje hacia el éxito, son dolores de crecimiento en tu enrejado de hueso de la paciencia, y son indicadores del triunfo. Y cuando tratas y tratas y tratas de nuevo, triunfaras porque acabas de poner un poco extra "umph" (ganas) a tu ética de trabajo de perseverancia y paciencia.

En el mundo de hoy de Tecnología de la Información, notas escritas a mano son casi obsoletas – la gente no tiene la paciencia para sentarse y escribir; prefieren mandar textos u oprimir el teclado. Es más rápido, sí, pero es menos personal. Bueno, creo que la siguiente nota transcrita *escrita a mano* por Austin Madison, animador de Pixar, es algo a lo que más de nosotros debemos volver – la nota escrita a mano – pues es verdaderamente inspiradora:[123]

PIXAR

17 de mayo 2011

A Quien Pueda Inspirar,

Yo, como muchos de ustedes artistas, constantemente cambio entre dos estados. El primero (y el más preferible de los dos) es un modo creativo incandescente, un instinto de estar "en la zona," como disparando en todos los cilindros. Esto es cuando pones tu pluma en el papel y ¡las ideas se derraman como vino de un cáliz real! Esto sucede como 3% del tiempo.

El otro 97% del tiempo estoy en un modo frustrado, batallando, oficina del rincón llena de papeles-arrugados. Lo importante es arrastrarse diligentemente a través de estas arenas movedizas del desaliento y la desesperación. Poner algún comentario de audio y escuchar las historias de los profesionales que han estado haciendo películas durante décadas, pasando por las mismas hondas y flechas de problemas de producción indignantes.

En una palabra: PERSISTE.

PERSISTE en contar tu historia. PERSISTE en alcanzar a tu audiencia. PERSISTE en permanecer fiel a tu visión. Recuerda lo que dijo Peter Jackson, "El dolor es temporal. La película es para siempre." Y de toda la gente, el debería saber.

Así que la próxima vez que te pegue el bloqueo del escritor, o tu computadora falla y pierdes el trabajo de toda una noche porque no oprimiste 'guardar' (siempre oprime guardar), sólo recuerda: nunca estás lejos de esa próxima explosión de la creatividad divina. Trabaja a través de ese 97% de turbia abismal mediocridad para que illegues a ese 3% por el cual todo el mundo te recordara!

Te garantizo, ¡el arte valdrá bien la pena del trabajo!
Tu amigo y el mío,
Austin Madison

"LA AVENTURA ESTA AHÍ FUERA!"

Al final de la charla de ánimo escrita a mano del Sr. Madison, incluyó un dibujo de un niño haciendo el saludo de honor de Cub Scout. Es un mensaje maravillosamente inspirador de persistencia de una persona que ha estado allí, una persona que significa algo y un ganador – un ganador que nunca se dio por vencido.

Los ganadores nunca se dan por vencidos y los que se dan por vencidos nunca ganan; los ganadores tratan otra vez y los perdedores nunca tratan. El subconsciente de los ganadores responde mejor a "inténtalo otra vez" en lugar de "nunca te des por vencido." ¿Por qué es eso? Las palabras "nunca" y "vencido" son ambas palabras negativas; "nunca" y "vencido" están archivadas dentro del *Departamento de Pesimistas* de tu subconsciente y dañaran tu psique, y ni siquiera sabrás qué te golpeó. Por otro lado, las palabras "inténtalo otra vez" se archivan en tu subconsciente en el *Departamento de Optimistas*, donde obtendrás una sensación de energía renovada, detectarás que tienes otra oportunidad para el éxito, y cuando hay esperanza siempre hay una posibilidad. Al usar palabras positivas con empoderamiento, sabrás exactamente por qué te sientes animado. Como un ganador, tú *eliges* en usar palabras positivas e influencias positivas.

En el audio de disco compacto *La Ley Secreta de la Atracción* (*The Secret Law of Attraction*), el celebrado Napoleón Hill enumera los cuatro (lo que yo llamo) *Principios de Perseverancia*.[124] Me gustan tanto que los incorporo en Certificados de Logro cada vez que puedo – como un recordatorio visual de lo que se tomó en llegar, y lo que tomará para continuar en el camino de la Superación Personal. He aquí, los Principios de Perseverancia:

1. Un propósito definido con un deseo cautivante para su cumplimiento.

2. Un plan definido expresado en acción continua.

3. Ignorancia de todos los desalientos, y expresiones y comentarios negativos.

4. Una alianza amistosa con dos o más personas que te animan a seguir con tus planes.

Los ganadores se mantienen en curso – tienen perseverancia ante los obstáculos; se retan a sí mismos a mejorar, a crecer. Si continúas con tus disciplinas diarias durante un periodo suficientemente largo de tiempo, tendrás éxito porque duraste más tiempo que el fracaso, duraste más tiempo que la derrota, fuiste lo suficientemente paciente para lograr todo lo que te propusiste hacer, completaste una aventura que desafía la medida, y ahora eres parte del 3% por lo cual todo el mundo te recordará. Los ganadores siguen los Principios de Perseverancia y los inculcan en su equipo. Como un ganador, tú has perfeccionado la virtud de la paciencia, que se encuentra en el alfabeto de... ***¡El Lenguaje de los Triunfadores!***

Capítulo 17

BÚSQUEDA –

Cuando descubres tu misión, sentirás su demanda.
Te llenará con entusiasmo y un ardiente deseo
de llegar a trabajar en ella.
~ W. Clement Stone

Búsqueda (en inglés, **Quest**) [kwest] *Origen*: c.1300, "una búsqueda de algo" (especialmente de investigaciones judiciales o perros de casería buscando presa), del Francés Antiguo queste "el acto de buscar," del Latín Medio questa "búsqueda, consulta," (ver query).[125]

- • -

EN EL CAPÍTULO 5, SUGERÍ QUE DISPARES hacia la luna – y si no llegas, caerás entre las estrellas; sigue siendo un gran lugar para estar. Sin embargo, no todo el mundo es valiente como tú; no todos quieren salir de la protección que nos provee la capa de ozono en la tierra. Pero supongamos que has empezado a hacer cambios positivos en tu vida, has empezado en una misión de superación personal, y has puesto en marcha un plan bien pensado. Ahora, estás listo para comenzar tu viaje – tu viaje a la luna.

John R. Noe, en su libro *Principios de Máximo Rendimiento para los de Alto Logro* (*Peak Performance Principles for High Achievers*), dice que para embarcarse en una gran búsqueda no debes hacer ningún plan pequeño. "Los grandes planes y metas altas atraen a gente grande,"[126] dice él. Ahora, imagina que la NASA había hecho planes pequeños al prepararse para su primera misión a la luna. Esto es lo que los potenciales reclutas de astronauta pueden haber oído: "Señores, vamos a intentar elevar a un hombre del suelo y ver qué tan lejos lo podemos disparar hacia el aire. Podríamos eventualmente incluso tratar de salir de la atmósfera terrestre, y ver qué tan lejos podemos ir en el espacio."[127] ¿Quisieras *tú* estar entre ese grupo de astronautas? ¿Crees que cualquier individuo en sus cinco sentidos sería voluntario para una misión con tanta inseguridad y lenguaje negativo?

Por otro lado, porque el Presidente Kennedy puso presión dando una orden directa de no hacer ningún plan pequeño, funcionarios de la NASA declararon confiadamente, "Vamos a enviar a un hombre a la luna durante la próxima década. ¿Quién quiere ser la primera persona en la historia en pisar la superficie lunar?"[128] Ahora, esa es una búsqueda que atrajo a los astronautas más brillantes simplemente porque NASA utilizó *el lenguaje de los triunfadores* para montar el escenario.

Sin embargo, ¿te gustaría saber el secreto para *siempre* llegar a la luna y nunca quedarte corto? Los triunfadores saben el secreto. Aquí está: correcciones de curso constante, continuamente ajustando la fija de tu vela, implacablemente afinando tu ruta, incesantemente volviendo a evaluar tu dirección y siempre aprendiendo de tus errores. Y entonces, nunca darte por vencido, manteniendo tu curso y siendo persistente en tu búsqueda. Ese es el secreto.

Jeff Olson, en su libro audio *La Ligera Ventaja* (*The Slight Edge*), comparte un ejemplo literal de cómo el cohete Apolo llega a la luna.[129] Dice que la nave espacial viaja casi una cuarta parte de un millón de millas para hacer contacto con la luna… ¡y casi el 97% del tiempo está fuera de curso! Así es, teniendo a nuestra disposición la tecnología e ingeniería más sofisticadas del planeta, con los instrumentos más finamente calibrados en cualquier lugar, y con los científicos más inteligentes, la nave está correcta sólo 2-3% del tiempo. En otras palabras, por cada ½ hora de vuelo, ¡está en curso por sólo sesenta segundos! Así que, si esta nave de alta tecnología tiene que corregir su dirección veintinueve minutos de cada treinta minutos – y aterriza exitosamente en la luna – entonces, ¿no tiene sentido que tú probablemente puedes hacer mejor que eso?

Puedes experimentar momentos de incertidumbre, periodos de falta de atención, te puedes ir en año sabático, te puedes tropezar y caer – y aun así puedes regresar al curso y enderezar tu vida, puedes enfocarte de nuevo, puedes volver de tu año sabático, y definitivamente te puedes levantar, sacudirte y seguir trabajando hacia tus sueños. ¡Eres un ganador, y lo puedes hacer! Otros lo ven en tus ojos. Estás comprometido – estás en una misión y no te lo negarán.

Se dice que cada mañana en África un león despierta y va en búsqueda de alimento. Sabe que debe correr más rápido que la gacela más lenta, o de lo contrario corre el riesgo de morirse de hambre. Al mismo tiempo, cada mañana en África una gacela despierta y su búsqueda es *no* convertirse en una comida. Sabe que debe correr más rápido que el león más rápido, o de lo contrario corre el riesgo de ser la siguiente comida del león. Si eres físicamente fuerte como un león o físicamente débil como una gacela, cuando salga el sol tú sabes en tu corazón y en tu alma que estás en una búsqueda por la supervivencia – para evitar la inanición o para evitar convertirte en una comida. Y sí, *estás corriendo* – pero estás corriendo para lograr tu misión del día, todos los días.

Y a veces, ni siquiera sabes que estás persiguiendo algo remotamente relacionado con autorrealización, superación personal, auto-descubrimiento o autocontrol. Eso es exactamente lo que me sucedió en septiembre de 1976.

Jueves por la noche durante la *Semana de Orientación* en la Universidad Brown era conocida como *Noche de Actividades*. Esa noche, todos los clubes extracurriculares de la escuela se lucieron y pusieron sus manifestaciones con el fin de reclutar a nuevos miembros. Mi hermano y dos de sus amigos de segundo año fueron conmigo para acompañarme. Uno de mis nuevos amigos, Carlos Mamani, de Perú, rogó desesperadamente con nosotros para que alguien se registrara con él para el Club de Karate de Brown. Nadie quería – y porque me pareció que realmente quería esto y estaba a punto de derramar una lágrima, le dije que iría con él. Yo no sabía nada del combate *organizado*, pero sabía lo que vi, y vi que Carlos se moría si no hacía esto. Nos inscribimos en el puesto apropiado, tomamos nuestros folletos con los horarios de clase y acordamos en ir a la primera clase la siguiente semana.

Una hora antes de la clase de Karate en lunes, 21 de septiembre, le llamé a Carlos y dije, "Carlos, ¿estás listo?" Su respuesta era inesperada; dijo, "Nah... tengo mucha tarea. Ve tú – yo te veo en clase después." ¿Qué? Yo dije, "Carlos, ¡tú eres el que quería inscribirse! Oye, yo vi tus ojos – ¡eso no se puede fingir!" Insistí pero él no cambió su modo de ver las cosas en ese instante.

Cuando colgué el teléfono decidí que no iría. Después de todo, realmente lo estaba haciendo por él y él no podía ir… esta vez. Y luego un pequeño foco de luz apareció sobre mi cabeza – *¡ding!* ¡Ya se! Me voy a presentar a la clase, no me va a gustar y entonces no tendré que ir otra vez. Era el plan perfecto – además, no quería empezar mi carrera universitaria en una mala nota. Después de todo, había firmado mi nombre en la línea punteada, así que lo menos que podía hacer era ir, ¿verdad? Yo era un joven responsable, así que hice lo correcto – fui a la clase… y ¡absolutamente me encantó! Carlos, por cierto, *nunca* fue.

Y ahora, 40 años más tarde, cuando la gente me pregunta por qué empecé las artes marciales, en lugar de la típica respuesta como *para estar en forma*, o *para defensa personal*, o *para mi bienestar y salud*, o incluso *para aprender a pelear*, mi respuesta siempre es, "Me inscribí en karate para ayudar a un amigo. Resulta que ¡mi amigo me ayudó a mí!"

Ciertamente, las artes marciales han abierto muchas puertas de oportunidad para mí; me han permitido desarrollar algunas relaciones profundas y de toda la vida; me han ayudado a que me enfoque en mis metas y han mejorado mi tasa de éxito; me ayudaron a sobrevivir la Escuela de Medicina y mi Entrenamiento de Residencia; me han dado la confianza y la disciplina necesaria para influir a otros de una manera positiva; me han llevado (literalmente) alrededor del mundo; me han permitido llevarte en esta expedición de lectura; me han llevado a la cima de la montaña muchas veces – y, quiero que sepas, ¡es realmente un viaje muy emocionante!

Como he descubierto, dando de sí mismo y esperando nada a cambio puede ser una misión muy gratificante y definitivamente vale la pena. Puede cambiar la dirección entera de tu vida. Asimismo, mientras que estén en esta búsqueda, es indispensable que los ganadores aprendan habilidades de comunicación valiosas. De hecho, Les Brown dice, "Tu habilidad para comunicarte es una herramienta eficaz en la búsqueda de tus metas, ya sea con tu familia, tus compañeros, o tus clientes." Realmente, tú debes ser capaz de transmitir mensajes claros y concisos a tu público si deseas alcanzar grados importantes de logro.

Los ganadores están en una misión – tienen gran iniciativa, y están centrados y deseosos de volver a la tarea – y otros lo saben porque lo ven en sus ojos. El ganar se trata del viaje y sus correcciones de curso constante, no sobre el destino. Los ganadores están en busca de superación personal y autorrealización, y son persistentes en esta búsqueda. Los ganadores saben que si se salen del camino, pueden restablecer su vela y ajustar su curso comunicando con eficacia a través de... *¡El Lenguaje de los Triunfadores!*

Capítulo 18

RESPONSABILIDAD –

Con gran poder viene gran responsabilidad.
~ Ben Parker

Responsabilidad (en inglés, **Responsibility**) [ri-spon-suh-bil-i-tee] *Origen*: "condición de ser responsable," 1787, de responsable + -ity.[130]

Responsable (en inglés, **Responsible**) [ri-spon-suh-buhl] *Origen*: 1590s, "rendir cuentas (a otro, para algo)," del Francés responsible, del Latín responsus. Significa "moralmente responsable por las acciones de uno" esta atestiguada desde 1836. Conserva el sentido de "obligación" en la palabra de raíz Latín.[131]

Responder (en inglés, **Respond**) [ri-spond] *Origen*: c.1300, responde, del Francés Antiguo respondere "responder, corresponder," del Latín respondere "responder, respuesta que, prometer a cambio," de re- "regresar" + spondere "prometer."[132]

- • -

EN SU LIBRO *LOS AISLADOS* (*Outliers*), Malcolm Gladwell cita un estudio de caso donde los lingüistas Ute Fischer y

Judith Orasanu dieron el siguiente escenario a un grupo de capitanes de aviación y primeros oficiales:[133]

> *Notas en el radar del tiempo un área de fuertes precipitaciones 25 millas por delante. [El piloto] mantiene su curso actual en Mach .73, aunque tormentas integradas se han divulgado en tu área y te encuentras con turbulencia moderada. Quieres asegurarte de que tu avión no penetrará esta zona. Pregunta: ¿Qué le dices al piloto?*

El grupo recibió seis diferentes opciones para persuadir al piloto a cambiar de ruta y evitar el mal tiempo. En orden decreciente, de la más fuerte a la más débil influencia, son:[134]

1. **Orden:** "Gire treinta grados a la derecha." Esta orden es directa y al punto – análogo al médico gritando, "¡Una dosis de bicarbonato, ahora mismo!" durante un código azul en la Sala de Emergencia. No hay lugar para malentendidos aquí.

2. **Declaración Obligatoria del Equipo:** "Creo que tenemos que desviarnos ahora." La parte "creo que" hace que el orador no se sienta seguro de sí mismo; mediante el uso de "tenemos que," el orador comienza a desactivar la responsabilidad; la palabra "ahora" es vaga – no le da urgencia a la situación.

3. **Sugerencia del Equipo:** "Vamos a sacarle vuelta al tiempo." Esta sugerencia es similar a una invitación para que el piloto se una al orador en un paseo alrededor de la manzana cuando regresen a casa... suponiendo que sobreviven esta crisis.

4. **Pregunta:** "¿A qué dirección desea desviarse?" Esta

pregunta me recuerda a la mentalidad de tenemos-todo-el-tiempo-del-mundo parecida a, "¿Dónde te gustaría ir a comer esta noche?" Y porque está dando el 100% de las opciones para el piloto, admite que el orador definitivamente no está tomando posición de liderazgo en esta situación.

5. **Preferencia:** "Creo que sería prudente girar a la derecha o a la izquierda." Una vez más, el prefacio de "creo que" pone duda en el orador; "sería prudente" podría traducirse como "sería sensato, pero no necesario... sólo si usted quiere"; "girar a la derecha o a la izquierda" es la marca neutral de alguien que no es un triunfador; además, no hay ninguna urgencia cuando das varias opciones.

6. **Insinuación:** "Ese retorno a las veinticinco millas se ve feo." Esta es la peor de las opciones. Es como si estas en medio de un juego y dices, "Te voy a dar una insinuación... y luego tratas de adivinar lo que estoy pensando y lo que realmente te estoy tratando de decir, ¿está bien?"

Los resultados revelaron que las personas en posiciones de poder eligen las declaraciones más fuertes porque hablan como ganadores – con autoridad, confianza y al punto. Así, los capitanes definitivamente dijeron que darían la orden indicada en la opción número 1: "Gire treinta grados a la derecha." Por otro lado, los primeros oficiales invariablemente eligieron la respuesta más débil; estaban hablando con sus superiores y optaron por minimizar la situación. Los primeros oficiales pusieron a todos en peligro porque su insinuación – "Ese retorno a las veinticinco millas se ve feo." – casi se oye como una conversación tipo ¿ahora-de-que-hablamos?... y no como si están enfrentando a un dilema de vida o muerte.

Es evidente que volar un avión es una enorme responsabilidad – has sido encomendado con maquinaria y equipo de varios millones de dólares, y con las vidas de tus pasajeros, por lo menos. Sin embargo, copilotos subordinados deben ser confiables y lo suficientemente valientes para ser capaces de emitir la declaración más fuerte posible ante el peligro – vidas dependen de ello.

Algunos dicen que la "responsabilidad" es la habilidad de responder de la mejor manera posible a lo que la vida te da en ese preciso momento. Si es un niño queriendo un poco de tu atención, o una crisis que requiere *mucha* de tu atención, te corresponde ser lo suficientemente confiable para participar plenamente en ambos escenarios a lo máximo de tu capacidad. En el análisis final, "los únicos que cuentan son aquellos en los que podemos contar." ~ Henry F. Cope

¿Con quién puedes contar para estar allí cuando los necesitas? ¿Son responsables? o ¿sólo se merecen sus derechos? Ves, en los Estados Unidos valoramos nuestros derechos constitucionales. Y si hablamos de derechos también tenemos que hablar de las responsabilidades que van con esos derechos. En *La Última Lección* (*The Last Lecture*), compañero ex alumno de la Universidad de Brown, Randy Pausch dice, "Los derechos tienen que venir de algún sitio, y vienen de la comunidad. A cambio de eso, todos nosotros tenemos una responsabilidad a la comunidad."[135] Esto es como un eco de las palabras famosas del Presidente Kennedy durante su discurso inaugural en 1961 cuando dijo, "Preguntes no lo que tu país puede hacer por ti – pregunta lo que tú puedes hacer por tu país."

Y al inicio de cada semestre en la Universidad Carnegie Mellon, Randy Pausch pedía que sus estudiantes de Ciencias de Computación firmaran un acuerdo que delineaba sus derechos y responsabilidades. En el acuerdo, "tenían que acordar trabajar de forma constructiva en grupos, asistir a ciertas reuniones, y ayudar a sus compañeros al dar críticas honestas. A cambio de eso, tenían el derecho de estar en la clase y tener su trabajo puesto a la crítica y en exhibición."[136]

Un gran paralelo a este formato es el Acuerdo de Superación Personal que pido a mis estudiantes de karate privados que firmen una vez al año. Como menciono en mi libro, *Tae Kwon Do para Todos* (*Tae Kwon Do for Everyone*), "La meta principal... es el desarrollo y crecimiento personal."[137] Mi creencia es que ellos pueden aprender las patadas y los golpes de un número de personas – eso no es el punto; el punto es que yo me estoy comprometiendo en guiar a mis estudiantes en la dirección correcta, ayudándolos a convertirse en mejores seres humanos. De hecho, nuestro acuerdo no es el típico "contrato de karate," y por eso, muchos estudiantes tienen dificultades en firmar cuando se dan cuenta que tienen que ser responsables.

Otro buen ejemplo de "responsabilidad" está incluido en *La Última Lección* (*The Last Lecture*). Randy cuenta la historia de su padre, quien era el comisionado de las Ligas Pequeñas de Béisbol, y estaba teniendo problemas para conseguir suficientes árbitros voluntarios. El viejo Paush después hizo algo brillante: "En vez de conseguir adultos voluntarios, tenía los jugadores de las divisiones de mayor edad servir como árbitros para los niños más jóvenes. Lo hizo un honor el ser seleccionado para árbitro."[138] Y los beneficios de este golpe de genio fueron: los niños mayores se dieron cuenta de cómo puede ser un reto el papel de un árbitro, desarrollaron un nuevo aprecio del arbitraje y se quejaron menos con los árbitros de sus propios juegos; los niños más pequeños, por el contrario, fueron testigos de que los niños mayores pueden modelar como buenos ejemplos del voluntarismo, y también

pueden mostrar responsabilidad hacia su liga, su deporte, su comunidad, y hacia ellos mismos. Estos niños estaban creciendo; estaban mostrando qué tan responsables pueden ser; eran ejemplos vivientes de las palabras sabias de Jim Rohn cuando enseñaba, "El día que te gradúas de la infancia hacia la edad adulta es el día que tomas toda la responsabilidad por tu vida."[139]

Los ganadores toman la responsabilidad en serio; entienden el nivel de confianza, franqueza y la urgencia que debe ser utilizada para situaciones emergentes. Los ganadores saben la diferencia entre responsabilidad y derechos; están dispuestos a ser responsables porque valoran la "imagen grande." Los ganadores aceptan la superación personal sobre una base consistente porque cuando toman plena responsabilidad por sus acciones, sus posibilidades de crecimiento y desarrollo mejoran. Los ganadores están de acuerdo con Brian Tracy cuando dice, "Las personas más felices del mundo son aquellas que se sienten absolutamente buenísimas sobre sí mismas, y esto es un resultado natural de aceptar la responsabilidad total para cada parte de su vida." Lealtad, honradez y el estar ahí cuando te necesitan son signos de ganadores que han adoptado... **¡El Lenguaje de los Triunfadores!**

Capítulo 19

VENTAS – Parte I

Aquí hay una regla sencilla pero poderosa: siempre dale más a la gente de lo que esperan obtener.
~ Nelson Boswell

Ventas (en inglés, **Sales**) [seylz] *Origen*: Inglés Antiguo tardío sala "una venta," del Nórdico Antiguo "venta," de la raíz *sal-, fuente de *saljan (comparación con Inglés Antiguo sellan; ver vender). Sentido de "una venta de mercancías de la tienda a precios más bajos de lo habitual" apareció por primera vez de 1866. Vendedor es de 1523.[140]

Vender (en inglés, **Sell**) [sel] *Origen*: Inglés Antiguo sellan "dar," del Protogermanico *saljanan (comparado con Nórdico Antiguo selja "entregar, vender;" Gótico saljan "ofrecer un sacrificio"), quizás una forma causativa de la raíz del Inglés Antiguo sala "venta." Una de las primeras cosas que un estudiante del Inglés Antiguo tiene que aprender es que la palabra que parece *vender* generalmente significa "dar." Lo que significa "darse por vencido por dinero" había surgido por c.1000. Una palabra del Inglés Antiguo para "vender" era bebycgan, de bycgan "vender." En el vernáculo significa "estafar" es de 1597. Se registra la frase sustantiva "vender duro" desde 1952.[141]

- • -

¡TODOS ESTAMOS EN VENTAS! Como seres humanos, estamos constantemente vendiendo una cosa u otra. Un niño que manipula a sus padres para que le compren un juguete ha cerrado la venta. Un joven que está cortejando a una dama y la adula en que sea su novia ha firmado los papeles. Más que cualquier producto o cualquier servicio, vendemos a nosotros mismos. Las personas que nos quieren, las que confían en nosotros y las que creen que les podemos aportar valor, van a comprar de nosotros – sin importar el producto o servicio que estamos lanzando.

Piensa de las ventas como una composición de escuela. En orden para que la composición tenga oportunidad de una buena calificación, debe consistir de tres componentes básicos: la introducción, el cuerpo y la conclusión. Además, tu presentación de ventas debe consistir en los mismos tres componentes. Pueden tener terminología diferente – por ejemplo, *el cuerpo* de la composición puede ser conocido como *el argumento de venta*, y *la conclusión* de la composición puede ser conocida como *el cierre de venta* – pero sus funciones son prácticamente las mismas.

Tomemos un vistazo más detallado a las diferentes partes del proceso de ventas.

La Introducción de Venta:

Gurú de ventas Tom Hopkins nos da algunos consejos en el disco compacto de octubre 2010 de la revista *SUCCESS* (*ÉXITO*). Si estás hablando con una pareja acerca de servicios financieros, dice que la introducción podría ir algo como esto:[142]

> *Juan y María, hemos sido afortunados en ayudar a millones de familias a crear más riqueza, eliminar deudas y construir la libertad financiera. Pero siempre me gusta empezar diciendo, 'Está bien si esto no es para ustedes y no tengan miedo decirme No – porque si dicen No yo aceptaré eso, pero ojala que conozcan algunas otras personas que podrían beneficiarse de lo que voy a compartir con ustedes esta noche.' Así que relájense, diviértanse y déjenme decirles como les puedo quitar las deudas más rápidamente y construir libertad financiera para que sus años de oro los puedan vivir en dignidad, y todos queremos eso, ¿verdad?*

Con esta introducción, Tom Hopkins aumenta la probabilidad de hacer la venta porque él logra dos cosas *antes* de comenzar la presentación de ventas: 1) alivia muchas de las presiones relacionadas con las ventas que pueden haber tenido sus prospectos, y 2) planta la semilla de la esperanza para un mañana más brillante. Comienza por dirigirse a sus prospectos por sus nombres, lo cual siempre es una gran idea. También trae credibilidad en revelarle a la pareja, en la primera oración, un poco del éxito de su empresa.

A continuación, les quita una preocupación al decir que esto puede no ser para ellos y si éste es el caso, agradecería referencias. La introducción va hacia su fin cuando refuerza que tendrán un buen rato y alude a que van a trabajar más inteligente, no más duro. Finalmente, el trae paz de mente cuando dirige la atención de la pareja hacia el futuro y hace que estén de acuerdo con él cuando dice, "y todos queremos eso, ¿verdad?" Si la pareja no está de acuerdo con este punto, se sentirán totalmente inadecuados e incómodos porque vivir con dignidad y con paz de la mente es algo tan puro y noble, como sugiere Tom. Por lo tanto, sí van a querer estar de acuerdo con él y también probablemente llegarán a la conclusión de que les cae bien por la manera que les ha hecho sentir, hasta ahora.

En otro escenario, María es tu posible cliente y antes de empezar tu presentación de negocios, ella te avisa que no va a comprar nada. Esto es lo que Tom Hopkins recomienda como una posible introducción en este caso:[143]

María, primeramente, gracias por esa información. Y somos una empresa educativa, lo que significa: Yo educo a la gente en cuanto a los beneficios de nuestra máquina de negocio y lo que me gustaría hacer es darle toda la información que pueda, y luego si siente que tiene que decir No, está bien. Pero ojala que pueda decir Sí – y si usted puede, entonces le prometo esto: Le daré la mejor calidad de producto, el mejor servicio de cualquier persona que jamás ha sido un representante para usted, así que si no tiene inconveniencia, podría simplemente decirse a sí misma, "Oye, Tom está aquí. Está invirtiendo su tiempo lejos de su familia. Está aquí para darnos información." Por lo tanto, vamos a pasar un buen rato. Y haré mi mejor esfuerzo en compartir con usted la más reciente tecnología en el área de máquinas de negocios. ¿Eso estaría bien?

En vez de poner un obstáculo entre ellos por el anuncio de María antes de la presentación, Tom Hopkins se acerca más a su posible cliente al recordar y decir su nombre, y al agradecerle por esa información. El hecho que Tom no se enfadó impresionó a María, y ella quiere escuchar más. A continuación, Tom difunde el estrés de María, debido a su idea preconcebida de que es un vendedor, diciéndole que está allí para *educar* – insinuando que él no está allí para vender. Él también es sutil, pero eficaz, cuando menciona que le gustaría darle "toda la información" que puede porque realmente le está diciendo a ella, "María, después de darle el 100% de la información, usted podrá hacer una decisión inteligente porque estará bien informada acerca de esto. ¡Usted está educada!"

Después de eso, Tom promete el mejor producto y servicio a María si, hipotéticamente, dice *Sí*. Así pues, él ya ha puesto un *Sí* en su mente incluso ¡antes de empezar el argumento de venta! En la siguiente oración, reitera que él no está allí para vender, está allí para educar… pero finge en que María es la que está diciendo esto. Y, por cierto, él también está aquí cuando podría estar con su familia – así que, ¿por qué no prestar atención y ser agradable con él? *Además, ¡está siendo muy agradable conmigo!* es lo que María está pensando ahora.

"Vamos a pasar un buen rato," es más munición para tranquilizar a María, para que ella baje su guardia. "Haré mi mejor esfuerzo" le asegura a María que su esfuerzo, energía y entusiasmo durante la presentación no serán disuadidos sólo porque ella expresó un *No* al principio. Él termina al hacer que María se sienta más importante porque le pide permiso antes de comenzar. Vez, María cree que ella está en control – y también cree que no va a comprar, pero tal vez, sólo tal vez… ahora sí.

El Argumento de Venta:

Muchos prospectos van a perturbar tu argumento de venta a pesar de tus mejores esfuerzos para dar toda la presentación sin interrupciones. A veces tendrán preguntas legítimas, otras veces van a interrumpir para que simplemente pierdas tu ritmo, para darte una prueba y ver si realmente sabes tu materia, y otras veces es porque tienen una objeción.

Como vimos en el ejemplo anterior, las objeciones pueden venir de repente y en cualquier momento durante el proceso de ventas. Por lo tanto, debes estar preparado. Tom Hopkins nos da sugerencias sobre cómo superar dos objeciones comunes:[144]

Objeción #1: ¡Lo puedo conseguir más barato!

Tom Hopkins: Oh, eso puede ser verdad, Juan. Y por cierto, en la economía actual todos queremos más por nuestro dinero. Pero una verdad que he aprendido a través de los años es que el menor precio no siempre es lo que realmente queremos. Verás, yo creo que la gente busca tres cosas al hacer cualquier tipo de inversión: 1) la mejor calidad, 2) el mejor servicio, y 3) el precio más bajo. Y en todos mis años de investigación de productos, nunca he visto un producto que puede ofrecer las tres cosas. La mejor calidad y el mejor servicio, por el precio más bajo. Y tengo curiosidad, Juan, para tu felicidad a largo plazo, ¿cuál de las tres estarías más dispuesto a renunciar? ¿La buena calidad? ¿El servicio excelente? O tal vez, ¿unos centavos al día con un precio más bajo?

Cuando alguien se opone, lo primero que debes hacer es evitar una confrontación, evitar discutir. El momento que estás de acuerdo con la oposición, lo has desarmado. No estás aquí para pelear, estas aquí para educar. Así que, cuando tu respuesta está modelada después de la respuesta de Tom Hopkins, sonarás inteligente, seguro y accesible a tus clientes. Sabrán que si hablan, tú estarás allí para proporcionarles servicio con una sonrisa.

Objeción #2: Es una mala economía.

Tom Hopkins: Cuando hay una caída en la economía, una cosa que he aprendido es que algunas de las más grandes empresas en nuestro país hoy en día construyeron su fuerza y tuvieron participación en el mercado durante tiempos económicamente difíciles. Y la razón para eso es que hay menos competencia, muchas personas no están haciendo lo mejor ahora mismo en sus trabajos, y por eso creo que podría tener una ventaja Sr. Johnson, en mirar a nuestra empresa y decir, "porque es un momento económico difícil, ahora podría ser el momento para adelantarme sobre la competencia y tomar ventaja de algunas de las ofertas que me ofrecen hoy." Porque los ciclos son parte de nuestra sociedad económica y si podemos colocarnos antes del ciclo, y creo que nuestro producto puede ayudar a hacer eso, cuando esta cosa se mejore y todo regrese a lo normal, usted va a dejar a la competencia en el polvo. Y basado en la verdad, eso es algo que debemos hacer – ¿no cree usted?

Una vez más, evitaste una confrontación y estuviste de acuerdo en que la economía está mal. Y porque tu respuesta es inteligente y la dijiste con convicción, tu prospecto está completamente asombrado. Terminas tu respuesta educativa haciendo una pregunta que presiona a tu prospecto, porque su respuesta lo traerá sin duda a tu lado.

Aun así, tienes que estar listo para respaldar tus declaraciones. Por ejemplo, ¿qué tal si tu prospecto cuestiona la validez de tu explicación y quiere que nombres algunas de esas *grandes empresas que participaron en el mercado* durante la mala economía y quiere que expliques cómo lo hicieron? Si has estado escuchando a los discos compactos de la revista *SUCCESS (ÉXITO)* o si has estado leyendo este libro, definitivamente cuentas con una gran respuesta. Y empiezas diciendo, "¡Esa es una buena pregunta, Sr. Johnson!" o "Sr. Johnson, ¡me alegro que me está preguntando esto!" o "Gracias, Sr. Johnson, por mostrarme que usted está realmente interesado en mejorar la condición económica de su familia."

Entonces puedes reformular lo que el mundialmente-reconocido economista, Paul Zane Pilzer, le dijo a Darren Hardy en su entrevista de disco compacto de la revista *SUCCESS (ÉXITO)* en septiembre 2009.[145] Paul nos recuerda lo que hizo Amazon en octubre de 2008, durante la peor crisis económica de nuestros tiempos. Cuando otras compañías se quejaron que las ventas de Navidad estaban bajas debido a la recesión, Amazon empezó a trabajar más duro que nunca. Llamaron a sus proveedores y renegociaron nuevos contratos, trabajaron más horas, y sobre todo, no se quejaron. El resultado: ¡Las ventas de Amazon del cuarto trimestre en 2008 subieron un 17%! – y no sólo redujeron los costos, ¡sus ganancias aumentaron un 11%! Amazon aprovechó que todos los demás admitieron la derrota, capitalizaron la inactividad de otras empresas, no permitieron que malos tiempos económicos los desanimaran, se enfocaron y surgieron a la acción, logrando ¡enormes ganancias en una economía que se derrumbaba! Siguieron los consejos de Henry Ford cuando dijo, "Ha sido mi observación de que la mayoría de las personas salen adelante durante el tiempo que otros desperdician."

Los triunfadores son vendedores impresionantes – hacen que sus prospectos se sientan a gusto con una sonrisa y una introducción calmante, pueden ofrecer un argumento de venta impecable, pueden manejar las objeciones con confianza, claridad y convicción y sobre todo, pueden cerrar el trato... ¡una y otra vez! Los triunfadores están constantemente vendiendo y entienden que, ante todo, están vendiéndose a sí

mismos antes de que puedan vender cualquier producto o servicio. Los triunfadores son maestros de las ventas una vez que han dominado... **¡El Lenguaje de los Triunfadores!**

VENTAS – Parte II *(El Cierre de Venta)*

Si no hubiera problemas, la mayoría de nosotros estuviéramos desempleados.
~ Zig Ziglar

RECUERDO UNA DE MIS PRIMERAS EXPERIENCIAS de ventas a la edad de 7 años. Mi familia acababa de emigrar de México a los Estados Unidos y estábamos visitando a unos parientes en México, después de sólo unas pocas semanas. Bueno, mi hermano de 8 años y yo conseguimos unos recibos de ventas de mi papá y sucedió que los traíamos con nosotros, en nuestros bolsillos.

Cuando nos reunimos con nuestros amigos que no habíamos visto en un par de semanas, estaban ansiosos por saber todo sobre los Estados Unidos. Lógicamente, no habíamos estado en el sistema escolar en los Estados Unidos tiempo suficiente para aprender cualquier cosa substancial, sin embargo mi hermano y yo ya teníamos fluidez en ese idioma nuevo y temeroso del norte – ¡el inglés!

¡Por supuesto! Nuestros amigos nos preguntaban algo y nosotros les dábamos la traducción en inglés. ¡Fue increíble! ¡Mi hermano y yo estábamos en fuego! Salíamos con todo tipo de palabras, supuestamente en inglés. Nuestros amigos estaban impresionadísimos. Nos preguntaban, "¿Cómo se dice gato en inglés?" Entonces, mi asociado de ventas y yo nos mirábamos y silenciosamente acordábamos en lo que primero salía de nuestras bocas. "Gah-tou," uno de nosotros diría. "Sí, ¡eso es lo que yo iba a decir!" el otro estaría de acuerdo. Después de aproximadamente media hora, habíamos hecho con éxito así como Shakespeare lo hizo a lo largo de su carrera – nosotros habíamos inventado algunas palabras fascinantes para que el mundo descifrara.

Mi hermano y yo habíamos vendido a nuestros amigos en el hecho de que sólo habíamos dominado un nuevo idioma en unas pocas semanas. "Es muy fácil," añadimos. Ya los teníamos. Sus ojos eran grandes, sus bocas estaban formadas en círculos, y sus orejas aparecían rojas, probablemente de toda la sangre que estaba llegando a sus aurículas. Demasiadas palabras golpeando contra sus orejas, causando irritación. Era la única explicación razonable que podría ser. A pesar de todas estas irregularidades físicas, fueron un público muy receptivo. Sí, los teníamos en nuestras palmas de niños. ¡Les caíamos bien y nos creían! Nuestra credibilidad era sólida como una roca. Así que naturalmente, se había llegado el momento de... *¡Suelten el Arma Secreta!* Aunque nadie gritó esto, es el grito de batalla que mi hermano y yo escuchamos en nuestras mentes juveniles de ventas.

"¿Alguna vez han visto dinero americano?" les preguntamos. "No, no –" rápidamente contestaron, anticipando más noticias buenas. "¿Lo quieren ver?" "¡Sí, sí – apúrense! ¡Enséñenos!" gritaban. Necesitábamos demostrar control total de la transacción, por lo que dijimos, "Serenos, morenos... serenos. No se emocionen. Es sólo dinero." "Sí," alguien dijo, "¡pero es dinero *gringo*!"

De nuevo, mi socio de ventas y yo nos hablamos sólo con nuestras miradas durante una fracción de segundo, luego les *¡mostramos el dinero!* Por supuesto, una libreta de recibos de ventas no tenía ningún valor real en efectivo en ese entonces – bueno, creo que no tiene ningún valor en efectivo hoy en día tampoco. "¿Cuánto es?" preguntó uno de ellos. "Lo curioso del dinero gringo," dije yo, "es que puedes escribir lo que tú quieras en esta línea, y después ¡ese es el dinero que el banco te da!" Hubo silencio... y después de una larga pausa, dijeron, "¡Naaaa!"

"¡Por supuesto!" dijimos al unísono. "¿Quieren apostar?" "No," todos ellos dijeron o sacudieron la cabeza. "Bueno, entonces creo que nos tendremos que quedar con este libro," dijimos, mientras estábamos a punto de guardarlo. "¡Está bien, está bien! ¡Les creemos!" dijeron, parando que el libro se desapareciera para siempre. "Sí, sí," hicieron eco unos de otros.

Arranqué un recibo de la libreta y dije, "¡Diez centavos!" Recibos de dinero en efectivo y monedas cambiaron de manos hasta que se nos acabaron los recibos. Creo que era una libreta de diez recibos, menos uno o dos que papá había utilizado. *[Nota: Diez centavos mexicanos en un momento cuando 12.5 pesos eran lo equivalente a un dólar americano o 12 ½ centavos mexicanos equivalían a un centavo americano, no era mucho dinero. En realidad, alcanzamos menos de un centavo americano por recibo, pero ¡fue muy divertido!]*

¡Mi compañero de ventas y yo habíamos cerrado con éxito unas 8 o 9 ventas! Casi toda una *Libreta de Recibos de Dinero en Efectivo* ¡en un intento! ¡Éramos una combinación poderosa! Y mi hermano temía que nuestros padres iban a regañarnos muy pronto. Los dos sabíamos que no nos debimos llevar la libreta, pero lo hicimos de todas formas. Así que, después de contarle a nuestra más apacible mamá lo que habíamos hecho, recibimos nuestra respuesta. ¡Nos podíamos quedar con el dinero! Sin embargo, ella tendría que hablar con papá para explicarle lo que había sucedido... y para calmarlo. Supongo que su orgullo en lo que habíamos logrado superaba cualquier enojo que podría haber sentido hacia nosotros al tomar la libreta de recibos sin permiso. ¡Mamá estaba orgullosa de sus dos vendedores juveniles, de sus dos pequeños tiburones!

Esto me recuerda a uno de mis programas favoritos de la televisión, *Tanque de Tiburones* (*Shark Tank*), un programa tipo-realidad en cual empresarios presentan su idea de un modelo de negocio a cinco ricos inversionistas (es decir, los Tiburones) con la esperanza de entablar un acuerdo. El empresario solicita una cantidad de inversión a cambio de un porcentaje de propiedad en el negocio. Los Tiburones pueden o pueden no querer invertir – muchas veces, las negociaciones entre Tiburón y Empresario se calientan, pero ¡también la competencia feroz entre Tiburón y Tiburón! Y como los tiburones reales, estos Tiburones inversionistas tienen un agudo sentido del olfato, son capaces de detectar incluso ¡una sola gota de dinero tan pronto como cae en el *Tanque de Tiburones!* Simplemente me encanta este programa porque puedo aprender de estas negociaciones.

Aquí está la des asociación al principio del programa: *Los siguientes son negociaciones actuales entre empresarios e inversionistas "Tiburones." Los Tiburones invierten su propio dinero a su discreción.*

La historia anterior de mi infancia había sido archivada durante muchos años – es increíble lo que puede desencadenar una memoria latente para despertar. Me acordé de esta memoria el 27 de enero de 2012, cuando miraba un episodio de *Tanque de Tiburones* y escuché a un empresario hablar acerca de su infancia. Cuando le escuché decir "diez centavos," se abrieron las compuertas y reviví esa parte de mi infancia. Sin embargo, lo que siguió en el programa fue tan bueno, que pensé que sería buena idea incluirlo aquí, ya que nos da un gran ejemplo del cierre de ventas.[146]

Empresario: Soy un profesional experto en ventas. Puedo vender cualquier cosa a cualquier persona, y siempre le he pegado a mi cuota. (He) estado en los primeros 2% de cada empresa en la que he trabajado, y he ganado cada premio de ventas que hay que ganar. Cuando tenía 5 años de edad vendía lápices desde la casa de mis padres, por 10 centavos cada uno, a mis vecinos – he estado vendiendo desde entonces. Es por eso que he creado – *(luego menciona su producto)*.

... He desarrollado el sistema que los llevará en frente de la persona que *verdaderamente* hace las decisiones, la persona que puede hacer la compra – el que puede decir *Sí*.

... Denme una persona mediocre con una ética de trabajo sólida y les prometo, mi sistema le enseñará a cerrar más tratos que la persona más inteligente en cualquier cuarto.

Estoy aquí por una razón – para cerrar *este* trato. ¿Cuáles preguntas puedo contestar para ustedes?

Después de un corto intercambio de comentarios, Robert Herjavec entró en la conversación.

Robert Herjavec: ¿No es eso realmente lo que estás vendiendo hoy? Estás vendiéndote a ti mismo.

Empresario: Nada por el estilo – estoy vendiendo mi sistema y mi capital intelectual.

Un rato después, y aún no convencidos, Daymond John le peticiona más pruebas del experto en ventas.

Daymond John: El ser una persona de ventas se trata de ser adaptable. Hazme un favor; ¿me puedes vender esta pluma? (*le da su pluma*) Véndenos esta pluma aquí.

Empresario: Absolutamente. (*toma la pluma*) Así que, Daymond – gracias por tu tiempo. Tengo un gran producto para ti este día y es esta hermosa pluma aquí. Así que, las características de ella son: es brillosa, se va a acomodar bien en tu mano, y la gente se va a quedar impresionada. Pero el *impacto* que te falta, es que esta pluma va a ayudar a cambiar tu vida, porque cuando firmes el trato conmigo, vas a ser un hombre muy rico – más rico de lo que eres ahora mismo. Esta pluma, y aquí es donde todos se confunden –

Daymond John: ¡Véndemela!

Empresario: La gente se enfoca en las características –

Daymond John: Dime cuando hayas terminado con la venta. Sólo quiero ver si estoy impresionado. ¿Eso era todo?

Empresario: Eso es todo.

Mark Cuban: Bueno, no has ido por el cierre todavía.

Empresario: El impacto eres *tú*, firmando el trato conmigo.

Daymond John: ¡Lo odié! Estoy afuera.

Siguen unos cuantos momentos de intercambio, y entonces Mark Cuban decide hacer una oferta.

Mark Cuban: Te voy a hacer una pregunta muy simple – voy por el cierre – si te ofrezco 90,000 por 40% de tu compañía, ahora mismo ¿dirías que sí? *[Nota: El empresario entró al* Tanque de Tiburones *pidiendo precisamente eso - $90,000 por 40% de equidad.]*

Empresario: (*voltea a los otros Tiburones*) ¿Es esa la única oferta en la mesa?

Mark Cuban: Eso no es lo que te pregunté.

Daymond John: (*a nadie en particular*) Eso es lo que estaba pidiendo – ¿por qué no querrá hacer el trato?

Mark Cuban: ¿Quieres vender algo o no?

El empresario sigue hablando con los otros inversionistas y uno por uno, los Tiburones nadan lejos de su trato. Y ahora, sólo queda un inversionista, Mark Cuban. Por cierto, también es el único que hizo una oferta. El empresario finalmente vuelve su atención al Tiburón con la oferta y esto es lo que sigue.

Empresario: Sr. Cuban, ¿qué tenemos que hacer ahora mismo para firmar un trato? Porque usted sabe, y yo sé, que esto puede trabajar.

Mark Cuban: (*larga pausa*) Quiero que lo asimiles... (*pausa*) bien, bien duro, para que reverbere a través de todo tu cuerpo. ¿Cuál fue mi última pregunta para ti?

Empresario: Si tomaría los 90,000 por 40%.

Mark Cuban: Tuviste la oportunidad de cerrar, ¿verdad? Y en su lugar, desviaste toda tu atención. Tú le des-enseñaste a toda América uno de los mayores errores que hacen los vendedores. Cuando tienen el trato frente a ellos, ¡deben simplemente de callar y tomar el trato!

Robert Herjavec: Aleluya.

Mark Cuban: En lugar de seguir vendiendo. Y tú seguiste tratando de vender.

Empresario: Así que, ¿le gusta la idea? ¿Cree que puede funcionar? Y ¿le gustaría ver un

	aumento neto de 30-50% en su empresa?
Mark Cuban:	Otra vez, ¿cuál era mi pregunta para ti? Por supuesto, me gusta la idea. Por supuesto, me gusta la oportunidad, es por ello que te ofrecí la oportunidad de cerrarla. El problema es, tú básicamente tomaste todo como si ya era un hecho.
Empresario:	No lo tomé así – ni un sólo instante.
Mark Cuban:	Lo arruinaste. Tenías el trato. Estaba en tu mano. Yo estaba listo para cerrar. Te habría escrito el cheque.
Empresario:	Mark, ¡todavía es! (*levanta su dedo índice*) ¡Todavía es, Mark!
Mark Cuban:	No te estoy dando una objeción y pidiendo una respuesta. Solamente te estoy diciendo que estoy afuera.

¡Wow! El vendedor experto no pudo hacer la venta. Vamos a analizar lo ocurrido y aprender de este estudio de caso.

En primer lugar, el vendedor dio sus alabanzas durante sus oraciones preliminares. Eso es bueno, porque quería asegurarse de que los inversionistas sabían de su gran experiencia comercial. Muchas veces, otros no saben lo que has logrado si no les dices. Y luego, al final de su introducción, dijo que él estaba allí por una razón, *para cerrar este acuerdo*. Así que, él sabía *por qué* estaba allí. Grandes vendedores saben desde el principio exactamente cuál es su meta; tienen un plan, una estrategia para hacer la venta. Pidió una cierta cantidad, y sabía cuanta flexibilidad se estaba dando a sí mismo.

A continuación, Robert Herjavec dijo algo que se les enseña a todos los vendedores: *¡estás vendiéndote a ti mismo!* El hecho de que el vendedor no está de acuerdo con Robert es muy revelador porque indica un vacío letal en su modo de pensar y en su proceso de ventas. De hecho, la mayoría de los clientes hacen dos importantes decisiones de compras, y en el mismo orden, antes de realmente considerar si alguna vez van a comprar tus productos o tus servicios.[147] La primera decisión siempre es si van a "comprar" al vendedor o no – ¿te van a comprar a ti? Por segundo, si van a "comprar" la compañía que representas. Por lo tanto, durante el tiempo que estas "vendiéndote a ti mismo," debes esforzarte por crear y construir una conexión, mientras al mismo tiempo tus prospectos aprenden cómo lo que tienes, lo que representas, lo que estás vendiendo, puede resolver sus problemas.

Daymond John entonces utiliza una técnica de entrevista común – le dice al vendedor, quien a la edad de 5 años vendía lápices a sus vecinos, que le venda una herramienta similar, una pluma. Muchas veces, esta petición sorprende al entrevistado. El entrevistador utiliza esta estrategia para evaluar: competencia de ventas, dominio del idioma, postura corporal y comunicación no-verbal, la creatividad y tu capacidad para pensar rápidamente. El hecho de que el vendedor se enfocó en las características de la pluma en vez de averiguar las necesidades de Daymond, señala otro error fatal en su enfoque de ventas.

Lo siguiente es un diálogo teórico que habría dado mejores resultados de ventas:[148]

Empresario: Gracias por verme en corto aviso, Daymond. Como sabe usted, me encantaría decirle todo sobre esta

| | hermosa pluma, pero en orden para poder hacer mi *mejor* trabajo posible, necesito saber un poco más de sus necesidades de negocio. ¿Está bien si le hago unas cuantas preguntas primero? |

Daymond John: (*un poco sorprendido*) Seguro – adelante.

Empresario: Gracias, Daymond. En primer lugar, ¿me puede decir cómo corresponde generalmente con los demás?

Daymond John: Bien, para asuntos comerciales uso mi computadora personal o correos electrónicos, para cuestiones personales generalmente uso texto y para todo lo de marca uso tweet.

Empresario: Bueno – así que, aparte de su computadora o celular, ¿qué otras formas de comunicación escrita hace usted?

Daymond John: Hago unas cuantas notas escritas a mano, firmo un montón de documentos y me gusta especialmente certificar muchos cheques – en la parte posterior.

Empresario: Genial, Daymond – ¿me puede explicar un poco más sobre los instrumentos de escritura que utiliza en estas ocasiones, y lo que le gusta y disgusta de ellos?

Daymond John: Seguro, típicamente uso esa pluma que tienes en tu mano. Me gustan las plumas porque escriben fácilmente y son permanentes, lo cual es importante para firmas y documentos legales. Sin embargo, he tenido plumas que cuando las pongo en mi bolsillo, derraman tinta y se mancha mi camisa. Y eso es malo para la marca FUBU – además, arruina mi ropa.

Empresario: (*ríe apropiadamente*) Muy bien, Daymond, muy bien. Pues bien, me parece que usted puede beneficiar de varios instrumentos de escritura. Su computadora personal es necesaria para los grandes volúmenes de correspondencia y para editar más fácilmente y archivar estos documentos. Y una pluma es de beneficio para firmas y otras formas de escritura permanente. Y *esta pluma en particular* ayuda a proteger la marca FUBU *y* cuida sus camisas para que no se arruinen con el derrame de tinta. Además, si usted desea, nosotros podemos realzar su nombre, sus iniciales o incluso FUBU para fines promocionales. Por supuesto, nuestra grabación en relieve es siempre en oro, el color de la riqueza y aumento de los beneficios que usted verá cada vez que certifica otro de esos cheques en la parte posterior, como gusta hacer. ¿Cómo se oye todo esto hasta el momento, Daymond?

Daymond John: (*sonríe*) ¡Oye, me gusta este chico! (*de repente le viene algo a la cabeza*) Espera – has leído el libro de Jay-el, *¡El Lenguaje de los Triunfadores!* ¿Verdad?

Finalmente, el intercambio entre el empresario y Mark Cuban es lo que me desconcierta. Mark Cuban le ofreció *exactamente* lo que pedía – y él incluso dijo, "Voy por el cierre," lo suficientemente fuerte para que todos pudieran oírlo. O tuvo pánico el empresario por estar en presencia de los Tiburones inversionistas o tenía otra agenda. Y cuando Mark Cuban está hablando con él acerca de cómo hacer el cierre de ventas y trata de educarlo, ¡el empresario todavía está intentando vender! Incluso, le pregunta a Mark Cuban si estaría interesado en ver un aumento de beneficios de 30-50%. Nunca entendió. Cualquier otra persona, para este tiempo, probablemente ya se hubiera dado cuenta del error que cometió, y trataría de disculparse. Sí, dale a entender a Mark Cuban que hiciste mal, que sólo eres humano y que solamente tú eres responsable.

El primer paso para aprender una valiosa lección de la experiencia personal es admitir que tienes algo que aprender de esa experiencia. En los comentarios de después-del-programa, el vendedor empresario continuó hablando como si los cinco Tiburones inversionistas habían cometido un error enorme al no firmar el acuerdo que buscaba – aunque, en realidad, no estoy seguro qué buscaba. Después del programa, tercamente dijo, "Cuando sus ventas estén abajo, van a pensar – *¿Sabes qué...? Yo dejé uno escapar.* Y ellos van a tener que vivir con eso."

Un vendedor que cree que él "puede vender cualquier cosa a cualquier persona," pero se niega en aceptar los análisis constructivos de los triunfadores comprobados, no irá lejos en las ventas. Un poco de humildad quiere decir mucho. Y sí, puedes ser ambas cosas, el mejor en tu arte *y* humilde. De hecho, en mi libro, *Master and Disciple* (*Maestro y Discípulo*), me refiero a la *Paradoja de la Grandeza* al decir que, "La verdadera grandeza sólo puede lograrse por aquellos que son humildes."[149]

De hecho, si los prospectivos clientes de este vendedor llegaran a ver este episodio en particular de *Shark Tank* (*Tanque de Tiburones*), yo especularía que ellos probablemente tampoco quisieran entrar en un acuerdo con él, al igual que los Tiburones. Todo esto debido a su incapacidad para articular... **¡El Lenguaje de los Triunfadores!**

Capítulo 20

EQUIPO –

El compromiso individual para un esfuerzo de grupo – eso es lo que hace que un equipo trabaje, una empresa trabaje, una sociedad trabaje, una civilización trabaje.
~ Vince Lombardi

Equipo (en inglés, **Team**) [tecm] *Origen*: antes de 900, Inglés Antiguo team "conjunto de animales de tracción reunidos," del Protogermánico *taumaz, probablemente literalmente "aquello que llama," de *taugmaz "acción de reunir," de la serie *taukh-, *tukh-, *tug-, representada por Inglés Antiguo "estirar, arrastrar."[150]

- • -

EMPECEMOS CON EL EQUIPO MÁS PEQUEÑO posible – un equipo de dos – digamos, marido y mujer. Zig Ziglar es el maestro, así que usaré este ejemplo de su libro, *Éxito para los Tontos (Success for Dummies)*.[151] El marido ha estado ausente toda la semana y está regresando a casa el viernes por la tarde. Lleva un maletín abultado y equipaje en sus manos, y no los quiere poner hacia abajo para sacar sus llaves o para sonar el timbre, por lo que comienza a patear la puerta para anunciar su llegada. Pero no se mide, él realmente la patea con enojo y frustración, e inclusive ¡daña la puerta en el proceso! Cuando su esposa corre hacia la puerta y la abre para ver que está pasando, se sorprende al encontrar a su marido allí, parado con todas sus pertinencias. Él no se mueve, simplemente anuncia, "Vengo tarde porque he estado en una reunión, y estoy muy contento que estuve allí. Aprendí algunas cosas que realmente me molestan. Aprendí, por ejemplo, que hay un sinnúmero de derechos en esta casa que no he recibido y como cuestión de hecho, he escrito una lista de esos derechos. Lo primero que tú y yo vamos a hacer es sentarnos y hablar, porque te estoy diciendo ahora, ¡aquí van a haber algunos cambios!"[152]

Cuando termina su arrebato, la esposa responde de manera similar: "Bueno, señorón, yo no fui a una reunión. No tenía que. Y no he escrito una lista. No tenía que hacer eso tampoco. Está quemada indeleblemente en mi mente. Hay algunos derechos por aquí que *yo* no he estado recibiendo, así que pásale para tener esa charla, porque estoy de acuerdo contigo que van a haber algunos cambios y ¡la mayoría de ellos no te van a gustar!"[153] Obviamente, esta pareja se está preparando para una batalla. No muchas cosas buenas saldrán de su confrontación que está por llegar.

Ahora, el mismo escenario, sólo que esta vez el marido acaba de leer *Éxito para los Tontos* (*Success for Dummies*), ¡El Lenguaje de los Triunfadores! (*The Language of Winners!*), y algunos otros libros de superación personal durante ese viaje de negocios de una semana, así que él viene bien preparado. Y en vez de darle una patada de karate a la puerta, le da un golpecito con su pie lo suficiente como para atraer la atención de su esposa, la cual inmediatamente abre la puerta. Otra vez, él está parado allí con todos sus efectos personales, pero esta vez dice, "Amor, discúlpame por llegar tarde, pero estoy encantado de estar aquí ahora. Llegué tarde porque atendí probablemente la reunión más importante de nuestras vidas. En esta reunión, aprendí unas cosas que realmente me molestan. Aprendí, por ejemplo, que en toda probabilidad no he estado cumpliendo tus necesidades que tú tienes como mi esposa. Antes de desempacar, me gustaría que nos sentáramos para charlar. Me gustaría que tú me dijeras qué puedo hacer para convertirme en la clase de marido que mereces tener y el que tú creías que estabas recibiendo cuando nos casamos."[154]

Esta vez, cuando él termina de desahogarse, los ojos de ella se llenan de lágrimas al decir, "En realidad, he sido muy feliz como tu esposa. De vez en cuando, *yo* me he preguntado si *yo* he estado cumpliendo todas tus necesidades como mi esposo. Creo que es una idea maravillosa sentarnos y hablar."[155]

Es increíble lo que puede suceder cuando pones los intereses de otros antes de los tuyos; cuando pones al equipo primero. Zig dice que este principio aplica a todos los aspectos de la vida, no sólo al matrimonio. Lo dice mejor con su frase memorable, "Puedes tener todo en la vida que deseas si solo ayudas a suficientes otras personas conseguir lo que ellos quieren."[156]

Un equipo un poco más grande, tanto en número como en tamaño físico, se encuentra en el juego de baloncesto. Y fuera una injusticia si no mencionara al entrenador John Wooden, el entrenador de más éxito del baloncesto universitario, en este momento. Muchas personas le preguntaron ¿cuál era su secreto para el éxito, cómo fue capaz de ganar 7 títulos consecutivos de la Asociación Atlética Colegial Nacional (NCAA), y cómo logró 10 campeonatos nacionales de NCAA durante su estancia en UCLA (la Universidad de California en

Los Ángeles)? Su respuesta es clásica – es una respuesta típica de un triunfador. Él dice, "No hay ninguna área del baloncesto en el que soy un genio. Ninguna. Tácticamente y estratégicamente soy sólo mediocre, y esto no es ofrecer falsa modestia. Ganamos…porque era mejor que mediocre en analizar a los jugadores, en conseguir que cumplieran sus papeles como parte de un equipo, en prestar atención a los fundamentos y a los detalles, y en trabajar bien con otros, tanto los que estaban bajo mi supervisión y aquellos que me supervisaban. Además, disfruté de trabajo muy duro. No hay nada sofisticado sobre estas cualidades. Tienen amplia aplicación y eficacia igual en cualquier esfuerzo de equipo en cualquier lugar."[157]

Los comentarios del entrenador Wooden apoyan el concepto familiar que dice que un "equipo" realmente significa "¡juntos todos logran más!" Esto es así porque todo el mundo debe contribuir a los objetivos generales del equipo, a las metas y a la visión para que todo el equipo mejore, prospere y triunfe para que su nombre sea Legión.[158] Jim Rohn lo articula así: "¿Es tu contribución valiosa para todos? Te estoy diciendo, ¡sin ti el total es incompleto! Te estoy diciendo, toma cada uno de nosotros para *hacer* todos nosotros – cada uno de nosotros con una contribución… Te estoy pidiendo que te consideres lo suficientemente valioso para hacer una contribución importante para todos nosotros. Y luego, en cambio, tú llegas a sacar de todos nosotros y de los dones que traemos a cada uno de nosotros. *Ese* es el poder."[159]

Jim Rohn y el entrenador Wooden podrían haber estado hablando con, o hablando de, la Alianza del Cinturón Gris (GBA) – mi equipo de artes marciales que se formó un año después de mis triunfos en el Campeonato Mundial en México en 2003. Iba a llevar al GBA a Alemania en 2005. Esto es lo que ocurrió: Cinco estudiantes varones y yo habíamos estado entrenando intensamente durante casi un año en preparación para competir en los Juegos Mundiales VI en Rosenheim, Alemania – un evento de tres días patrocinado por la Organización Mundial de Atletas de Artes Marciales (WOMAA). Sería mi segundo evento de campeonato mundial como competidor y el primero para ellos. Unas semanas antes de nuestro viaje, le pedí al equipo que escribieran sus metas específicas para el campeonato y que me las trajeran en nuestra próxima sesión.

Al iniciar nuestro siguiente entrenamiento, cada miembro del equipo leyó en voz alta sus metas y todos estaban emocionados, y aplaudieron y se animaron mutuamente. Algunos de los objetivos eran vagos y *no específicos* como les había solicitado. Así que, les pedí que lo pensaran un poco más, que se enfocaran en lo que realmente deseaban de esta experiencia, y que volvieran a escribir sus metas. Uno o dos días después, levanté todas sus escrituras.

En el día de nuestra partida, les entregué una hoja laminada 8 ½ x 11 de dos caras, a cada compañero de equipo y les pedí que lo leyeran en voz alta al menos dos veces cada día, una vez al despertar y otra vez antes de acostarse en la noche... durante todo el viaje. La hoja contenía sus objetivos específicos, individualizados por un lado y el siguiente memorándum sobre el otro lado:

MEMO

11 julio 2005

PARA: Alianza del Cinturón Gris, atletas del Equipo América (*también conocidos como, Pronto-a-Ser Campeones Mundiales*)

DE PARTE DE: Jay-el Hinojosa

Para convertirse en Campeones Mundiales, les recomiendo a todos que traten de DIVERTIRSE (en inglés, *have FUN*) durante nuestro viaje a Alemania. La diversión debe abarcar todos los aspectos de nuestro viaje y no sólo la propia competencia. Por supuesto, diviértanse con moderación y no hagan nada de lo cual se puedan arrepentir más tarde.

Cuando uno se divierte durante la competencia, posibles restricciones a la mente o el cuerpo simplemente se arrojan. Se convierten en un factor de no y por lo tanto, lo mejor de cada uno de ustedes se va a liberar para compartirse con todo el mundo... ¡y esa es una sensación increíble!

Todos ustedes ya han puesto el tiempo, esfuerzo y los sacrificios necesarios para alcanzar este nivel de competencia. Y ahora, es sólo una cuestión de recordar unas cuantas cosas más y ¡estarán en su camino a convertirse en CAMPEONES MUNDIALES!

EL DIVERTIRSE (FUN) LOS HARÁ CAMPEONES MUNDIALES. Recuerden el siguiente acrónimo de 'FUN.'

F̲undamentos
 Han entrenado con fundamentos sólidos, así que muéstrenle al mundo cómo se deben ver las gran

técnicas - buenas posturas, buenos golpes, buenos bloqueos, buenas patadas, y buenos gritos.

Unión

Nuestro equipo está unido y está trabajando hacia una meta común... ¡convertirnos en Campeones Mundiales! Vamos a apoyarnos mutuamente y juntos alcanzaremos el pináculo de ganar los honores más altos que los Juegos Mundiales en Alemania tienen para ofrecer.

N'cantamiento

Vamos a encantar a la audiencia, a los otros competidores y (sobre todo) a los jueces con nuestro/a:
- técnica marcial,
- profesionalismo,
- integridad,
- presencia escénica y carisma,
- y nuestra actitud y humildad.

El otro lado de la hoja, por ejemplo, se titulaba "Metas para Jay-el Hinojosa." Contenía 8 objetivos específicos, cada uno precedido por un cuadro pequeño de punto de bala. Las instrucciones justo bajo del título leían: "Coloquen una marca de verificación cuando hayan logrado su objetivo." Por supuesto, estas instrucciones significaban que el equipo *¡esperaba tener éxito!*

Como jefe de equipo y entrenador, me sentía con más responsabilidades y obligaciones, así que uno de mis objetivos era, "Nos iremos a Alemania el 11 de julio y regresaremos a nuestros hogares con seguridad el 19 de julio." No estaba tomando nada por hecho.

Otra meta para mí fue, "Mi cintura y mis hombros estarán libres de dolor durante la competencia." En realidad, cada uno de nosotros tenía alguna lesión u otra antes de los Juegos – resulta que las artes marciales son, en realidad, ¡un deporte de contacto!

El Equipo América consistió de cien atletas, seis de los cuales eran nuestro equipo de Alianza del Cinturón Gris del sur de Texas. Y nuestros resultados hablaron volúmenes de nuestro equipo: 5 de 6 de nosotros regresamos como Campeones Mundiales – ¡algunos de nosotros con múltiples títulos!

Los triunfadores trabajan bien con otros; elevan el nivel de todos a su alrededor al traer valor al equipo. Los triunfadores se comprometen individualmente para el bien – así, maximizan sus esfuerzos. Los triunfadores ponen los intereses de otros antes de los de ellos; ponen el equipo primero. Los triunfadores entienden su papel como parte de un equipo y el hecho de que cada uno de ellos hace una contribución significativa para que el equipo pueda lograr los resultados que desea. Los triunfadores comparten lo mejor que tienen con el mundo y se 'DIVIERTEN' en el proceso. Un equipo triunfador es aquel que se identifica con, y se considera como parte integral de... *¡El Lenguaje de los Triunfadores!*

Capítulo 21

LEYES UNIVERSALES –

El mejor estudio de la vida es como es – no cómo deseas que sea, no cómo deseas reorganizarla –
cómo tomar ventaja de lo que es.
~ Jim Rohn

Universal [yoo-nuh-vur-suhl] *Origen*: siglo 14 tardío, del Francés Antiguo universel (siglo 12), del Latín universalis "de o perteneciente a todos," de universus "todos juntos, todo" (ver <u>universe</u>). En la mecánica, un empalme universal (1676) es el que permite el movimiento libre en cualquier dirección; en teología, universalismo (1805).[160]

Universo [yoo-nuh-vurso] *Origen*: 1589, "el mundo entero, cosmos," del Francés Antiguo univers (siglo 12), de Latín universum "el universo," sustantivo uso de la breve forma del adjetivo universus "todos juntos," literalmente "convertidos en uno," de unus "uno" + versus, plural de vertere "voltear."[161]

Leyes (en inglés, **Laws**) [laws] *Origen*: 1580-90, Inglés Antiguo lagu (plural laga, forma combinada lah-), del Nórdico Antiguo *lagu "law," plural colectivo de lag "capa, medida, movimiento," literalmente "algo establecido o fijo," de

Protogermánico *lagan "poner, colocar" (ver lay). Reemplazó el Inglés Antiguo æ y gesetnes, los cuales tenían el mismo desarrollo de sentido como ley.[162]

- • -

EN 1906, EL ECONOMISTA ITALIANO Vilfredo Pareto hizo una observación interesante: se dio cuenta de que el 80% de tierra de Italia era propiedad de un 20% de la población. Se preguntó si esto era también cierto en otros lugares, por lo que llevó a cabo encuestas similares en varios países y encontró, para su asombro, que los patrones de distribución eran comparables. También observó que 20% de las vainas de guisante en su jardín contenían 80% de los guisantes. Estas observaciones marcaron el comienzo del *Principio de Pareto*, la Ley de Pareto, o la regla 80-20, que parece tener aplicaciones universales independientemente de la industria.[163]

Por ejemplo, en un artículo por *Noticias de Computadoras de Ventas por Menor* (*Computer Retail News*) en 2002, fue discernido que si el 20% de los errores más reportados se corregían en Microsoft, 80% de todos sus errores y accidentes podrían evitarse.[164] Del mismo modo, cuando Steve Jobs recuperó el control de la espiral hacia debajo de Apple Inc en 1997, una de las primeras cosas que hizo fue eliminar la mayor parte de la línea de productos y sólo concentrarse en algunos productos – los que traían la mayor parte de los ingresos a la empresa. *Oxígeno: La Revista que Corrige* (*Oxygen: The Turnaround Magazine*) dice de Jobs, "Él inmediatamente buscó a limpiar el establo de Apple, cortando una serie de proyectos e introduciendo el iMac y otros productos de diseño... Tras su regreso a Apple en 1997, los ingresos aumentaron en 821%."[165] Esta estrategia ayudó a impulsar a

Apple a la estratosfera, haciéndola la empresa ¡más valiosa del mundo en 2011![166]

Por la misma razón, el Reporte de Programa de Desarrollo de las Naciones Unidas (United Nations Development Program Report) mostró la siguiente distribución de ingreso global en 1992: los 20% más ricos de la población mundial controlan el 82.7% de los ingresos mundiales.[167] Con respecto a la atención médica, el Departamento de Salud y Servicios Humanos de los EE.UU. señaló que en 2002, el 80% de todos los gastos de salud de EE.UU. se atribuyeron al 20% de la población.[168] Y en un debate del piso del Senado de Oregon en febrero de 2012, el senador Alan Bates dijo algo que sorprendió a quienes no estaban familiarizados con la universalidad del Principio de Pareto: "Ochenta por ciento de los dólares de atención médica se gastan por el 20% de la población."[169]

De hecho, existen ciertos principios universales, o leyes, debido a su generalizada aceptación y aplicabilidad, y por lo tanto se consideran ser las más válidas. El adagio, "Lo que sube debe bajar," sigue la ley de la gravedad en gran medida – la excepción se ve cuando el objeto que sube tiene suficiente velocidad para superar la fuerza gravitacional que está tratando de mantenerla hacia abajo. Así, un cohete que viaja a la luna – como el que ya comentamos en el Capítulo 17 – es una de las pocas cosas que genera suficiente velocidad para escaparse de la fuerza de la gravedad.

Pero las leyes también gobiernan a la sociedad – y sin ellas, habría caos y anarquía. En esencia, la ley es un código establecido de conducta que guía a nuestra sociedad en la dirección correcta, hacia la prosperidad. Vas a querer entender esta siguiente ley, la cual va a transformar cada área de tu vida si la usas sabiamente. Se conoce como la *Ley de Atracción*

(*The Law of Attraction*).

La Ley de Atracción es la fuerza más poderosa del universo. Es simple en concepto pero requiere algo de práctica y dedicación para dominarla completamente. Sin embargo, una vez que captes el concepto, te sorprenderás con todas las puertas de posibilidad que se abrirán para ti. La definición más simple de esta ley es: *igual atrae a igual.*

Esta ley universal está trabajando en tu vida ahora mismo, si eres consciente de ello o no. Estás atrayendo a gente, situaciones, oportunidades, dinero, ofertas de empleo y mucho más hacia tu vida. *Si lo sabes o no, tú atrajiste este libro a tu vida.* Una vez que estés consciente de esta ley y de cómo funciona, puedes comenzar a utilizarla para deliberadamente atraer lo que desees en tu vida, hacia tu realidad.

Para maximizar el uso de la Ley de Atracción, te recomiendo que sigas el plan de 4S, que es:[170]

1. ***Específico*** (***Specific***). Es importante saber *exactamente* lo que quieres. Por ejemplo, en vez de decir "No quiero ser pobre," di "Después de 12 meses en mi negocio, quiero tener seguridad económica, generando $5,000 por mes de mi nuevo negocio." Con respecto a tu salud, en vez de decir "No quiero estar gordo," declara "Quiero perder 15 libras para el 24 de febrero."

2. ***Ver*** (***See***). Tienes que *visualizar* y sentirte positivo acerca de lo que deseas. Tu mente dará inicio en la sobre marcha para apoyar esas cosas de las cuales te sientes especialmente bien. Es más fácil lograr algo que ya te has visto logrando.

3. **Decir** (*Say*). Aprovecha el poder de las *afirmaciones* para atraer todo lo que deseas hacia ti. Di en voz alta, "Estoy desarrollando grandes relaciones," "Estoy tallando un gran físico y estoy disfrutando de un cuerpo más saludable y más vibrante," y "Me encanta mi nuevo negocio porque estoy haciendo un impacto positivo en las vidas de los demás y consigo pasar más tiempo de calidad con mi familia."

4. **Agarrar** (*Seize*). Al tomar *acción inspirada*, puedes agarrar lo que específicamente haz visto y lo que has dicho en voz alta. Créelo o no, los planetas se alinearán y el universo abrirá caminos para que consigas lo que desea tu corazón.

En 1955, Cyril Northcote Parkinson escribió primero la famosa línea, "El trabajo se expande para llenar el tiempo disponible para su terminación." Dos años más tarde, se convirtió en el enfoque de su libro exitoso *Ley de Parkinson: La Búsqueda de Progreso* (*Parkinson's Law: The Pursuit of Progress*).[171, 172] Hablando prácticamente, quiere decir que si te das cuatro meses para completar el trabajo que puedes hacer en 24 horas, entonces el trabajo se "expande" (a través de ocurrencias inmateriales y psicológicas) y subjetivamente se hace más complejo y estresante con el fin de ¡completamente llenar los cuatro meses! El tiempo extra puede no llenarse ni con más trabajo, simplemente con más impalpables manifestaciones así como una ansiedad creciente, la cual conduce al miedo y la indecisión, por tener que completar el trabajo.

Hace unos años, experimenté de primera mano la Ley de Parkinson. En el otoño de 2005, me inscribí en una clase de *Guion* de nivel de postgrado en la Universidad de Texas-Pan American de Edinburg – tenía una historia que quería compartir y sabía que si no ponía un poco de presión sobre mí mismo, no la completaría en el futuro cercano. Hablé con mi profesor, el Dr. Jack Stanley, al inicio del semestre para asegurarme que ambos estábamos en la misma página sobre las expectativas para este curso. Normalmente no me hubiera reunido con mi profesor para algo como esto, pero esto era diferente – esta vez, yo era un médico muy ocupado a tiempo completo y no iba a poder presentarme físicamente durante el día para una "clase." Dr. Stanley y yo acordamos que mi único requisito sería entregar mi guion de 90 páginas al final del semestre. Algo bien simple, ¿verdad?

Pues, *cosas en la vida pasan* y yo me inundé con mi trabajo y con las obligaciones familiares. Una tarde, después de terminar un largo día en mi clínica y al subirme al coche para ir a casa, decidí llamar a mi profesor para averiguar exactamente qué día debo entregar mi obra teatral. Pensé que había cerca de dos semanas antes del final del semestre, así que quería darme algún "amortiguador." Cuando el Dr. Stanley contestó mi llamada, intercambiamos charla y después le hice mi pregunta. Con una sonrisa (podía sentirla a través del celular) me dijo, "Oh, solamente tráelo mañana ¡lo más tardar a las 5pm, Jay-el!" ¿Mañana? No se cómo fui capaz de producir ningún sonido coherente después de que me pegó ese tsunami, pero me las arreglé para decir, "Sin duda, Dr. Stanley, nos vemos mañana antes de las cinco." Colgué y las ruedas en mi cabeza inmediatamente comenzaron a dar vuelta. Mi dilema era sencillo: ¡Todavía no había comenzado mi guion!

Rápidamente decidí sólo hacerlo, así que hice unas cuantas llamadas telefónicas para cambiar mis planes. Notifiqué a mi esposa y le aconsejé que yo no iba a llegar a casa por un buen rato. Les avise a mis hijas adolescentes que tal vez iba a llegar un poco tarde para llevarlas a la escuela la siguiente mañana. Por suerte para mí, los laboratorios de computación de la Universidad permanecían abiertos toda la noche. Levanté una hamburguesa en mi camino a la Universidad y me senté frente a una computadora vacante. Racionalizaba conmigo mismo, "¡Puedo hacer esto! La historia ya está en mi cabeza. Sólo hay que ponerla en el papel."

Respiré profundamente y empecé a escribir. Las teclas iban a un ritmo constante y después de un tiempo, su sonido se transformó en *ruido blanco* como las horas comenzaron a marcar. El nivel de ruido en el laboratorio parecía escalar mientras más y más estudiantes llegaban – era casi como una zona de guerra, una revolución – y yo tenía que sobrevivir. En un momento, el laboratorio de computadoras se tranquilizó de inmediato y cuando miré hacia arriba, noté que el lugar estaba vacío excepto por mí, claro. Miré mi reloj y eran unos cuantos minutos después de las 2:00 de la madrugada. Mi esposa me llamó para ver cómo estaba, le dije que bien y que volviera a dormir – ella no lo hizo. Me llamó cada hora sobre la hora, sin falta, para asegurarse que no me fuera a dormir y arruinar todo. (Como si no hubiera ya arruinado todo.)

De aproximadamente 0300 a 0600 horas, mis dedos iban en piloto automático y luego rápidamente se fueron en *velocidad de deformación*. Nunca había experimentado ese tipo de dimensión de Star Trek antes, o después. Incluso, no estaba ni pensando lo que debía venir siguiente – no había tiempo para pensar. Simplemente estaba sentado allí, asombrado de lo que mi mano izquierda y mi mano derecha estaban haciendo, no *por* mí sino *a pesar de* mí. Y tampoco estaba mirando hacia la pantalla – no podía. Esas últimas tres horas experimenté unas cascadas de lágrimas incontrolables – no porque tenía miedo o enojo a mi situación, sino porque presentía lo que estaba pasando. *Esta revolución se estaba transformando en una revelación.* La historia que se estaba desplegando frente a mí era profundamente cautivante y emocional. ¡Estaba llorando como un bebe! Qué bueno que la sala estaba vacía.

A exactamente las 6:30 de la mañana, imprimí mi manuscrito de 88 páginas y al levantarme para recoger mi trabajo, sentí la rigidez de mi cintura y cuello. Salí de mi estación, fui a casa para bañarme y cambiarme, y después de darle a mi esposa un abrazo y un beso, salí rápidamente a recoger a mis hijas para la escuela. Con orgullo les mostré mi proyecto terminado y Laura me dijo, "Papá, es sólo ochenta y ocho páginas. Necesitas dos páginas más." Esa fue la aguja para mi globo de hazaña de 24-horas. Alexis, mi hija menor, me aconsejó que todavía tenía tiempo porque no tenía que entregarlo hasta las 5 de la tarde. Tenía razón, pero le advertí que mi horario de consultas estaba lleno y no iba a tener más tiempo para dedicarle a este proyecto. Y después de dejarlas en la escuela, fui a la Universidad y le mano-entregué mi obra teatral al Dr. Stanley.

Después de que todo se calmó y tuve la oportunidad de leer lo que habían escrito mis dedos, estaba totalmente extasiado con los resultados. ¡La bravura de diez dígitos! Si el teclado hubiese sido un piano, mis dedos habrían terminado un brillante rendimiento de un pasaje florido tras otro, por una noche entera. En esencia, habían transmutado autónomamente algunas ondas cerebrales latentes en una historia cautivante en papel. Por lo tanto, tres años después, *Rosi Milagros* fue publicada como una obra de dos actos.[173] ¡Esto demuestra que puedes literalmente convertirte en un dramaturgo de la noche a la mañana!

No recomiendo este tipo de estrés y escenario a nadie – y si tuviera que hacer todo de nuevo, sin duda no hubiera procrastinado como lo hice. Lo que yo creo que sucedió esa noche, era una especie de *inversión* mágica de la Ley de Parkinson. Así es, la ley ahora se estructuraría así: "El tiempo se expande para llenar el trabajo disponible para su terminación."

Una observación adicional con respecto a este intenso período de 24 horas: Había estado escribiendo durante muchos años para cuando me inscribí en esta clase de *Guion*. De hecho, cuando estaba en la Universidad de Brown, mi instructora de mi clase de inglés titulada *Escrituras Personales y Reflexivas*, Anne Huber, me llamó "El Maestro del Eufemismo" un día cuando entregué un documento de diez páginas... ¡y la tarea era de dos páginas! En cualquier caso, según Malcolm Gladwell en su libro *Outliers*, "los investigadores han establecido lo que ellos creen que es el número mágico para la verdadera competencia: diez mil horas."[174] Él cita al neurocientífico Daniel Levitin, PhD, como afirmando que, "... diez mil horas de práctica son necesarias para alcanzar el nivel de dominio asociado a un experto de clase mundial – en cualquier cosa."[175] Continúa con descripciones extensas de los Beatles, Bill Gates y otros, y de cómo calificaron para sus diez mil horas. Pero no simplemente *cualquier* 10,000 horas – ¿recuerdas "La práctica perfecta hace la perfección" versus "La práctica hace la perfección?" Así es, para calificar como expertos, las 10,000 horas que usas implican *práctica útil con la intención de mejorar tu arte*. Así, la *Regla de las 10,000 Horas* emerge como uno de los principios universales de la vida que los ganadores deben reconocer.

Los ganadores son predecibles, como el sol – sin duda suben a las circunstancias así como el sol sube en el este y baja en el oeste. Los ganadores sobresalen en maximizar resultados y minimizar reveses por aceptar y colaborar con las leyes del universo, no por ir en contra de ellas. Como en el Principio de Pareto, los ganadores encuentran la manera de alcanzar los superiores 20% porque esos son los más exitosos en su profesión, habilidad o arte. Los ganadores son bien versados en la Ley de Parkinson, ya que saben que al asignar la cantidad adecuada de tiempo para la realización de una tarea o un trabajo, ganarán más tiempo y la complejidad de la tarea volverá a su estado original, natural. Los ganadores reconocen que no hay atajos al éxito; saben sobre la Regla de 10,000 horas y sobre la universalidad de... *¡El Lenguaje de los Triunfadores!*

Capítulo 22

VALOR –

*Servicio a los demás es la renta que pagas
por tu habitación aquí en la tierra.*
~ Muhammad Ali

Valor (en inglés, **value**) [val-yoo] *Origen*: siglo 13, del Francés Antiguo value "digno, valor," subjetivo uso del plural femenino de valoir "ser digno," del Latín valere "ser fuerte, estar bien, ser de valor" (ver valiant). El significado "principio social" esta atestiguado desde 1918, supuestamente tomado del lenguaje de la pintura.[176]

Valeroso (en inglés, **valiant**) [val-yuhnt] *Origen*: siglo 13, del Anglo francés y Francés Antiguo valliant "incondicional, valiente," de valoir "ser digno," originalmente "ser fuerte," del Latín valere "ser fuerte, estar bien, ser digno, tener poder, ser capaz," de la base Protoindoeuropea *wal- "ser fuerte" (comparado al Inglés Antiguo wealdan "a la regla," Viejo Alto Alemán -walt, -wald "poder" (en nombres personales), Nórdico Antiguo valdr "gobernante," Antiguo Eslavo Eclesiástico vlasti "gobernar sobre," Lituano valdyti "tener poder," Céltico *walos- "gobernante," Irlandés Antiguo flaith "dominio," Galés gallu "ser capaz de").[177]

- • -

MUCHAS PERSONAS NO SON BUENOS SAMARITANOS estos días. Podría ser una buena cosa, según cómo lo veas. Digamos que estás caminando por la calle y escuchas a alguien gritar *¡Socorro!* o *¡Ayúdame!* ¿Qué haces? Probablemente entras en acción, ¿verdad? Ojala, que sí... pero la pregunta es: ¿En cuál dirección? ¿Entras en acción en la dirección del que grita o en la dirección opuesta? ¿Vas a prestar ayuda? ¿O haces como un plátano y te partes?

En un escenario, el grito de *¡Socorro!* o *¡Ayúdame!* es una crisis – para el que grita, claro. Tal vez imaginas a la damisela en apuros que es atada en las vías del ferrocarril, como en la era de película silenciosa. Puede que desees desasociarte rápidamente de cualquier persona que esté en esta situación. ¿Por qué? ¿Qué tal si, mientras estás respondiendo al grito de ayuda tú mismo te lesionas? O peor aún, ¿qué tal si mueres? Por otro lado, podría haber sido un montaje o una emboscada. El que grita puede parecer indefenso y vulnerable, pero en realidad, puede ser malo y calculador. El que grita puede querer tu dinero, o tu vida.

La naturaleza humana nos dice que cuando una persona grita por ayuda, ya se dio por vencido. Ha tirado la toalla. Está ahora totalmente sin ayuda; está *desamparado*. Y te necesita a *ti* para que vengas al rescate, para que seas un héroe, seas valiente, dejes todo y entres voluntariamente en una arena a la cual no estés preparado para entrar.

En mi libro, *Calificación de la Violación* (*Report Card on Rape*), menciono que el gritar *¡Fuego!* en vez de *¡Socorro!* *¡Ayúdame!* o *¡Violación!* te puede dar una mejor oportunidad de que alguien más venga a tu rescate.[178] Resulta que la amenaza de un incendio real a los transeúntes dará inicio a un tipo de autoprotección. ¿Qué tal si mi casa o mi negocio están en llamas? O ¿qué tal si pierdo *algo* o a *alguien* en esta tragedia, a pesar de que el fuego parece estar suficientemente lejos de mi propiedad?

Como médico, he sido enfrentado con bastante trabajo de detective para poder llegar a un diagnóstico preciso. Primeramente, *escucho* a la constelación de síntomas transportados por un paciente durante una visita al consultorio. Segundamente, *observo* los signos específicos durante el examen físico y las pruebas de salud. Y por último, llego a poner todas las piezas en su lugar para finalizar el rompecabezas; con suerte, uno que revela el diagnóstico correcto.

Así, cuando un paciente se queja de cosas como, "Me estoy sintiendo decaído," "Estoy cansado," "Por favor ayúdeme," "No estoy tan seguro de mí mismo," "Me siento tan inseguro," "Mi independencia parece desvanecerse," naturalmente pienso en diagnósticos comunes como la depresión, anemia, diabetes, una condición de tiroides, o incluso (con "Por favor ayúdeme") posibles ideas de suicidio. Uno pensaría que la música pop es la cosa más lejana de mi mente, ¿verdad? En realidad, con la excepción de "Estoy cansado," estas quejas son *palabras exactas* encontradas en la exitosa canción de los Beatles titulada *¡Ayuda! (Help!)*[179] Esta canción llevó incluso a una película de largometraje del mismo nombre en 1965. Así, ¡es increíble cómo hemos pasado de la depresión, la anemia, la diabetes y la enfermedad de la tiroides a una canción exitosa (incluso una película) de los Beatles! Y este tándem de canción/película es probablemente en parte responsable de que la palabra *ayuda* tenga una connotación tan negativa dentro de nuestra cultura. Tal vez antes de 1965, la simple pregunta, "¿Cómo le puedo ayudar?" estaba perfectamente bien. Ahora, sin embargo, después de casi medio siglo de ser bombardeados con las palabras negativas y mensajes asociados con esta canción, es factible que ¡nuestro subconsciente no puede más que sentirse indefenso!

"¿Cómo le puedo ayudar?" ahora pasará automáticamente a nuestros archivos negativos dentro de nuestra psique. Trae a la mente alguien que no debe de estar allí, o alguien que está haciendo algo que no debe de estar haciendo. De cualquier manera, no perteneces. Generalmente, una figura de autoridad pronuncia estas palabras en el momento más inoportuno. Por ejemplo, acabas de entrar a una tienda de ventas apresuradamente y ni haz llegado a controlar tus respiraciones cuando el trabajador te pregunta, "¿Cómo le puedo ayudar?" Tal vez no te has decidido en qué vas a comprar, o tal vez tienes que ver algunos de los artículos antes de decidir. De cualquier manera, la palabra "ayuda" y el momento de la pregunta te hacen sentir como que te quieres ir.

Así que, en lugar de usar la palabra muy negativa "ayuda," uno puede tratar de usar palabras de empoderamiento como "asistencia" o "servicio." "¿Cómo le puedo asistir?" o "¿Cómo le puedo servir?" son alternativas con una insinuación más positiva. Además, lo opuesto de *help* (*ayuda*) es *helpless* (desamparado), que implica debilidad, vulnerabilidad y dependencia. Sin embargo, en inglés no hay *service-less* (servicio-menos) como un antónimo de *servicio* o *assistance-less* (asistencia-menos) como un antónimo de la *asistencia*, que yo sepa.

En los deportes, las estadísticas se mantienen para el número de asistencias, no el número de veces que "ayudas." Una asistencia es cuando trabajas en equipo, permitiendo que alguien más consiga el crédito que tú hiciste posible; el que tú facilitaste. Estás apoyando a tu compañero de equipo, y eso está aportando valor al equipo. Es empoderamiento; es crecimiento; es un cambio positivo. "Ayuda," por el contrario, no te permitiría crecer; entorpecería tu crecimiento porque eres *dependiente* en que alguien más haga esto por ti.

En nuestra segunda opción, podemos decir algo como, "¿Cómo le puedo servir?" En esencia, este enfoque del servidor comunica al oyente, "¿Cómo le puedo ser útil a usted?" o, "¡Estoy a su disposición!" o incluso, "¡Mándeme a lo que usted desee!" ¡Ahora sí estás hablando! y el oyente se siente verdaderamente importante. El mensaje aquí es que estás dispuesto a ir la milla extra para hacer la diferencia, para aportar valor a tu oyente – y ese es un gran ejemplo de liderazgo de servicio, amistad sierva e incluso asociación sierva. En liderazgo de servicio, el líder siervo, propietario, Gerente y así sucesivamente, está allí cuando sus seguidores o clientes están necesitados. Como un amigo siervo, tú estás allí cuando tus amigos te necesiten. Y como parte de una asociación de siervo, tú estás allí cuando tu pareja, cónyuge o socio, está en necesidad. Zig Ziglar lo dice mejor con lo siguiente: "Tú eres un éxito cuando sabes que los mejores son aquellos quienes eligen ser los servidores de todos."

Por lo tanto, para lograr el éxito, es mejor no ayudar a los desamparados. En cambio, trata de capacitar a otros y empoderarlos, en asistirlos y en colaborar como un equipo. Trata de servir a otros, de ser útil, a esos en necesidad al proveer más de lo que se espera. Y en realidad, el éxito sólo es posible cuando realmente deseas servir a los demás – y de esta manera, en última instancia estás expresando... *¡El Lenguaje de los Triunfadores!*

Capítulo 23

FUERZA DE VOLUNTAD –

*El bien o el mal de un hombre se encuentra
dentro de su propia voluntad.*
~ Epítetos

Fuerza de Voluntad (en inglés, **Will**) [wil] *Origen*: antes de 900, Inglés Antiguo *willan, wyllan "desear, querer" (tiempo pasado wolde), del Protogermánico *welljan (compara con Eslava Antiguo willian, Nórdico Antiguo vilja, Holandés willen, Alemán wollen, Gótico waljan "elegir"), del Protoindoeuropeo *wel-/*wol- "ser agradable."[180]

- • -

EN SU AUTOBIOGRAFÍA DE 1994, CAMPEÓN de físico-culturismo Lou Ferrigno acredita a cuatro claves principales para sus éxitos increíbles en la vida:[181]
- *creencia en uno mismo*
- *consistencia*
- *determinación*
- *persistencia*

¿Suena familiar? Tú, como un triunfador, notarás que *¡El Lenguaje de los Triunfadores!* incluye tres de los cuatro componentes en capítulos anteriores – la cuarta inclusión dentro de este trabajo, *determinación*, es examinada en este capítulo. Lou define la determinación como "la voluntad de tener éxito y avanzar. Es algo que realmente viene de adentro. Tienes que localizarlo dentro de ti y cultivar tu pasión por la búsqueda de tu objetivo."[182]

Lou Ferrigno superó muchas adversidades y problemas de salud, especialmente de la variedad de transmisión sanguínea – como en, su padre. Lou también estaba luchando una batalla perdida – estaba tratando de complacer a su padre, un hombre dotado atléticamente y alguien que jamás podía estar satisfecho. Por ejemplo, Lou fue considerado un buen "bateador" en el béisbol. Sin embargo, cuando su padre asistía a sus juegos de la Liga Pequeña, Lou se transformaba en el rey de los "ponches" porque sabía que su padre estaba esperando para criticarlo por algo – o por cualquier cosa. Y cuando miraba a su padre después del tercer "strike," quizás buscando apoyo paternal, el Ferrigno grande simplemente sacudía su cabeza en repugnancia y empezaba a contar que él hubiera bateado jonrones cada vez, si hubiese sido el bateador. Incluso, hasta le dijo repetidamente a Lou, "Nunca la harás como un atleta."[183]

Cuando una persona con gran influencia sobre ti, como tu padre, constantemente te degrada, es definitivamente una batalla difícil para salir de esa fuerza opresora. Sin embargo, debes buscar dentro de tu corazón, dentro de tu alma, para invocar esa energía que te llevará a la victoria. Cuando ejerces tu poder de elegir tus propias acciones, estás manifestando tu voluntad. Y porque estás *eligiendo* la dirección que tomará tu vida, tienes *control total* sobre los resultados, ya sean positivos o negativos. Depende de ti seleccionar sabiamente – ¿deseas tratar de complacer a otros o seguirás tu pasión, tus deseos, tus ganas? Tú eres el único que puede responder a esa pregunta – y Lou Ferrigno respondió como un ganador.

La palabra "ganas" parece omnipresente en muchas de mis presentaciones motivacionales. Sin embargo, no soy el único que debe cavar profundamente para convocar las *ganas* – Edward James Olmos, en la excelente película de 1988 *Para y Entrega (Stand and Deliver)*, interpreta al maestro legendario de matemáticas, Jaime Escalante, cuando se dirige a sus estudiantes con lo siguiente:[184]

> *No habrá viajes gratuitos, no hay excusas. Ustedes ya tienen dos "strikes" en su contra: su nombre y su tez. Debido a esos dos "strikes," hay algunas personas en este mundo que van a asumir que saben menos de lo que saben. La matemática es el gran nivelador...*
> *Cuando vayan por un trabajo, la persona dándoles ese trabajo no querrá oír sus problemas; es más, yo tampoco. Van a trabajar más duro aquí que lo que jamás han trabajado en cualquier otro lado. Y lo único que pido de ustedes es 'ganas.'*
> *(Pasando a un muchacho, le sacude el cabello al estudiante)*
> *Y tal vez un corte de pelo.*
> *(Todos se ríen)*
> *Si no tienen las 'ganas,' yo se las daré porque soy un experto.*

Jaime Escalante era de hecho un experto en inspirar a la gente joven para lograr más de lo que jamás imaginaron – y Bruce Lee también era un experto y un pionero en las artes marciales. En su película clásica de 1973, *Entra el Dragón (Enter the Dragon)*, uno puede apreciar otro ejemplo de fuerza de voluntad, unidad interna, y ganas cuando Han, el villano, declara a los competidores durante las ceremonias de inauguración de su torneo mundial de artes marciales:[185]

> *Señores, bienvenidos. Ustedes le brindan homenaje a nuestra isla. Espero un torneo de proporciones verdaderamente épicas. Somos únicos, señores, en que nos creamos nosotros mismos... a través de largos años de riguroso entrenamiento, el sacrificio, la negación, el dolor. Forjamos nuestros cuerpos en el fuego de nuestra voluntad.*

En la última frase, Han podría muy bien estar diciendo, "¡Señores, creamos nuestra realidad al encender nuestro poder interno!" Es cierto, tu fuerza de voluntad debe comenzar de un lugar profundo en tu ser. Luego, debe extender como un incendio forestal de actividad intensamente enfocada – y si alguien intenta acercarse demasiado, se quemarán con tus llamas porque no te vas a desviar de tu camino hacia el éxito.

Los triunfadores tienen la fuerza de voluntad, el deseo, la unidad y la determinación para ver el trabajo a la terminación – ¡tienen las ganas! Los triunfadores con hambre nunca son saciados porque su determinación nunca les permitirá darse por vencidos; se levantan cada mañana con la pasión y el apetito para la sabiduría, para mejorarse y para la victoria. Los triunfadores extienden el poder de elegir sus propias acciones, y al hacerlo, su *voluntad* los lleva a otra dimensión – la dimensión de *ganas* que se puede encontrar en... **¡El Lenguaje de los Triunfadores!**

Capítulo 24

Xcusas –

*El que es bueno para hacer excusas rara vez
es bueno para cualquier otra cosa.*
~ Benjamin Franklin

Excusas (en inglés, **Excuses**) [ik-skyoos] *Origen*: principios del siglo 13, "borrar a alguien de culpa," del Francés Antiguo escuser, del Latín excusare "liberar de una carga," de ex- "hacia afuera, lejos" + causa "acusación, acción legal" (ver cause). Significa "obtener extensión o liberación" es de mediados del siglo 15; que de "aceptar la petición de excusa."[186] Me puedo imaginar una escena de la Sala de Audiencias donde el acusado está excusado porque tenía una coartada solida (es decir, su excusa).

Causa (en inglés, **Cause**) [kawz] *Origen*: principios del siglo 13, del Latín causa "una causa, una razón, proceso judicial, demanda" de orígenes desconocidos. *Cause célèbre* "célebre caso judicial" es del 1763, del Francés.[187]

- • -

SE HA DICHO QUE LOS INDIVIDUOS EXITOSOS tienen

bibliotecas grandes y televisores pequeños, mientras que los individuos sin éxito tienen televisores grandes y bibliotecas pequeñas, o ninguna en absoluto. Presley Swagerty se refiere a los televisores (TVs) como "reductores de ingresos" y dice que a él nunca le gustaba leer, por eso enseñó matemática durante muchos años. Rápidamente añade que ahora lee constantemente y si él está en el camino, inserta un libro de audio en su aparato de disco compacto (CD) en su "Universidad en Ruedas" y es como tener, por ejemplo, a John Maxwell sentado a su lado, enseñándole y dándole orientación sobre el liderazgo. La alternativa de las personas *perezosas* hacia la lectura es el tener esos libros en CD, él dice. Lo principal, sin embargo, es poner buena información en tu cabeza. Esto ampliará tus perspectivas, y como dice Jim Rohn, abrirá un nuevo "tesoro de posibilidades" para ti.

En el CD de la edición de octubre 2009 de la revista *ÉXITO* (*SUCCESS*), Jim Rohn comparte sus ideas en la lectura.[188] Dice que unas de las personas más exitosas en el mundo han escrito libros en *exactamente* cómo lo hicieron, y ¡la gente no los lee! Sí, puedes aprender de tus propias experiencias, pero también puedes aprender de las experiencias de otros – al leer, estudiar y seguir los consejos encontrados en las páginas de los libros de triunfadores. Así como Jim Rohn, yo creo que puedes cambiar tu vida al leer un libro por semana, o un libro por mes – pero lee. En este preciso instante, estás en el camino correcto porque tienes este libro en tus manos y lo estás leyendo.

Jim Rohn añade, "Un libro te puede ahorrar cinco años... si lo lees."[189] He aquí como termina este poderoso mensaje sobre la lectura:[190]

> *Leer es aprovechar el tesoro de ideas… e ideas pueden cambiar cualquier parte de tu vida. Y si tienes una buena excusa para no aprovechar el tesoro de ideas, por lo menos 30 minutos al día, o invertir el dinero y comprar el libro, me encantaría escucharla. Algunas personas tienen excusas que no lo puedes creer. Yo digo, "Juan, mira – tengo esta mina de oro. Tengo tanto oro, no sé qué hacer con todo. Ven, acompáñame a cavar." Juan dice, "No tengo pala." Yo digo, "Bueno, Juan, ¡consíguete una!" Él dice, "¿Sabes lo que cuestan las palas?"*

Puede que no sea una "mina de oro" en el sentido literal, pero Jim Rohn está ofreciendo a su amigo un trabajo, una oportunidad, o tal vez alguna obra manual, pero él le ha facilitado a Juan al abrirle una puerta y lo único que tiene que hacer Juan es tomar esos primeros pasos. ¿Y qué es lo que hace Juan? Encuentra una excusa. Cuando Jim Rohn le aconseja a su amigo que consiga una pala, él realmente le está diciendo, "Juan, yo entiendo que no tienes las herramientas necesarias en este momento, pero estoy dispuesto a esperarte; estoy dispuesto a reservar esta oportunidad para ti, *si* tú haces el esfuerzo para averiguar una manera de obtener las herramientas que necesitas." Una vez más, Juan resiste la oportunidad; no quiere aprovechar la "mina de oro" que le están ofreciendo. Así que, Juan hace lo que le viene fácil – encuentra otra excusa. Tal vez pensó que era *oro de tontos* (*fool's gold*).[191] Sea cual sea su razón, es tiempo de ofrecer la oportunidad de mina de oro a alguien más – alguien que la pueda ver por lo que es, una oportunidad para el éxito.

Como mencioné anteriormente en el libro, soy un gran

fanático del exitoso programa de ABC *Shark Tank* (*Tanque de Tiburones*), que les da a los empresarios una oportunidad para el éxito. El 10 de febrero de 2012, vi un episodio donde una empresaria les presentó su negocio de tortas para perros a los Tiburones.[192] Ella había tenido su negocio por 4 años y sólo tenía $80,000 en ventas durante ese periodo y $23,000 durante el último año de operación. Mark Cuban, dueño del equipo de baloncesto Mavericks de Dallas, era uno de los Tiburones. Él le preguntó que por qué piensa que sólo creció su negocio a veinte y tres mil dólares el año pasado, y esto es lo que siguió:

Empresaria: Lo que más me hace falta es capital y conexiones. Yo nunca he asistido a una feria porque no tengo el capital para eso. No puedo llegar frente a distribuidores a menos que vaya a ferias, y por eso estoy aquí. Estoy buscando una inversión para poder llevar a mi empresa al siguiente nivel.

Robert Herjavec: Pero les podías haber hablado a distribuidores.

Empresaria: Sí les *he hablado* a distribuidores...

Robert Herjavec: ¿Y qué te dicen?

Empresaria: No me regresan la llamada.

Lori Greiner: ¿Has tratado de ir a tiendas de mascotas de perros? ¿Lugares como esos? ¿Haz tratado de entrar sin previo anuncio y decir, "Le interesarían mis pasteles de perrito?"

Empresaria: Unas cuantas veces he, uh… no soy buena para las ventas…

Un rato más tarde, Mark Cuban resume su proceso de pensamiento.

Mark Cuban: Lo que tienes es, creo, un buen producto.

Pero ya llevas 4 años y no sentiste como si tu espalda estaba contra la pared *lo suficiente* para romper tus barreras personales. Sabes, nos dijiste que realmente no eres una vendedora. Para mí, eso me dice que no estás lo suficientemente comprometida al producto para tratar cualquier cosa. No puedo ver escribir un cheque para alguien que encuentra la excusa en vez de la oportunidad. Así que, por esa razón, estoy afuera.

La lógica de Mark Cuban estaba en punto, y sus palabras de sabiduría reiteran lo que Presley Swagerty transmite cuando él declara, "Puedes hacer dinero, o puedes hacer excusas – pero ¡no puedes hacer las dos cosas!" Las *excusas* son exactamente lo que la empresaria de este episodio estaba haciendo desde el principio. Ella pronunció estos negativos, uno tras otro: "Me hace falta," "Yo nunca," "No tengo," "No puedo" y "No soy buena." Estas frases evidentemente fueron más poderosas que la otra frase de acción "Estoy buscando" (en el mejor momento, un contra-golpe débil a todas las frases negativas) y toda esta negatividad permaneció en las mentes de los Tiburones lo suficiente para que no quisieran hacer equipo con ella en este negocio.

Los ganadores están comprometidos, están dispuestos a hacer lo que sea necesario y aceptan completa responsabilidad por los resultados en su vida. Los ganadores no hacen excusas; los llorones sí. ¿Con quién quisieras estar, un ganador o un llorón? Una vez más, mi amigo Presley articula muy memorablemente cuando dice, "Tienes que ser una persona que otros quieren estar alrededor. Nadie, y quiero decir *nadie*, quiere andar con una persona negativa, aburrida, desilusionada, frustrada y llorona como un bebé."

No hagas la canción y la danza de la gente negativa: no hagas excusas, y TÚ puedes ser la persona que otros quieren estar alrededor. En cambio, puedes cantar y bailar con gente positiva: puedes ser optimista, puedes ser entusiasta y puedes ser enérgico porque cada día estarás cantando, bailando y viviendo... *¡El Lenguaje de los Triunfadores!*

Capítulo 25

Yo-yo –

> *Pero basta de mí, vamos a hablar de ti –*
> *¿qué opinas TÚ de mí?*
> ~ CC Bloom

Yo-yo [yoh-yoh] *Origen*: 1915, aparentemente de un lenguaje de las Filipinas. Registrado como marca en Vancouver, Canadá, en 1932, el año que comenzó la primera locura por ellos (plantados subsecuentes de los años 1950, 1970, 1998). El juguete sí mismo es mucho más viejo y era conocido antes como *bandalore* (1824). Sentido figurativo de "movimiento hacia arriba y abajo."[193]

- • -

PORQUE LOS "PROPS" (*PROPIEDADES*) A MENUDO ayudan a hacer un punto, los he utilizado con frecuencia para mis compromisos de presentador en público. Un par de veces, he ido al escenario con un juguete de madera mexicano llamado un *Valero*. [El Valero consiste de tres componentes: un cuerpo de forma de barril, un palo de mano y un cordón que conecta a los dos. El cuerpo tiene una pequeña abertura en la parte inferior y el objeto del juego es hacer girar el barril en el palo. Cuando logras esto exitosamente, puedes continuar girando el barril al palo de esa posición – esto se llama un *capirucho*.]

Naturalmente, la audiencia esta intrigada con este colorido juguete que tengo en mi mando, así que les digo el nombre del juguete y les demuestro cómo funciona. Por lo general, lo logro en el primer intento, por lo que todo el mundo sonríe y aplaude. Y luego agrego algo como, "Saben, esta mañana cuando me estaba preparando para venir aquí, me enfrenté a dos opciones: podía haber traído mi yo-yo o podía haber traído mi Valero. Decidí en el Valero porque esta presentación, damas y caballeros, no se trata de *yo, yo, yo* – ¡esta presentación se trata de *tú, tú* y *tú*!" Señalo hacia mí cuando digo "yo" y apunto a diferentes personas del público cuando digo "tú." Invariablemente, los aplausos empiezan de nuevo y el público se siente muy bien – e incluso ¡no he iniciado mi presentación!

Yo, el pronombre de primera persona, es muy egoísta. Cuando verdaderamente estás interesado *en otros*, en vez de tratar de *ser interesante*, tendrás éxito. Zig Ziglar dice, "Puedes obtener todo lo que quieras en la vida si sólo le ayudas a suficientes otras personas obtener lo que ellos quieren." El secreto está en que centremos la atención en otros, en realmente dar tu mejor esfuerzo para el beneficio de tu equipo, tu familia, tus compañeros de trabajo, tu causa o tu país. Estás interesado en el éxito *de ellos*. Así que, el enfoque tiene que ser más grande que una persona, más grande que *yo*.

A veces les recuerdo a mis socios de negocios que también el Llanero Solitario tenía a Tonto… ¡y a su caballo Plata! No hay suficientes horas en un día para que una persona lleve a cabo todas las tareas que eventualmente sumarán al éxito al final del día. Es por eso que el delegar autoridad y empoderar a otros es importante; es por eso que confías las metas pequeñas en otros que las puedan lograr; es por eso que aprovechas los esfuerzos de otras personas en el fin de maximizar los resultados.

Como menciono en mi libro, *Imanes para la Salud* (*Magnets for Health*), "te empujas a ti mismo parar que puedas EMPODERAR (EMPOWER) a otros."[194] Claro, un efecto residual de mis años en escuela de medicina fue la acumulación y uso de los acrónimos – y sí, EMPOWER es un acrónimo. Tú empoderas a otros cuando les ayudas a:[195]

E = **E**mbarcar en la nave de compromiso y fijar la vela.

M = **M**odelar tu ejemplo para que otros puedan ser líderes un día.

P = **P**artner up (que se asocien contigo para un esfuerzo de colaboración).

O = **O**rganizarse ellos mismos y su trabajo.

W = **W**ork (trabajar el plan de éxito que has compartido con ellos).

E = **E**sperar triunfar, esperar tener éxito.

R = **R**ecibir sus reconocimientos y apreciaciones.

Como no se trata de ti – se trata de capacitar a otros –

entonces puedes enfocar tus esfuerzos y tiempo en la construcción y desarrollo de tu equipo. Como líder, les asistirás en identificar su nivel de compromiso y una vez que han hecho esto, entonces pueden **embarcarse** en la nave y figar su vela en la dirección que les llevará a su destino.

Tú eres un ejemplo como líder y al crecer tu liderazgo, te haces digno de ser modelado. Tu equipo **modelará** tus acciones, tus técnicas, tu conocimiento del plan de negocios y todos tus movimientos. Y al aprender el negocio y su lenguaje específico, ellos van a adquirir la confianza necesaria para, un día, convertirse en líderes ellos mismos.

Cuando aceptas a tu equipo y te **asocias** con ellos, se darán cuenta que estas allí para apoyarlos, para guiarlos en su camino, para colaborar con ellos para que puedan lograr los resultados que desean.

Porque eres un líder, les enseñas a los miembros de tu equipo cómo **organizarse** no sólo ellos mismos, pero también su trabajo y su horario; les enseñas a sistematizar sus proyectos para que todas las partes interdependientes trabajen como una unidad.

Al permitir que los miembros de tu equipo **trabajen** el plan de éxito que les has ayudado a planificar, los estás empoderando; les estás dando una oportunidad de ganar al trabajar un sistema probado.

Zig Ziglar dice, "Tú naciste para ganar, pero para ser ganador, tienes que planear en ganar, preparar para ganar y **esperar** ganar." Como líder, vas a empoderar a tu equipo al inculcarles las expectativas de los ganadores.

Tu equipo recibirá un impulso de empoderamiento el momento que **reciben** abiertamente tu aprecio por la dedicación que realizan; tus reconocimientos y apreciaciones de los esfuerzos de tu equipo serán un importante paso hacia el desarrollo de una cultura ganadora.

La frase "Ningún hombre es una isla" viene del sacerdote inglés, John Donne, cuando convalecía de una grave enfermedad.[196] En su obra de 1624, la devoción especial que incluye el paso siguiente fue subtitulado, "Ahora, esta campana de peaje por otra parte, me dice que debo morir." Al parecer, John Donne pensó que la muerte estaba muy cercana cuando escribió:[197]

> *Ningún hombre es una isla entera de sí mismo;*
> *cada hombre es un pedazo del continente, una parte de lo principal;*
> *si un terrón se ve arrastrado por el mar, Europa es menos,*
> *así como si fuera un promontorio,*
> *así como un señorío de tus amigos o de tus propios;*
> *la muerte de cualquier hombre me disminuye,*
> *porque estoy involucrado en la humanidad.*
> *Y por lo tanto nunca se sabe por quién suenan las campanas;*
> *suenan por ti.*

Los ganadores piensan en otros primero; se dan cuenta que la mejor manera de llegar a la cima es al traer a otros contigo. Los ganadores entienden que "yo" es la palabra menos importante en... **¡El Lenguaje de los Triunfadores!**

Capítulo 26

Gusto –

Nada grande jamás fue logrado sin entusiasmo.
~ Ralph Waldo Emerson

- **Entusiasmo** (en inglés, **Enthusiasm**) [en-thoo-zee-az-uhm] *Origen*: 1570–80; < Latín *enthūsiasmus* < Griego *enthousiasmós,* equivalente a *enthousí (a)* posesión por un dios, (*énthous,* variante de *éntheos* tener un dios dentro.[198] Eres uno con la energía de lo divino.[199]

- **Pasión** (en inglés, **Passion**) [pash-uhn] *Origen*: 1125–75; Inglés Medio (< Francés Antiguo) < Latín Medieval *passiōn-* (tallo de *passiō*) los sufrimientos de Cristo en la cruz, cualquier de los acontecimientos Bíblicos de estos (> Inglés Antiguo tardío *passiōn*), uso especial de Latín tardío *passiō* sufrimiento, sumisión, derivado del Latín *passus,* participio pasado de *patī* sufrir, sumisión.[200]

- **Gusto** (en inglés, **Zest**) [zest] *Origen*: 1665–75; < Francés *zest* (ahora *zeste*) cáscara de naranja o limón utilizada para sazonar.[201] Creo que es cuando le agregas sabor a algo, para hacerlo más emocionante.

- • -

JOHN R. NOE, EN SU LIBRO *Principios de Máximo Rendimiento para Triunfadores* (*Peak Performance Principles for High Achievers*), afirma, "El verdadero entusiasmo viene al darnos a un propósito. Los triunfadores tienen un propósito, y tienen el corazón para seguirlo cuando otras personas se dan por vencidas."[202] Esto es cierto cuando tienes pasión por triunfar; cuando simplemente no puedes esperar a que el sol salga de nuevo para que puedas regresar a trabajar en lo que hace que tu sangre circule con emoción. Esa es la esencia del *gusto* – tomará a tu imaginación como una tormenta.

Con una tormenta vienen truenos y relámpagos; el relámpago es tu entusiasmo. Debes permitir que golpee una y otra vez; captúralo en una botella si se puede, y libéralo continuamente en tus metas, en tu propósito, en tu razón de ser. Debes de constantemente generar nuevo entusiasmo, pero también debes de *mantenerlo*. Edward B. Butler dijo, "Un hombre tiene entusiasmo por 30 minutos, otro por 30 días, pero es el hombre que lo tiene por 30 años el que hace un éxito de su vida."

En julio de 2005, después de que regresé victorioso de los Juegos Mundiales VI de la Organización Mundial de Atletas de Artes Marciales (World Organization of Martial Arts Athletes, o WOMAA) en Rosenheim, Alemania, un día me puse mi anillo de Gran Campeón y lo usé en mi clínica con una sonrisa. Había ganado otros Campeonatos Mundiales anteriormente, pero este fue mi primer premio como *Campeón de Campeones* (es decir, el campeón de las once divisiones de campeones mundiales masculinos de los dieciocho países representados). Recuerdo vívidamente cuando un paciente mayor, Joaquín González, me preguntó, "Oiga doctorcito, ¿cuánto le costó ese anillo?" Mi respuesta vibrante fue, "Mr. González, ¡me costó 30 años!" Él asintió con su cabeza en agradable sorpresa que no respondí en dólares, pero en el tiempo y esfuerzo. Trabajo dedicado, pasión y perseverancia permitieron que este título mundial regresara a casa conmigo. Sin embargo, siempre me gusta decir que el espíritu del Señor me guio hacia este triunfo – incluso ¡antes de que entendiera lo que los orígenes de las palabras "entusiasmo" y "pasión" significaban!

Este anillo de Campeón Mundial es una forma palpable de reconocimiento por la dedicación incesante y arduo trabajo, que a su vez alimenta la motivación adicional de excelencia continua. Zig Ziglar dice, "la motivación más efectiva y más barata en el mercado es simple pero sincero reconocimiento por el esfuerzo extra."[203] De hecho, un estudio reciente[204] mostró que el 65% de los administradores erróneamente creían que el dinero era el principal motivador del desempeño de los empleados – ¡caramba, los administradores lo tenían todo mal! Los empleados quieren sentirse apreciados; quieren sentir que lo que hacen es importante.

Así, además de las frases "gracias," "qué bien," "mantén el buen trabajo," o "estás haciendo un trabajo impresionante," también hay el método de reconocimiento inmediato de *decir*, *ver* y *sentir*. Por ejemplo, "María, mucho del personal está *diciendo* que usted tuvo algunas ideas creativas para este proyecto... ¡felicidades!" o "Luis, puedo *ver* que sus números están muy buenos este mes... ¡gracias por su dedicación!" o "Nancy, ¡estoy muy *emocionado* que usted tuvo una exhibición muy exitosa en la conferencia de este fin de semana!"

Sin duda, palabras de aliento harán mucho para que el lugar de trabajo sea un lugar más agradable para estar, especialmente en lunes por la mañana y viernes por la tarde. Los empleados anhelan el reconocimiento... y han hablado. Específicamente, estos son algunos de los sobresalientes resultados de otro estudio, la encuesta de 2011 de Globoforce Workforce Mood Tracker:[205]

- 85% de los trabajadores de EE.UU. les gusta recibir reconocimientos por sus esfuerzos.
- 52% están di satisfechos con el nivel de reconocimiento que reciben por hacer buen trabajo.
- 39% no se sienten apreciados en sus trabajos.
- 53% no creen que le importan a su empresa.
- 78% de trabajadores en EE.UU. dicen que el ser reconocidos los motiva en su trabajo.
- 69% dicen que trabajarían más duro si sentían que sus esfuerzos eran mejor apreciados.

Tomando estos resultados en cuenta, Socialcast, un fabricante de software empresarial basado en San Francisco, da cinco recomendaciones sobre cómo reconocer mejor a los empleados para mejorar su compromiso y motivación.[206] Por supuesto, esto se traduce en un mejor ambiente de trabajo, una mejor eficiencia en el trabajo, mayor lealtad y producción y resultados superiores. Y para mejor recordar estas estrategias, he creado el acrónimo MERIT (mérito) porque los ganadores *merecen una recompensa.*

M = **M**anipulación es un no-no; no juegues favoritos. Tienes que justificar las nominaciones con razones justas e imparciales.

E = **E**valúa criterios de recompensas de forma específica, clara y coherente para que todo el mundo pueda luchar por ellos y saber qué esperar.

R = **R**efuerza el reconocimiento con seguimientos cuando se nota la mejoría.

I = **I**dentidad de los que recibieron el reconocimiento y las razones de por qué fueron elegidos debe ser transparente a todo el mundo.

T = **T**iempo sincronizado es crítico; recompensa rápidamente para que todo el mundo entienda la asociación directa del reconocimiento.

Hecho correctamente y a su debido tiempo, el sistema de MERIT puede elevar y mantener el entusiasmo del equipo por un tiempo prolongado; si mal hecho, rápidamente puede desinflar el impulso que se estaba construyendo. En el ámbito empresarial, he visto miembros del equipo lograr una cierta meta a principios de mes, sólo para ser reconocidos en un anuncio de 3-5 minutos en frente del grupo 28 a 30 días más tarde. Tristemente y para ese entonces, el triunfador se sentía poco apreciado, la emoción de llegar a ese logro había decaído, y la mayoría de la gente había olvidado por qué esta persona estaba siendo celebrada en primer lugar. Sí, el momento *es* crítico.

De hecho, es difícil mantener el entusiasmo y la motivación durante un período prolongado de tiempo. Daniel Pink, en el CD de *ÉXITO (SUCCESS)* de marzo 2011, dice que hay tres cosas que proporcionan motivación duradera, tanto en negocios como en nuestra vida personal:[207] 1) *Autonomía* – un sentido de autodirección, por el que puedes participar en tu trabajo por tener flexibilidad y libertad a guiar tus acciones y ser creativo, 2) *Maestría* – tu deseo de salir adelante y mejorar en tu trabajo o en tu arte, y obtener reconocimiento por tus logros, y 3) *Propósito* – obtienes mejores resultados cuando tienes un sentido de propósito, cuando sabes *por qué* haces lo que haces, en lugar de solamente saber *cómo* hacerlo.

En *El Secreto de HELP (The HELP Secret)*, recomiendo que escribas tu "por qué" temprano cuando estas empezando algún negocio.[208] Tienes que estar claro sobre lo que te motiva e inspira. "Es importante que tengas un sentido fuerte de por qué estás haciendo esto – " yo escribo, " – de esa manera, cuando las cosas se pongan difícil, te acordarás de las circunstancias exactas que te apasionan porque sigues tus sueños."[209]

La autonomía, maestría y un sentido de propósito son sin lugar a dudas muy poderosos motivadores a largo plazo; te mantendrán entusiasta durante años. Para algunos triunfadores, el *propósito* parece ser el más fuerte de los tres. De hecho, una frase pegadiza que acentúa la magnitud de este elemento es algo como esto: *¡Si tu por qué no te hace llorar, no va a volar! (If your why don't make you cry, it ain't gonna fly!)*

Por otro lado, entusiasmo y la motivación a corto plazo pueden morir muy rápidamente... a menos que "pesque." Me gusta pensar de esto como una analogía médica porque en realidad, el entusiasmo es como una enfermedad – ¡es altamente contagiosa! Y como se propaga de persona a persona, agarra impulso. El impulso genera confianza que a su vez conduce a la persistencia, y la persistencia es un poderoso elemento del triunfo. El triunfar te llevará a más triunfos, y entonces todo esto se convertirá en un hábito. Y una vez que has desarrollado un hábito de ganar, ¡no hay nada que te pare a ti y tus sueños!

El 6 de marzo de 2012, conocí a un joven con un sueño – Mauricio "Tony" Becerra. Tony es un poeta ganador, un orador motivacional y uno de los originales *Escritores de Libertad* (*Freedom Writers*) de la clase de inglés de primer año de Erin Gruwell.[210] Ese día en Eagle Pass, Texas, recitó unas poesías mientras que compartió su historia de triunfo sobre la pobreza, la violencia de las pandillas, un padre alcohólico y la discriminación. Durante el almuerzo, le pregunté si me podía dar unas palabras para *¡El Lenguaje de los Triunfadores!* y él instintivamente verbalizó que la poesía es su pasión y que él se ofrece como profesor de poesía con los niños desfavorecidos en California. Dijo que le encanta despertar al poeta dentro de sus alumnos con ejercicios sencillos. Por ejemplo, en vez de decir, "¡Hoy es un buen día!" – él recita una frase alternativa tal como, "¡Yo completamente regocijo en los gloriosos rayos del sol mientras descansan sobre mis hombros!" Me fascinó escuchar su ritmo vocal mientras apresuradamente trascribí sus palabras. Volvimos a la comida, pero era obvio que la poesía pulsa a través de su cuerpo así como la sangre circula por sus arterias y sus venas. Y esa pasión, ese *gusto* que tiene por las palabras... por la vida, es lo que hace a Tony Becerra un triunfador.

En *Éxito para Tontos* (*Success for Dummies*), Zig Ziglar dice,

"Comprueba los registros: Ya sea en la música, medicina, física, ciencia, educación o atletismo, los grandes tienen pasión por lo que están haciendo."[211] Pero ¿cómo desarrollas tu pasión, tu gusto por la vida? Zig describe tres pasos[212] que seguramente te ayudarán en desarrollar tu pasión – los llamo los ABCs: **A**naliza lo que quieres en la vida y formula un plan para lograr tus metas – y cuando el plan tiene sentido para ti, puedes comprometerte en seguir adelante. **B**egin (comienza)... los pasos de acción hacia tus objetivos. Zig lo dice así:[213]

> *Como se desenvuelven tus planes, cada paso que tomas hacia tus metas tiene un impacto directo en tu emoción, entusiasmo y confianza. Mientras disfrutas de pequeños éxitos, tu imaginación... explota, y la pasión entra al escenario. Y cuando la pasión es auténtica, es improbable que abandones tus metas.*

Cognición – usa tu cabeza para guiar tu pasión que estás desarrollando. Sí, muchas personas se refieren a la pasión como tener "corazón" porque los individuos apasionados parecen lograr mucho más de lo que es posible a través de habilidades mentales o físicas solamente. Sin embargo, es la cognición, tus atributos mentales y tus conocimientos, que traen esa pasión al enfoque para crear una plataforma para que tu imaginación permita que tu corazón te lleve a la Tierra Prometida.

Los ganadores regocijan con entusiasmo y pasión a la gloria de cada día porque tienen un propósito poderoso y un plan claramente definido para llevarlos a la victoria. Los ganadores entienden que aparte del relámpago en una botella, necesitas dirección y longevidad de tu entusiasmo. Charles M. Schwab dice, "Un hombre puede triunfar en casi cualquier cosa por la cual tiene entusiasmo ilimitado." Como líderes, los ganadores pueden seguir apoyando y dar entusiasmo al equipo. Los ganadores creen que el componente principal de la pasión es tu corazón, pero la fuerza que guía esa energía es tu cabeza. Los ganadores aceptan el sistema de MERIT y reconocen a los triunfadores a su debido tiempo. Y como un ganador, tú infundirás entusiasmo renovado a cada uno de los miembros de tu equipo al proporcionarles guías complementarios e inspiración con una copia de... ***¡El Lenguaje de los Triunfadores!***

Epílogo –

Cuando me examino a mí mismo y mis métodos de pensamiento, llego a la conclusión que el don de la fantasía ha significado más para mí que cualquier talento para el pensamiento abstracto y positivo.
~ Albert Einstein

Epílogo (en inglés, **Epilogue**) [ep-uh-lawg, -log] *Origen*: 1564, de Francés Medio *epilogue*, del Latín *epilogus*, del Griego *epilogos* "conclusión de una oración," de *epi-* "sobre, además" + *logos* "una hablada." El sentido inicial Inglés era teatral.[214]

- • -

¡FELICIDADES – LO HAS LOGRADO! Eres uno de pocos; estás entre un pequeño subconjunto de la población; has leído un libro que no era requisito para el trabajo o la escuela![215] (A menos que, por supuesto, algún administrador loco de una corporación o un profesor excéntrico en un colegio o una Universidad liberal lo incluye en su lista de lectura requerida.) A pesar de esto, tal vez después de que hayas volteado la última página y parado a contemplar una lección particular o un momento de *¡Ajá!* de uno de los muchos triunfadores contenidos aquí, sin duda te enfrentarás a varias opciones:

1. Puedes leer, estudiar, subrayar, poner un círculo, resaltar, dibujar una flecha, poner una marca de verificación, una oreja de perro, una nota *post-it* o subrayar una línea serpentina en este libro de nuevo, tantas veces como tu corazón lo desee para continuar el aprendizaje, la inspiración y mejorar tu vida y la de tus seres queridos.

2. Lo puedes guardar en algún lugar y arriesgar nunca encontrarlo otra vez. Por lo tanto, transformándolo en un tesoro escondido para que alguien lo descubra en una generación posterior.

3. Se lo puedes regalar a alguien que aprecias (si te gustó el libro) o lo puedes regalar a alguien que *no* aprecias (si no te gustó el libro).

4. Lo puedes vender, cambiar o donar a una caridad.

5. Lo puedes tirar. El legendario Bruce Lee creía que debes mantener lo que es útil y desechar el resto. Si ya empezaste tu movimiento de lanzamiento y estás listo para tirar este libro al olvido, sólo te pido una cosa: Sí, tíralo – pero tíralo en medio del mar, hacia tu mar de sabiduría, de modo que pueda iniciar un efecto dominó e influir positivamente a las masas, muchos de los cuales jamás conocerás. Si no me crees, entonces simplemente tira el libro en el contenedor de basura más cercano... pero en la posibilidad de que *sí* me crees, entonces las opciones #1 y #5 son tus mejores selecciones.

Al compartir contigo una historia personal, creo que te resultará más fácil decidir qué número seleccionar de la lista anterior. Pero primero, si no has leído muchos libros últimamente, no te desesperes – terminaste éste. ¡Y qué manera de empezar tu nueva biblioteca!

Tengo una pasión para aprender, leer, escribir y por compartir lo que he aprendido. Pero leer y escribir no siempre fueron así de divertidos para mí. Mi capacidad de la lectura estaba muy debajo de par cuando llegué a la Universidad de Brown en 1976. De hecho, no estaba aún acostumbrado a hablar el idioma inglés durante un período significativo de tiempo – digamos, por más de 3 o 4 oraciones consecutivas. Sí, fui a la secundaria en el sur de Texas, pero el español parecía ser omnipresente con los estudiantes y los profesores, y mis padres eran monolingües de español.

Y así, llegando a una institución Ivy League y empezando al final de la línea con respecto a mis habilidades de comunicación oral y el conocimiento global, sólo significaba una cosa: Yo tenía que trabajar mucho más que los demás *sólo para quedarme detrás en la línea*. Recuerdo la edición de mayo 2011 de la revista *ÉXITO* (*SUCCESS*), en la cual Darren Hardy dice, "Mientras puedo estarme comunicando con decenas de miles de personas cada día… realmente no estoy conectando o fomentando muchas relaciones reales. Yo soy lo que se denomina una milla de ancho y una pulgada de profundidad, y ¡así no es como le pegas al petróleo!"[216]

Si la idea es pegarle al petróleo, pegarle a las riquezas, el tener éxito y ganar en el juego de la vida… yo estoy adentro – ¿y tú? Y lo que dice Darren es que si haces demasiadas cosas no productivas que no mejoran tu superación personal (por ejemplo, viendo la televisión, navegando por el internet, pasando innumerables horas en Facebook, mandando textos mientras conduces el auto, twitteando para acurrucarte a dormir, básicamente… yendo la milla de ancho) y no suficiente tiempo dedicado a leer libros de empoderamiento, escuchar programas de audio de inspiración, asistir a conferencias de desarrollo personal (es decir, tu base de sabiduría es superficial; estás en una pulgada de profundidad), entonces no tendrás éxito. Así que, el plan es que enfoques tus energías en ir profundo al aprender continuamente... y luego le puedes pegar al petróleo.

Bien, en Brown yo apenas llegaba a una pulgada de ancho y una pulgada de profundidad – necesitaba bastante ayuda. En mis clases, todos (los profesores y estudiantes) hablaban en un nivel mucho más elevado que yo. Me tomó sólo unos cuantos minutos para darme cuenta que tenía espacios enormes en mi aprendizaje; ¡no entendía la mayor parte de lo que decían! Así que compré un diccionario y lo llevé a todas partes conmigo. Y cada vez que leía una palabra con la cual no estaba familiarizado, subrayaba una línea serpentina – esa era mi señal que tenía que buscar la palabra en mi diccionario. Otras marcas[217] – flechas, círculos, rectángulos, marcas de verificación, subrayas rectas, resaltes y páginas con orejas de perro – significaban cosas diferentes. Ahora yo era un lector activo; me estaba rodeando con posibilidades. Y cuando oía una palabra que no conocía, la escribía y la buscaba en mi diccionario tan pronto como era posible. Como puedes imaginar, mis libros estaban llenos de subrayas serpentinas; y con respecto a mi diccionario... sin duda alguna le saqué todo el dinero que me costó, y más.

Los años pasaron, mi base de conocimiento creció, mi vocabulario mejoró, mis habilidades de comunicación oral florecieron, mi confianza siguió una curva exponencial y el futuro estaba de repente lleno de oportunidades. Y entonces llegó el momento de ir a la escuela de medicina, y me empezaron a tocar la misma canción. De nuevo, me encontré detrás de la línea. No entendía la mayor parte de los términos médicos. Pero ahora sabía qué hacer; tenía un sistema – y sí, aparte de todos mis libros, ahora traía conmigo *dos* diccionarios – mi diccionario de Brown y mi diccionario médico. Las marcas y las líneas serpentinas continuaron… y continúan aún hoy.

Por lo tanto, reitero: no te preocupes, no te desesperes. Hay esperanza para un mejor mañana porque estás tomando medidas hoy para asegurar tu futuro. La parte difícil ya terminó; has tomado ese primer paso. Todo lo que tienes que hacer es seguir adelante, permanecer en tu pista, y si te sales del camino, acuérdate que tienes que reorientar y corregir tu curso para que puedas seguir avanzando. Sobre todo, no te des por vencido porque *¡El Futuro es Ahora!* (mi nuevo eslogan).

Y si hay una palabra aquí o allá que no entiendes, sólo búscala – pero *búscala* porque de esa manera la vas a aprender y recordar mejor que si le preguntas a alguien por su definición. Sé un aprendiz activo, no uno pasivo. Si no estás acostumbrado a sentarte y leer, eso está bien también – comienza con diez minutos por día. Has eso durante una semana, y después puedes aumentar tu tiempo a 15 minutos al día durante otra semana. Después de un mes, debes estar en 30 minutos al día – ¡y eso es muy impresionante! ¡Te das cuenta que si sólo lees 30 minutos al día durante un año, lo cual no es tan difícil, habrás leído más de 25 libros![218] ¡Imagina la clase de persona que te convertirías, la clase de éxito que puedes lograr, las numerosas oportunidades que puedes atraer, el tipo de satisfacción que experimentaras! Sí, tú puedes hacer esto – y tú puedes alentar a los jóvenes en tu familia para que hagan esto.

Dale a alguien un libro – cualquier libro, con tal de que mejore su vida y es edificante, es positivo, tiene unas cuantas palabras en inglés (está bien, esto no es obligatorio), es educativo e inspirador – y mira su mundo abrirse porque tú valoraste a esa persona lo suficiente para darle esta gran bendición. Y recuerda que "una bendición no es una bendición hasta que la hables," según Joel Osteen.[219] Así que, di algo como, "María, acabo de terminar este libro increíble y pensé en ti. Tú te mereces una copia autografiada, así que aquí está. Espero que te guste."

En conclusión, me gustaría dejarte con dos cosas: un poema y una cotización. El poema es primero. Me inspiré a escribirlo mientras trabajaba en este libro, pero como la versión en inglés no tenía sentido al traducirla, un nuevo poema aquí ha llegado. Espero que disfrutes su ritmo y su mensaje.

¡El Lenguaje de los Triunfadores! – Un Poema

En tu mente planté una semilla chiquilla,
 Con palabras y acciones comenzó su jornada,
Llena de opciones y de mucha esperanza,
 Al llegar a sus triunfos aprendiste su danza.

La nutriste con libros y libros y más,
 Palabras, ideas, idiomas… es más,
Y la semilla crecilla y cantaba canciones,
 Baladas y alegres to-dás bendiciones.

No sólo deseabas llegar a tus metas,
 También te importaba tu equipo triunfar,
Lecturas e informes les diste a'prender,
 Si das y no esperas se llena tu ser.

Y a través de los años como tú has hablado,
 Toditos tus males se hicieron a un lado,
Porque hablas ahora el lenguaje de buenos,
 Con tu nuevo idioma eres más y no menos.

Y por último, disfruta de esta cotización de Virginia Woolf:[220]

> *A veces he soñado, al menos, que cuando el Día del Juicio llegue y los grandes conquistadores y abogados y estadistas vengan a recibir sus recompensas – sus coronas, sus laureles, sus nombres tallados indeleblemente en mármol imperecedero – el Todopoderoso volteará hacia Pedro y dirá, no sin una cierta envidia cuando nos vea llegar con nuestros libros bajo nuestros brazos, "Mira, estos no necesitan ninguna recompensa. No tenemos nada que darles aquí. Ellos han amado la lectura."*

Que Dios te bendiga al hablar ¡**El Lenguaje de los Triunfadores!** – ahora ve a bendecir a otros. Ellos se lo merecen… y ¡*tú* te lo mereces!

TRIUNFADORES –

No logré hacer el equipo de ajedrez debido a mi altura.
~ Woody Allen

Triunfadores (en inglés, **Winners**) [win-ers] *Origen*: 1325-75, fusión de Inglés Antiguo *winnan* "luchar por, trabajar en, esforzarse, luchar," y *gewinnan* "ganar o triunfar por luchar, ganar," ambos del Protogermánico *wenwanan* (relacionado al Nórdico Antiguo *vinna*, Holandés *winnen* "para ganar," Danés *vinde* "ganar"). Tal vez relacionado a deseo, o del Protoindoeuropeo *van-* "superar, conquistar." Sentido de "ser victorioso" es grabado desde 1300. El sustantivo en Inglés Antiguo significa "labor, conflicto;" sentido moderno de "una victoria en un juego o competencia" primero se atestigua en 1862, del verbo. Sostén de la familia (en inglés, *breadwinner*) conserva el sentido de "trabajo" en Inglés Antiguo *winnan*. La frase 'no puedes ganarlos todos' (1954) primero se atestigua en Raymond Chandler.[221]

- • -

ESTA LISTA ALFABÉTICA DE INDIVIDUOS EXITOSOS está diseñada para proporcionar una breve descripción de algunos de sus muchos elogios. Son triunfadores que han contribuido una pequeña porción de su inmensa sabiduría en la creación de este libro – y para eso, les doy gracias y reconozco sus contribuciones. Y a diferencia de la cotización de Woody Allen anteriormente (estoy seguro que está hablando de su falta de altura en sus habilidades de ajedrez), todos los mencionados aquí hicieron el equipo – tenían la altura, la *estatura* que se requiere para hablar... *¡El Lenguaje de los Triunfadores!*

Abdel Kader – (1808-1883) Un erudito islámico argelino, líder político y militar que lideró una lucha contra la invasión francesa de mediados del siglo XIX. Para esto, es visto por algunos argelinos como su héroe nacional.[222] También practicó Sufismo, a través del cual uno puede saber cómo viajar a la presencia de lo divino, purificar a su ser interior de inmundicia y embellecerla con una variedad de rasgos loables.[223]

Abraham Lincoln – (1809-1865) El 16 Presidente de los EE.UU. Él condujo con éxito al país a través de la Guerra Civil Americana, preservando la Unión, mientras que acabó con la esclavitud y promovió la modernización económica y financiera. Sobre todo autodidacta, se convirtió en un abogado rural y superó muchos fracasos antes de ser elegido Presidente.[224]

Alan Bates – (nacido en 1945) Un médico osteopático y senador del estado de Oregon.[225] Hizo referencia al Principio de Pareto en un debate en el piso del Senado estatal a principios de 2012.

Albert Einstein – (1879-1955) Físico de origen alemán que descubrió la Teoría de la Relatividad, dentro del cual la famosa ecuación $e=mc^2$ ayuda a liberar algunos de los misterios del universo.[226]

Albert Mehrabian – (nacido en 1939) Nacido en Irán, profesor emérito de psicología en la Universidad de California en Los Ángeles (UCLA). Es mejor conocido por sus publicaciones sobre comunicación verbal y no verbal.[227]

Alex Leal – (no se sabe) Después de 31 temporadas como entrenador principal de fútbol americano en el Valle del Rio Grande (RGV) del sur de Texas, Coach Leal se retiró en diciembre de 2010 como el entrenador más ganador en la historia del RGV. Coach Leal me dio la oportunidad de servir en mi primer "trabajo" como Médico del Equipo para los Bulldogs de la secundaria McAllen High School.[228]

Alexis Liset Hinojosa – (se sabe, pero no voy a decir) Mi hija menor, Alexis o "Lexi" es una joven extremadamente inteligente y canta como un ángel. Bien, nació en 1993 y tiene un futuro brillante por delante. Está estudiando para su maestría en Sociología y muy pronto irá por su doctorado. Por supuesto, estoy muy orgulloso de ella.

Anne Huber – (no se sabe) La señorita Huber fue mi profesora de mi clase *Escrituras Reflectivas y Personales* (*Personal and Reflective Writing*) en la Universidad de Brown durante mi último año (la primavera de 1980). En realidad, la clase era una de primer año y yo no me había dado cuenta que todavía me faltaba un semestre de inglés para graduar. Ya me habían aceptado al Colegio de Medicina de la Universidad de Cincinnati pero todavía tuve que tomar esa clase de inglés durante mi último semestre en Brown... ¡y me encantó! Le doy crédito a la profesora Huber y a esa clase de inglés por haber encendido mi pasión de escribir. ¡Gracias!

Aristóteles – (384-322 A.C.) Un filósofo griego, estudiante de Platón y maestro de Alejandro Magno, Aristóteles es una de las 3 más importantes figuras fundadoras en la filosofía occidental. Sus escritos fueron los primeros en crear un sistema integral de la filosofía occidental, incluyendo moralidad y estética, lógica y ciencia, política y metafísica.[229]

Austin Madison – (no se sabe) Un animador de Pixar, Austin graduó del programa de animación de personajes en el Instituto de Artes de California antes de empezar a trabajar con Pixar.[230] Él escribió a mano una magnífica carta de aliento, la cual se encuentra en el Capítulo 16 – Paciencia, Parte II.

Beatles, Los – Una de las bandas de rock más famosas de todos los tiempos, Los Beatles se formaron en Liverpool, Inglaterra en 1960 y los integrantes fueron John Lennon, Paul McCartney, George Harrison, y Ringo Starr.[231]

Ben Parker – Un personaje ficticio que originalmente apareció en la película de 2002 *El Hombre Araña* (*Spider-Man*), donde él pronunció la famosa frase, "Con gran poder viene gran responsabilidad." El actor Cliff Robertson desempeñó el papel de Ben Parker, también conocido como "Tío Ben."[232]

Benjamin Franklin – (1706-1790) Uno de los fundadores de los Estados Unidos, Franklin era un autor principal, impresor, teórico de la política, político, administrador, científico, músico, inventor y diplomático. Una importante figura para sus descubrimientos y teorías sobre la electricidad, también inventó los lentes bifocales y formó la primera biblioteca pública en América y el primer departamento de bomberos en Pennsylvania.[233]

Brian Tracy – (nacido en 1944) Un autor canadiense de la autoayuda y orador motivacional. Una de las leyendas en la industria de la Superación Personal.[234] Brian Tracy ha escrito y producido más de 500 programas de aprendizaje en audio y video, es autor de más de 50 libros sobre liderazgo, ventas, autoestima, metas y más; esto se traduce en ¡más de un libro o programa por mes constantemente durante 30 años consecutivos![235]

Bruce Lee – (1940-1973) Nacido Lee Jun-fan en San Francisco a padres de descendencia de Hong Kong, Bruce se creó en Hong Kong hasta su adolescencia. Bruce Lee es considerado por muchos como el actor de películas de artes marciales más famoso de todos los tiempos. Además, fue instructor de artes marciales, filósofo, director y productor de películas, guionista y fundador del movimiento de artes marciales Jeet Kune Do.[236]

C.C. Bloom – Personaje ficticio que apareció en la película de 1988 *Las Playas* (*Beaches*), donde ella pronunció la gran línea, "Pero suficiente acerca de mí, vamos a hablar de ti – ¿qué opinas tú de mí?" La actriz Bette Midler interpretó el papel de C.C. Bloom.[237]

Charles M. Schwab – (1862-1939) Un magnate del acero estadounidense, no debe ser confundido con Charles R. Schwab, el empresario y filántropo fundador y Presidente de la corporación Charles Schwab.[238]

Chris Widener – (no se sabe) Un orador reconocido a nivel internacional desde 1988, Chris es también un autor [escribió *Doce Pilares* (*Twelve Pillars*) con Jim Rohn] y locutor de radio. Fundó el sitio web de Desarrollo Personal MadeForSuccess.com.[239]

Cyril Northcote Parkinson – (1909-1993) Un historiador naval británico y autor de sesenta libros, el más famoso de los cuales fue el bestseller *La Ley de Parkinson* (*Parkinson's Law*), por lo cual se considera un erudito importante dentro del campo de la administración pública.[240]

Dale Carnegie – (1888-1955) Un escritor estadounidense, profesor y desarrollador de famosos cursos sobre el desarrollo personal, ventas, formación empresarial, oratoria y habilidades interpersonales. Fue el autor del bestseller de 1936 *Cómo Ganar Amigos e Influir en la Gente* (*How to Win Friends and Influence People*), el cual sigue siendo popular hoy en día, como lo demuestra el hecho que lo he citado en el Capítulo 6 – Enfoque.[241]

Daniel Levitin, PhD – (nacido en 1957) Un prominente psicólogo cognitivo, neurocientífico, productor discográfico, músico y escritor. Imparte clases de psicología, neurociencia conductual, teoría de la música, informática y educación en la Universidad de McGill en Montreal, Quebec, Canadá.[242]

Daniel Paisner – (no se sabe) Coautor de *La Marca Dentro De* (*The Brand Within*) con Daymond John. Su página web incluye la siguiente cita en la página de inicio: autor... "escritor fantasma"... razonablemente buena gente... alto para su edad..."[243] Esto prácticamente lo dice todo.

Daniel Pink – (no se sabe) Un autor americano y periodista, Daniel Pink fue el principal redactor de discursos para el vicepresidente Al Gore. Escribió cuatro best-sellers, con su más reciente trabajo titulado *Unidad: La Sorprendente Verdad Sobre Lo Que Nos Motiva* (*Drive: The Surprising Truth About What Motivates Us*).[244]

Darren Hardy – (no se sabe, pero está joven y energético) Como el editor de la revista *ÉXITO* (*SUCCESS*), Darren llega a comprometerse con y entrevistar a los principales expertos mundiales en rendimiento humano y el logro, algunos de los administradores con más éxito, emprendedores innovadores, atletas estrellas y otros triunfadores, para revelar y compartir sus secretos de éxito cada mes. He citado a Darren y su trabajo a lo largo de este libro tanto que corresponde profundizar en lo que está haciendo. También es el autor de *El Efecto Compuesto* (*The Compound Effect*), que también es citado en este trabajo. Por último, como suscriptor de la revista *ÉXITO* (*SUCCESS*), me parece que el programa de CD audio contenido dentro de cada número es sumamente valioso, como lo demuestra el hecho de que he citado muchas de las entrevistas en audio en este libro.[245] También he escuchado a Darren como orador público, y es simplemente fenomenal.

David Brinkley – (1920-2003) Un presentador de televisión americana de 1943 a 1997 y autor del aclamado bestseller de 1988 *Washington Va a La Guerra* (*Washington Goes to War*).[246]

David H. Song, MD – (no se sabe) Un experto reconocido internacionalmente en Cirugía Plástica, el Dr. Song es el jefe de Cirugía Plástica y Reconstructiva en la Universidad de Chicago Medical Center. Él es fluido en inglés y coreano y proporciona atención quirúrgica gratuita a niños con malformaciones congénitas en la Republica Dominicana.[247]

Daymond John – (nacido en 1969) Un empresario americano, inversor, personalidad de televisión [aparece en el programa de ABC *Tanque de Tiburones* (*Shark Tank*)], autor [co escribió *La Marca Dentro De* (*The Brand Within*) con Daniel Paisner] y orador motivacional. Es fundador, Presidente y CEO de FUBU.[248] En su perfil de Wikipedia, hay una foto de Daymond hablando en una Convención Nacional en Dallas – iyo estaba allí y Daymond hizo un trabajo fenomenal!

Diana López – (nacida en 1984) Una practicante de Tae Kwon Do, nacida en estados unidos, de descendencia nicaragüense. Diana es campeona mundial y una atleta olímpica, habiendo representado a los EE.UU. en los Juegos Olímpicos de Beijing en 2008. En 2005, Diana y sus hermanos, Steven y Mark, hicieron historia al convertirse en los primeros tres hermanos en cualquier deporte para ganar campeonatos mundiales en el mismo evento durante el Campeonato Mundial de Tae Kwon Do en Madrid, España.[249] ¡Felicidades a los hermanos López!

Dr. Jack Stanley, PhD – (no se sabe, pero todavía con muchas ganas) El coordinador de Teatro-TV-Cine en la Universidad de Texas-Pan American en Edinburg, Texas, el Dr. Stanley se acaba de retirar. Fue profesor, director, autor y actor por muchos años.[250] Tomé varias clases con el Dr. Stanley y compartimos el escenario en un sinnúmero de obras teatrales – gracias, Dr. Stanley.

Earl Nightingale – (1921-1989) Un orador motivacional americano y autor, Nightingale fue conocido como el "Decano de Desarrollo Personal," hizo trabajo de voz en la década de 1950 y fue anfitrión de la radio de 1950 a 1956. Como autor, escribió *El Secreto Más Extraño* (*The Strangest Secret*), que fue llamado "... uno de los grandes libros motivacionales de todos los tiempos" por el economista Terry Savage.[251]

Edward B. Butler – (1853-1928) Un empresario estadounidense quien fundó los almacenes Hermanos Butler (Butler Brothers).[252] "El Sr. Butler fue representante de esa rara raza de hombres en quienes la grandeza es sencillez, simpatía, modestia y capacidad sobrehumana."[253]

Edward James Olmos – (nacido el 24 de febrero de 1947) Un actor y director nacido en estados unidos de descendencia mejicana.[254] Ha realizado un excelente trabajo en muchas películas, pero su trabajo en *Párate y Entrega* (*Stand and Deliver*) fue la que me cautivó. En la película, él interpreta al maestro de matemáticas Jaime Escalante. El Sr. Olmos y yo compartimos el mismo día de nacimiento, año diferente – ¡brillante!

Eleanor Roosevelt – (1884-1962) Como la Primera Dama de los Estados Unidos (1933-1945), Eleanor Roosevelt apoyó las políticas del Nuevo Trato de su esposo, el presidente Franklin D. Roosevelt. Ella se convirtió en una defensora de los derechos civiles y era una autora internacional y oradora después de la muerte de su marido en 1945.[255]

Elisa "Licha" Fernández – Una de las hermanas mayores de mi madre, a quien le llamábamos "Tía Licha." Era un tipo de visionaria y tenía gran energía.

Epítetos – (55 D.C. – 135 D.C.) Un sabio griego y filósofo que pensaba que la filosofía era una forma de vida y no sólo una disciplina teórica.[256]

Eric Lee – (no se sabe, pero todavía patalea) Primeramente, Eric Lee es un ser humano maravilloso y me siento orgulloso de llamarlo mi amigo. Él es un actor de cine, campeón del mundo en las artes marciales (invicto en más de cien campeonatos mundiales), autor, miembro de múltiples salones de la fama, mentor, comediante y músico. ¡Fue en su automóvil cuando físicamente comencé a escribir mi libro *Maestro y Discípulo* (*Master and Disciple*)! Mis hijos lo quieren mucho y yo también – gracias, estimado amigo. Por favor visita su sitio web en www.EricLee.com para obtener una visión de todo lo que hace.

Erin Gruwell – (nacida en 1969) Una profesora de inglés estadounidense que inspiró a los estudiantes desfavorecidos y los mal-influenciados por pandillas para que superen sus obstáculos. Su método de enseñanza poco ortodoxos condujo a la publicación del libro El Diario de Escritores de la Libertad: Cómo una Profesora y 150 Adolescentes Usaron la Escritura para Cambiarse a Sí Mismos y al Mundo a su Alrededor (*The Freedom Writers Diary: How a Teacher and 150 Teens Used Writing to Change Themselves and the World Around Them*, 1999) y más adelante la película Escritores de la Libertad (*Freedom Writers*, 2007), protagonizada por Hillary Swank.[257]

Ernest Buffett – (1877-1946) Abuelo de uno de los hombres más ricos del mundo, Warren Buffett. Ernest Buffett, un administrador de una tienda de abarrotes, comparte unos consejos sabios con sus hijos en la forma de una carta, la cual está transcrita en el Capítulo 8 – Hábitos.[258]

Erwin Smigel – (no se sabe) Autor del libro *El Abogado de Wall Street: ¿Hombre de Organización Profesional?* (*The Wall Street Lawyer: Professional Organization Man?*) publicado en 1969.[259]

F. Scott Fitzgerald – (1896-1940) Autor del libro *El Gran Gatsby* (*The Great Gatsby*), un trabajo que seriamente examina el tema de aspiración en un escenario americano y define la novela americana clásica. Un sitio web de la Universidad de Carolina del Sur dice que "las influencias principales en F. Scott Fitzgerald fueron la aspiración, literatura, Princeton, Zelda Sayre Fitzgerald y el alcohol."[260]

Freddy Peralta – (nacido en 1955) Originario de la República Dominicana, Freddy es un amigo muy cercano que inicialmente fue uno de mis pacientes cuando yo practicaba la Medicina Familiar en el sur de Texas. De hecho, Freddy considera que fue un gran honor el que se enfermara el día que estaba cerrando mi clínica a principios de 2010… y que él fue el último paciente que atendí en mi práctica privada. Freddy

Peralta es un empresario exitoso, dueño de negocios, líder de equipo, elocuente orador en español y excelente maestro de ceremonias. Gracias por su amistad, amigo del alma.

Harvey Mackay – (nacido en 1932) Un hombre de negocios nacido en Estados Unidos, autor, orador profesional y columnista, Harvey Mackay es mejor conocido por sus bestsellers, incluyendo *Nada Con los Tiburones (Sin Que Te Coman Vivo)* [*Swim With the Sharks (Without Being Eaten Alive)*], entre otros. También es fundador, Presidente y CEO de la Corporación de Sobres Mackay.[261]

Henry F. Cope – (1870-1923) Nacido en Londres, Inglaterra, Henry F. Cope fue una figura importante en la ascensión del Movimiento de Educación Religiosa. Él es mejor recordado por su servicio como Secretario General de la Asociación de Educación Religiosa desde 1907 hasta su muerte en 1923. Escribió varios libros sobre la educación religiosa.[262]

Henry Ford – (1863-1947) Un industrialista estadounidense, el fundador de la Compañía Motores Ford (Ford Motor Company) y patrocinador del desarrollo de la técnica de línea de montaje de producción en masa. Su automóvil modelo T revolucionó el transporte y la industria estadounidense y se convirtió en uno de los individuos más ricos y más conocidos en todo el mundo.[263]

Henry Russell "Red" Sanders – (1905-1958) Un jugador de fútbol americano y entrenador, Red Sanders fue entrenador principal en la Universidad de Vanderbilt y en UCLA (la Universidad de California en Los Ángeles). El entrenador Sanders fue exaltado en la Sala de Honor de Fútbol Americano Colegial como entrenador en 1996. Se le acredita con acuñar la frase, "El ganar no lo es todo; es la única cosa" y cuando se le preguntó acerca de la rivalidad de UCLA y la Universidad del

Sur de California (USC), él dijo, "No es caso de vida o muerte – ¡es más importante que eso!"²⁶⁴

Homero Hinojosa – (1924-2013) Mi padre; el mayor de cinco hijos nacidos de Luis Hinojosa y Faustina Guerra en General Treviño, Nuevo León, México. Se le acredita con acuñar la frase, "¡Ay, mijo – tú miras bien alto y tu padre está bien chaparro!" como respuesta cuando, a la edad de 5 años, yo dije en voz alta que quería ser doctor cuando creciera.

Hong Kang Kim – (no se sabe) Mi maestro de Tae Kwon Do de Cincinnati, Ohio. Cuando empecé la Facultad de Medicina en 1980, tomé la decisión de sólo enfocarme en mis estudios – eso fue un gran error. Y lamentablemente puse las artes marciales en pausa durante el primer trimestre (10 semanas). Desafortunadamente, aunque estaba "siempre en la biblioteca," mis calificaciones sufrieron. Cuando me senté para platicar sobre esto con la Decana Norma Wagoner para averiguar por qué no estaba sobresaliendo en la Facultad de Medicina, ella me pidió que describiera un día típico para mí en la Universidad de Brown. De inmediato identificó mi deficiencia y me ordenó, "¡Quiero que salgas por esa puerta y encuentres una escuela de Tae Kwon Do!" No me tuvo que decir dos veces. Me subí en mi automóvil y anduve por Cincinnati hasta las 9:55 de la noche, cuando paré en la escuela del maestro Kim. El apacible hombre Coreano estaba atrancando su puerta cuando llegué. Él sonrió y me preguntó en un tono tranquilo pero potente, "¿Puedo ayudarle?" y me enganché – algo parecido a la frase, "Usted me tenía en hola," de la película *Jerry McGuire*. Y mis calificaciones en la Escuela de Medicina se recuperaron rápidamente; e incluso mi compañero de cuarto, Frank LoRusso, y otros compañeros de escuela comentaron en mi cambio dramático. ¡Gracias, maestro Kim!

Hunter Kelly – (1997-2005) Hijo de la leyenda del fútbol americano Jim Kelly y su esposa, Jill. Los médicos no le dieron más de unos cuantos años para vivir a Hunter después de ser diagnosticado con la enfermedad de Krabbe, una enfermedad grave del sistema nervioso, pero ¡él la luchó durante ocho años! Jim y Jill empezaron la Fundación de Esperanza de Hunter (Hunter's Hope Foundation) en 1997, en honor de su hijo. Actualmente, la enfermedad no tiene una cura conocida, pero muchas familias han sido afectadas positivamente por la Fundación.[265]

Isabel Gauthier, PhD – (nacida en 1971) Una neurocientífica cognitiva de origen canadiense que actualmente ocupa el cargo de profesora y jefa del Laboratorio de Percepción de Objetos en el Departamento de Psicología de la Universidad de Vanderbilt. Su trabajo se enfoca principalmente en el papel de la percepción en dominios tales como caras, letras o notaciones musicales.[266]

Jackie Chan – (nacido en 1954) Nacido en Hong Kong, se le nombró Chan Kong-sang, que quiere decir "nacido en Hong Kong." Jackie Chan es una superestrella de cine mundialmente conocido que hace sus propias acrobacias; también es un experto en las artes marciales y un gran cómico.[267] Hizo una aparición especial en persona cuando acompañé a nuestro equipo de Estados Unidos para el Campeonato Mundial de Tae Kwon Do en 1997 en Hong Kong. Tan pronto como tomó el escenario, ¡había pandemónium! Por razones de seguridad obvias, Jackie fue sacado rápidamente del escenario. Te conozco en la próxima ocasión, Jackie – en la próxima...

Jaime Escalante – (1930-2010) Un educador boliviano, Escalante enseñó cálculo en la escuela secundaria Garfield, en la parte este de Los Ángeles, California a partir de 1974 a 1991.

Fue el tema de la película *Párate y Entrega* (*Stand and Deliver*), en la cual Edward James Olmos interpreta a Escalante.[268]

James B. Hall, PhD – (no se sabe) Dr. Hall fue mi profesor de neuroanatomía y anatomía macroscópica en el Colegio de Medicina de la Universidad de Cincinnati. Uno de mis encuentros iniciales con él fue durante un examen práctico y oral durante mi primer año de anatomía macroscópica. Grupos de cuatro estudiantes a la vez nos uníamos alrededor de una mesa donde se encontraba un cadáver con una multitud de etiquetas en pequeñas zonas anatómicas del cuerpo, y el profesor nos hacía una serie de preguntas. Era ya hacia el final de la sesión de evaluación y la parte del cuerpo que estábamos examinando era la zona de la cabeza y el cuello – bastantes estructuras pequeñas incluyendo arterias, venas, nervios, etc. Era mi turno y me tocó identificar el área representada por la etiqueta pequeña – estaba debajo de un montón de estructuras complejas en el área del cuello. Después de dar mi respuesta final (no lo llamaban así en la escuela de medicina), Dr. Hall declaró, "¡Esa es la primera vez el día de hoy que alguien me da la respuesta correcta!" El Dr. Hall fue uno de los pocos que me honró con la escritura de una Carta de Recomendación para mi Programa de Residencia en Medicina Familiar. ¡Gracias, Dr. Hall!

James R. Sherman, PhD – (no se sabe) Autor de libros de desarrollo personal, inclusive *Planea Tu Trabajo / Trabaja Tu Plan* (*Plan Your Work / Work Your Plan*).

Jawaharlal Nehru – (1889-1964) Un abogado indio, político y estadista que se convirtió en el primer Primer Ministro de la India independiente (1947-1964). Uno de los principales dirigentes del movimiento de independencia de la

India en la década de 1930 y 1940.[269]

Jean López – (nacido en 1973) Un practicante de Tae Kwon Do nacido en Nicaragua, Jean es un competidor de élite, pero su salto a la fama ha sido como entrenador olímpico y de campeonatos mundiales para los Estados Unidos. En 2005, Jean fue entrenador de sus tres hermanos (Diana, Steven, y Mark) cuando los tres ganaron la medalla de oro e hicieron historia al convertirse en los primeros tres hermanos *en cualquier deporte* para ganar el Campeonato Mundial en el mismo evento durante los campeonatos mundiales de Tae Kwon Do en Madrid, España.[270] ¡Felicidades de nuevo a los hermanos López!

Jeff Olson – (no se sabe) Un líder de la superación personal y nacido en los Estados Unidos, Jeff fundó *La Red de la Gente* (*The People's Network*), una empresa que se convirtió en una de las mayores empresas de Desarrollo Personal en América. Jeff es autor de *La Ligera Ventaja* (*The Slight Edge*) y el libro de audio que lleva el mismo nombre[271] – ese es el que tengo, y ¡es fantástico!

Jeffrey Zaslow – (1958-2012) Un autor estadounidense, periodista y columnista para el periódico *The Wall Street Journal*. Él co-escribió *La Última Lección* (*The Last Lecture*) con Randy Pausch. La tragedia golpeó a Jeffrey en la forma de un accidente automovilístico donde murió mientras estaba en una gira de libro para su libro *El Cuarto de Magia* (*The Magic Room*).[272]

Jerry Hardy – (no se sabe) El padre del editor de la revista *ÉXITO* (*SUCCESS*), Darren Hardy. Como entrenador de fútbol americano, el estricto enfoque multidisciplinario de Jerry Hardy ayudó a Darren a convertirse en el líder de Superación Personal que es hoy.[273]

Jesus Rodríguez, MD – (no se sabe) Mi amigo personal y mentor, el Dr. Rodríguez es un cirujano formidable en el sur de Texas con más de 60 años de experiencia y que ha operado en mi padre y en mi madre, múltiples veces – esto muestra la clase de confianza que tengo en sus habilidades. Siempre con un comportamiento tranquilo, el Dr. Rodríguez puede oírse silbar hermosas melodías mientras salva vidas en la Sala de Operaciones.[274]

Jill Kelly – (no se sabe) Autora, oradora, hija de Dios, madre y esposa de la leyenda del fútbol americano Jim Kelly. Cofundó la *Fundación de Esperanza de Hunter* (*Hunter's Hope Foundation*) en honor de su hijo, Hunter, que murió a la edad de 8 años debido a una enfermedad neurológica incurable.[275]

Jim Kelly – (nacido en 1960) Un ex mariscal de campo de fútbol americano con los Buffalo Bills de la NFL (Liga de Fútbol Nacional) y los Gamblers de Houston de la USFL (Liga de Fútbol de los Estados Unidos), Jim fue incluido en la Sala de Honor de la NFL en 2002. Él y su esposa, Jill, co-fundaron la *Fundación de Esperanza de Hunter* (*Hunter's Hope Foundation*) en honor de su hijo, Hunter, que murió a la edad de 8 años debido a una enfermedad neurológica incurable.[276]

Jim Rohn – (1930-2009) Un empresario estadounidense, autor, mentor y conferencista motivacional, la historia de Jim ha influido a muchos en la industria del Desarrollo Personal. Ampliamente conocido como "el filósofo de negocios más importante de los Estados Unidos," Jim Rohn murió de Fibrosis Pulmonar en diciembre de 2009.[277] Creo que Jim Rohn fue uno de mis mentores más importantes en el área de Superación Personal. ¡Te extraño, Jim!

Jim Wagner – (nacido en 1962) Un experto de renombre

mundial en protección personal, Jim es un buen amigo mío. Fuimos compañeros de cuarto en la Academia de Artes Marciales de Aspen (Aspen Academy of Martial Arts) en 1978, cuando entrenamos con el legendario Dan Inosanto, el mejor amigo de Bruce Lee. Jim fundó el programa (algo que ahora es un *movimiento global*) Protección Personal Jim Wagner Basada en la Realidad (Jim Wagner Reality-Based Personal Protection), por lo cual le estoy ayudando con el programa y me acaba de nombrar su Director Médico mundialmente. Jim ha aparecido en la portada de múltiples revistas de artes marciales y está en varios Salones de Fama. ¡Gracias por todo lo que haces, amigo![278]

José Luis "JL" Hinojosa, II – (nacido en 1990) Mi primogénito e hijo favorito – aunque siempre me recuerda que él es mi *único hijo* varón (tengo dos hijas). JL tiene una mente aguda y movimientos con el baloncesto espectaculares. Recientemente se graduó de la escuela culinaria y trabaja en Austin, Texas haciendo magia con la repostería. Sus dos pasiones son la repostería y el baloncesto, aunque también es un excelente orador público. Me regocijo en el futuro positivo que se encuentra delante de él.

Joaquín González – (nacido en 1923) El Sr. González fue un paciente mío cuando tenía mi práctica privada como Médico Familiar. Él y su esposa me invitaron a su casa en varias ocasiones. Pasando ese tipo de tiempo personal con gente agradable siempre ha sido una gran fuente de satisfacción para mí. Pero tenía que tener cuidado con el Sr. González: si le decía algo positivo sobre su camisa (por ejemplo, "¡Qué bonita camisa, Sr. González!") o sobre algún accesorio, temía que se la fuera a quitar y ¡dármela como un regalo!

Joe Friday – Un personaje de ficción que fue creado e interpretado por el actor americano, productor de televisión y escritor Jack Webb (1920-1982) en el programa de televisión *Dragnet*. La serie funcionó en radio, televisión y hasta hubo una película de cine en 1954 y una película de televisión en 1969.[279]

Joe Navarro – (nacido en 1953) Un autor nacido en Cuba, orador público y ex agente y supervisor de la FBI (Oficina Federal de Investigaciones), Navarro se especializa en la comunicación no-verbal.[280]

Joel Osteen – (nacido en 1963) Un autor americano, telepredicador y el pastor de la Iglesia Lakewood en Houston, Texas, el ministerio de Joel llega a millones de espectadores semanales en más de 100 países alrededor del mundo.[281] ¡Mi esposa y yo asistimos a Lakewood una vez y fue una experiencia increíble! Te invito a que asistas si alguna vez estás en el área de Houston.

Johann Kaspar Lavater – (1741-1801) Un poeta suizo, Lavater también practicó la fisonomía, la evaluación de carácter o personalidad de su aspecto externo, especialmente el rostro de una persona.[282]

John Bunyan – (1628-1688) Un escritor inglés cristiano y predicador, famoso por escribir *El Progreso del Peregrino* (*The Pilgrim's Progress*), pero también escribió otros trabajos como *La Vida y Muerte del Sr. Badman* (*The Life and Death of Mr. Badman*),[283] que está citado en *¡El Lenguaje de los Triunfadores!*

John C. Maxwell – (nacido en 1947) Ampliamente conocido como la autoridad más importante de los Estados Unidos en el Liderazgo, Maxwell es un autor cristiano evangélico, orador y pastor, quien ha escrito más de 60 libros, principalmente en Liderazgo.[284] He escuchado programas de audio de John Maxwell tanto que creo que es uno de mis 3 mejores mentores en Liderazgo.

John D. Rockefeller – (1839-1937) Un industrialista americano del petróleo, inversionista y filántropo, John Davison Rockefeller fundó la Standard Oil Company en 1870. Como el keroseno y la gasolina crecieron en importancia, su riqueza aumentó hasta que se convirtió en el hombre más rico del mundo y el primer estadounidense con valor de más de 1 billón de dólares. ¡Se le considera a menudo en ser la persona más rica en la historia![285]

John Donne – (1572-1631) Un poeta inglés, humorista, abogado y sacerdote, Donne se considera el embajador preeminente de los poetas metafísicos.[286]

John F. Kennedy – (1917-1963) John Fitzgerald "Jack" Kennedy, también conocido como JFK, fue el 35 Presidente de los Estados Unidos, sirviendo desde 1961 hasta su asesinato en 1963. Hoy, él continúa en salir altamente en las calificaciones de la opinión pública de los ex Presidentes estadounidenses.[287] Su hijo, John Jr., era estudiante de primer año en la Universidad de Brown cuando yo estaba en mi último año – y cuando los medios de comunicación le preguntaron por qué escogió a Brown cuando "todos los Kennedy" fueron a Harvard, él simplemente dijo, "¡Brown es mejor!"

John Grisham – (nacido en 1955) Un abogado estadounidense y autor de libros best-sellers, Grisham es mejor conocido por sus novelas de suspenso legales. *La Firma (The Firm)* fue su primer bestseller,[288] pero *El Testamento (The Testament)* tiene un excelente diálogo y algunos de sus pasajes fueron citados en ¡El Lenguaje de los Triunfadores!

John Guare – (nacido en 1938) Un dramaturgo americano, Guare es mejor conocido por *La Casa de Hojas Azules* (*The House of Blue Leaves*), *Seis Grados de Separación* (*Six Degrees of Separation*) y *El Paisaje del Cuerpo* (*Landscape of the Body*).[289] Algunas de las ideas de *Seis Grados de Separación* se reflejan en ¡El Lenguaje de los Triunfadores!

John Wooden – (1910-2010) Un jugador de baloncesto americano y entrenador, Wooden fue apodado el "Mago de Westwood" porque ganó diez campeonatos nacionales de NCAA (Asociación Atlética Colegial Nacional) en un plazo de 12 años (¡incluyendo siete consecutivos!), como entrenador de UCLA (la Universidad de California en Los Ángeles). Fue la primera persona que alguna vez se haya instalado en el Salón de Fama de Baloncesto como jugador y como entrenador. El entrenador Wooden también fue conocido, y amado, por sus mensajes inspiradores para sus jugadores, incluyendo su "Pirámide del Éxito" que da sabios consejos no sólo para el éxito de baloncesto, sino también para el éxito en la vida.[290] Mi hijo, JL, está fascinado con el libro del entrenador Wooden, *Wooden: Una Vida de Observaciones y Reflexiones Sobre y Fuera de la Cancha* (*Wooden: A Lifetime of Observations and Reflections On and Off the Court*), el cual me prestó como referencia para ¡El Lenguaje de los Triunfadores!

José Jesus Márquez – (no se sabe) Un doble campeón mundial del estilo olímpico de Tae Kwon Do, Márquez es de España y es el atleta que derrotó a Jean López (de los EE.UU.) para la medalla de oro en la historia del Capítulo 5 – Educación, Parte I.[291]

Juan Homero Hinojosa, PhD – (nacido en 1957) Mi hermano mayor, el quien aprecio por muchas razones. Él caminó en frente, con un *machete* en su mano, y despejó el camino para que todos de nuestra familia pudiéramos seguir una educación superior. Él fue a la Universidad de Brown primero y luego me inspiró a aplicar allí. Recibió su doctorado en Geofísica de la Universidad Johns Hopkins en Baltimore, Maryland... e incluso ¡descubrió un nuevo y mejorado método de medir la gravedad!

Judith Orasanu – (no se sabe) Con un doctorado en Psicología Experimental, la Dra. Orasanu trabaja en la NASA en la rama de Investigación de Sistemas de Seguridad, en California.[292] Algunos de los resultados de su investigación sobre capitanes de avión y primeros oficiales está incluido en *¡El Lenguaje de los Triunfadores!*

Julio César – (100-44 A.C.) Como un general romano, estadista y escritor de la prosa Latina, Julio César jugó un papel fundamental en la transformación de la República Romana en el Imperio Romano.[293]

Keith Vitali – (nacido en 1952) Keith es un karateka estadounidense, actor, productor, escritor y activista de niños. Es un karateka del Salón de Fama y la revista *Cinturón Negro (Black Belt)* lo nombró ¡uno de los diez mejores peleadores de todos los tiempos![294] Keith es mi buen amigo y realmente fui honrado cuando él me pidió que escribiera el prólogo de su libro de 2007 titulado *Protege a Tu Hijo del Aprovechado (Bullyproof Your Child)*. Espero ansiosamente su próxima película sobre la vida de Daniel Boone, en la cual se supone que le voy a ayudar – así que, ¡háblame cuando me necesites, Keith!

Kim Curby – (no se sabe) Con un doctorado en Psicología y nacida en Australia, la Dra. Curby trabaja en la Universidad de

Temple, donde se enfoca en el aprendizaje visual – más específicamente, reconocimiento de caras, objetos y patrones.[295]

Lao Tzu – (604 A.C.) Lao Tzu era un filósofo de la antigua China y era mejor conocido como el autor del Tao Te Ching, que lo ha llevado a que se le considere como el fundador del Taoísmo filosófico (pronunciado "Daoísmo").[296]

Laura Grisel Hinojosa – (nacida en 1992) Mi segundo bebé, y mi primera hija, Laura (o "Lori" o "Lauren") es una joven inteligente cuya personalidad es muy parecida a la de su padre. Al igual que sus dos hermanos, Laura siempre ilumina mi vida y grandes cosas le esperan. También, muy pronto será la abogada de la familia.

Les Brown – (nacido en 1945) Leslie "Les" C. Brown es un orador motivacional nacido en los Estados Unidos, entrenador de discurso y autor mejor-vendedor. Es considerado uno de los mejores oradores motivacionales en cualquier lugar.[297]

Lord Chesterfield – (nacido en 1600) Lord Chesterfield, o Earl de Chesterfield, era un título en el Perraje de Inglaterra que fue creada en 1628 por Philip Stanhope, 1er Barón Stanhope.[298]

Lori Greiner – (no se sabe) Una inventora estadounidense y empresaria, Lori es una personalidad bien conocida de la televisión en programas como QVC (*Quality, Value, Convenience* – Calidad, Valor, Conveniencia) y, más recientemente, en el programa *Tanque de Tiburones* (*Shark Tank*) de la cadena ABC.[299]

Lou Ferrigno – (nacido en 1951) Louis Jude "Lou" Ferrigno es un actor estadounidense, experto de la aptitud/consultor, autor y fisicoculturista profesional retirado. Ganó dos veces el título de Mr. Universo y es mejor conocido por interpretar el papel protagónico en la serie de televisión *El Increíble Hulk* (*The Incredible Hulk*) de la cadena CBS a partir de 1977 a 1981.[300]

Malcolm Gladwell – (nacido en 1963) Un periodista nacido en Canadá, autor mejor-vendedor y orador, Gladwell ha sido redactor de la revista *The New Yorker* desde 1996. Ha escrito cuatro libros, todos los cuales han hecho la lista de Bestsellers del periódico *New York Times*.[301] Su libro *Los Aislados* (*Outliers*) se usó como referencia para *¡El Lenguaje de los Triunfadores!*

Margarita "May" Hinojosa – (nacida en 1965) Mi hermana menor, May está bendecida con belleza e inteligencia… y además una gran actitud en su vida cotidiana. Recibió su título de Maestría en Educación Bilingüe en Currículo e Instrucción, y se ha retirado de la educación para encargarse del negocio que nos heredaron nuestros padres.

María Elena Hinojosa – (por supuesto, no puedo revelarlo aquí; mi esposa me mataría) Mi adorable esposa que siempre me apoya en mis proyectos. No podía escribir un libro acerca de triunfadores sin incluirla a ella. Gracias, mi amor, por todo lo que representas.

Marian Monta, PhD – (no se sabe) Profesora y Directora Artística Emérita jubilada del Teatro Universitario de la Universidad de Texas-Pan American,[302] la Dra. Monta fue mi primera profesora en la actuación. Interpreté la parte del Narrador y Hombre Misterioso en su canto del cisne como directora, *Hacia el Bosque* (*Into the Woods*), una obra musical que resultó ser una experiencia maravillosa. La Dra.

Monta también fue mi paciente durante un tiempo.

Marianne Williamson – (nacida en 1952) Una autora mejor-vendedora, activista espiritual y conferenciante, Marianne Williamson es fundadora de *La Alianza de Paz* (*The Peace Alliance*), una campaña de base que apoya legislación para establecer un Departamento de Paz de los Estados Unidos.[303]

Mark Asher – (no se sabe) Autor del libro *Lenguaje Corporal* (*Body Language*), el cual se usó como referencia en *¡El Lenguaje de los Triunfadores!*

Mark Cuban – (nacido en 1958) El dueño del equipo de baloncesto Dallas Mavericks de la NBA (Asociación de Baloncesto Nacional), magnate del negocio e inversionista con experiencia en computación y software, dueño de los Teatros Landmark y Magnolia Pictures y el Presidente de la HDTV (High Definition Television – Televisión de Alta Definición) cadena de cable HDNet. Además, Mark es un "tiburón" inversionista en el programa de televisión *Tanque de Tiburones* (*Shark Tank*) en la cadena ABC y es autor de un libro en 2011 titulado *Cómo Ganar en el Deporte de los Negocios* (*How to Win at the Sport of Business*).[304]

Mark López – (nacido en 1982) Un practicante de Tae Kwon Do nacido en Estados Unidos de descendencia nicaragüense. Mark es campeón mundial y atleta olímpico, habiendo representado a los EE.UU. en los Juegos Olímpicos de Beijing en 2008. En 2005, Mark y sus hermanos, Steven y Diana, hicieron historia al convertirse en los primeros tres hermanos *en cualquier deporte* en ganar Campeonatos Mundiales en el mismo evento durante los Campeonatos Mundiales de Tae Kwon Do en Madrid, España.[305] ¡Felicidades de nuevo a la familia López!

Mark Twain – (1835-1910) Como un autor americano y humorista, Mark Twain era su nombre de pluma; su verdadero nombre era Samuel Langhorne Clemens. Es mejor conocido por sus novelas *Las Aventuras de Tom Sawyer* (*The Adventures of Tom Sawyer*) en 1876 y su secuela, *Aventuras de Huckleberry Finn* (*Adventures of Huckleberry Finn*) en 1885; la novela de Finn es a menudo llamada "la gran novela americana."[306]

Martin Luther King, Jr. – (1929-1968) Un clérigo americano, activista, Ministro Bautista y líder destacado en el Movimiento de Derechos Civiles para los afroamericanos. King es mejor conocido por su papel en la promoción de los derechos civiles no sólo en América sino en todo el mundo, siguiendo las enseñanzas de no violencia de Mahatma Gandhi.[307]

Marvin Phillips – (no se sabe) Un ministro y autor, Marvin Phillips "nos ayuda a reírnos de nosotros mismos, amar a los demás y disfrutar de la vida como Dios quería."[308]

Michael Bernoff – (no se sabe) Un ejecutante superior en ventas directas de Estados Unidos, un reclutador corporativo, un orador profesional y entrenador de ventas.[309]

Michael Jordan – (nacido en 1963) Un ex jugador de baloncesto profesional estadounidense, empresario y dueño de la mayoría del equipo Charlotte Bobcats de la NBA, Michael Jordan es considerado por muchos como el mejor jugador de baloncesto de todos los tiempos.[310]

Muhammad Ali – (nacido en 1942) Nacido como Cassius Marcellus Clay, Jr., Ali es un ex boxeador profesional de peso completo, filántropo y activista social. Fue campeón mundial tres veces y él mismo se proclamó como "El Mejor."[311]

Napoleón Hill – (1883-1970) Un autor estadounidense y una leyenda en el campo de la literatura del Éxito Personal, el libro más famoso de Hill, *Piense y Hágase Rico (Think and Grow Rich)* de 1937 es uno de los libros más vendidos de todos los tiempos.[312] Como un adolescente, mi madre me dio mi primer libro sobre la Superación Personal... era un libro en español titulado *Piense y Hagase Rico* – ¡qué regalo!

Napoleón III – (1808-1873) Louis-Napoleón Bonaparte fue el Presidente de la Segunda República francesa. Sin embargo, como gobernante del segundo imperio francés, fue conocido como Napoleón III.[313]

Neil Armstrong – (1930-2012) Un ex astronauta estadounidense, piloto de examinación, Ingeniero Aeroespacial, profesor en la Universidad de Cincinnati y la primera persona en poner pie y caminar en la luna.[314]

Nelson Boswell – (no se sabe) Autor de libros sobre la paz interna, el éxito y en nutrir las relaciones amorosas.[315]

Oprah Winfrey – (nacida en 1954) Una propietaria de medios de comunicación americanos, presentadora, actriz, productora y filántropa, Oprah es mejor conocida por su programa de televisión, que se ha convertido en el programa de mayor rating de su tipo en la historia. El programa fue sindicado nacionalmente a partir de 1986 a 2011. Según algunas evaluaciones, se ha denominado como la mujer más influyente del mundo.[316]

Pablo Picasso – (1881-1973) Un pintor español, escultor, grabador y diseñador de escenarios, Picasso fue uno de los más grandes y más influyentes artistas del siglo XX. También es conocido por ser co-inventor de collage y de la gran variedad de estilos que ayudó a desarrollar y explorar, entre otras cosas.[317]

Paul Zane Pilzer – (nacido en 1954) Un economista de renombre mundial, empresario, profesor y autor de mejoresventas, Paul Zane Pilzer se convirtió en el Vicepresidente más joven de Citibank a la edad de 26 años.[318]

Peter Bardatsos – (nacido en 1971) Panagiotis "Peter" Bardatsos es un ex miembro del equipo nacional de Tae Kwon Do de los EE.UU. y competidor internacional. Después de su tiempo como atleta en el equipo nacional, fue entrenador del equipo y ahora tiene su propia academia de Tae Kwon Do.[319] Tuve el gran placer de trabajar con Peter durante mis años con el equipo nacional de Tae Kwon Do.

Peter Jackson – (nacido en 1961) Director de películas y originario de Nueva Zelanda, productor, actor y guionista, Peter es mejor conocido por su trilogía de películas *El Señor de los Anillos* (*The Lord of the Rings*).[320]

Presley Swagerty – (nacido en 1958) Un altamente solicitado orador, entrenador y motivador, Presley es un empresario y la fuente de dinero #1 con una de las compañías de más rápido crecimiento en América. Conocido como "El Coach" ("El Entrenador"), Presley también escribió su primer libro en 2012 titulado *Millonario Para el Tiempo Medio* (*Millionaire by Halftime*), publicado por Southpointe Publications.[321] (Ve al sitio web MillionaireByHalftime.com para que obtengas tu copia de este libro maravilloso.) Presley es un buen amigo e inspiración – y gracias de nuevo por escribir el Prefacio para ¡El Lenguaje de los Triunfadores! amigo.

Ralph Waldo Emerson – (1803-1882) Un ensayista Americano, profesor y poeta, Emerson era un filósofo que lideró el movimiento Trascendentalita a los mediados del siglo XIX.[322]

Randy Pausch – (1960-2008) Randolph Frederick "Randy" Pausch fue profesor americano de Ciencias de la Computación y las interacciones humano-computadora y diseño en la Universidad de Carnegie Mellon. Este compañero alumno de la Universidad de Brown aprendió que tenía cáncer de páncreas en el 2006 y luego dio un poderoso discurso titulado "La Última Lección: Realmente Lograr Tus Sueños de Infancia" ("The Last Lecture: Really Achieving Your Childhood Dreams") en 2007, que le ganó tanta popularidad en YouTube, que después fue co-autor de su libro *La Última Lección* (*The Last Lecture*), el cual logró la marca de mejor-vendedor.[323]

Robert Herjavec – (nacido en 1963) Empresario canadiense nacido en Yugoslavia, inversionista y personalidad de la televisión con el programa *Tanque de Tiburones* (*Shark Tank*) de la cadena ABC, Robert es actualmente el CEO del Grupo Herjavec, una compañía de software de seguridad.[324]

Robert Kiyosaki – (nacido en 1947) Robert Toru Kiyosaki es un autor americano, orador motivacional, empresario, inversionista y activista de la educación financiera. Él es mejor conocido por el libro *Padre Rico, Padre Pobre* (*Rich Dad, Poor Dad*), que se amplió en una serie, y luego en otros materiales de autoayuda publicados y promovidos bajo la marca *Padre Rico* (*Rich Dad*).[325]

Roger Dawson – (no se sabe) Nacido en Inglaterra, Dawson es un orador profesional, entrenador y experto de renombre en negociaciones poderosas.[326]

Ron White – (no se sabe) Como uno de los expertos del mundo con respecto a la memoria superior, Ron White es doble campeón nacional de la memoria en EE.UU.[327] ¡Él es simplemente increíble no sólo para verlo en acción, pero también para aprender de él!

Rosalinda Fernández de Hinojosa – (1931-2005) Mi querida madre, que en paz descanse. Nació en Villaldama, Nuevo León, Tamaulipas, México como la novena (de diez hijos) de Simón Fernández y Bethzabé Ramón. Entre muchas cosas, a ella se le atribuye tener la visión para traer a su familia a Estados Unidos, en busca de un futuro mejor, a pesar de la obstinación de mi padre, que estaba en contra.

Samson Raphael Hirsch – (1808-1888) Un rabino alemán mejor conocido como el fundador intelectual de la escuela de judaísmo ortodoxo contemporáneo, *Torah im Derech Eretz*.[328]

Stephen Covey – (1932-2012) Un autor nacido en Estados Unidos y profesor en La Escuela de Empresas Jon M. Huntsman en la Universidad del Estado de Utah. Steven Covey consiguió fama con su libro de mejores-ventas *Los 7 Hábitos de la Gente Altamente Efectiva* (*The 7 Habits of Highly Effective People*).[329]

Stephen G. Post, PhD – (no se sabe) Un autor reconocido internacionalmente por su investigación y presentaciones públicas sobre el benévolo y compasivo amor en el interfaz de la salud, la filantropía, la ciencia y la espiritualidad. El Dr. Post es un autor mejor-vendedor del libro *Los Regalos Ocultos del Ayudar: Como el Poder de Dar, la Compasión y la Esperanza Nos Pueden Ayudar a Sobrepasar los Tiempos Difíciles* (*The Hidden Gifts of Helping: How the Power of Giving, Compassion, and Hope Can Get Us Through Hard Times*).[330]

Steve Jobs – (24 de febrero 1955 – 5 de octubre, 2011) Un hombre de negocios americano, diseñador e inventor, Steven Paul "Steve" Jobs es mejor conocido como el cofundador, Presidente y CEO de Apple Inc. Jobs también fue cofundador de los Estudios de Animación Pixar (Pixar Animation Studios) y se convirtió en miembro de la Junta Directiva de la Compañía Walt Disney en 2006, cuando Disney adquirió a Pixar. Él murió de complicaciones de cáncer de páncreas, que fue diagnosticado en 2003.[331]

Steven López – (nacido en 1978) Nacido en Nicaragua, Steven López es un campeón olímpico con 2 medallas de oro y una de bronce en Tae Kwon Do. Es el primer atleta estadounidense en ganar 5 campeonatos mundiales.[332] Steven formó parte del Equipo Nacional Junior cuando yo era el Médico del Equipo y llegamos a viajar a competencias internacionales juntos. En esos tiempos, antes de que Steven crecicra repentinamente, fue una alegría verlo competir. ¡Bien hecho, Steven!

Thomas Edison – (1847-1931) Un inventor americano y empresario, Thomas Alva Edison desarrolló muchos dispositivos que tuvieron gran influencia en todo el mundo, incluyendo el fonógrafo, la cámara cinematográfica y una bombilla práctica de luz eléctrica de larga duración.[333]

Thomas H. Palmer – (1782-1861) Un educador estadounidense, Thomas H. Palmer es mejor conocido por su autoría del libro *El Manual del Maestro* (*The Teacher's Manual*) en 1840, que incluye el poema "Trata, Trata Otra Vez" ("Try, Try Again").[334]

Thomas à Kempis – (1380-1471) Un monje Católico Medieval tardío nacido en Alemania y el probable autor de *La*

Imitación de Cristo (*The Imitation of Christ*), uno de los libros cristianos más conocidos en la devoción. Su nombre significa "Thomas de Kempen," su ciudad natal – y en alemán, es conocido como Thomas von Kempen.[335]

Tom Hopkins – (no se sabe) Conocido como el #1 Entrenador de Ventas de América, Tom Hopkins es un orador profesional y entrenador. Su programa estrella, *Cómo Dominar el Arte de Vender Cualquier Cosa* (*How to Master the Art of Selling Anything*), es ampliamente utilizado como un requisito para nuevos vendedores por profesionales de ventas y de la gestión en una gran variedad de industrias.[336]

Tony Becerra – (no se sabe) Mauricio "Tony" Becerra es una primera generación estadounidense que creció en la pobreza con un padre alcohólico y madre muy ocupada. La victima frecuente de la intimidación, Tony Becerra odiaba la escuela y sacó malas calificaciones... hasta que conoció a su nueva profesora del primer año de inglés, la Sra. Erin Gruwell. Tony y el resto de la clase de la Sra. Gruwell escribieron el libro *El Diario de los Escritores de la Libertad* (*The Freedom Writers Diary*), que más tarde fue convertido en la gran película *Escritores de Libertad* (*Freedom Writers*), protagonizada por Hillary Swank.[337] ¡Sigue siendo una inspiración, Tony!

Tony Robbins – (nacido en 1960) Anthony "Tony" Robbins es un orador motivacional, autor de autoayuda americano y entrenador de rendimiento alto. Se hizo bien conocido a través de sus infomerciales y sus libros, *Poder Ilimitado: La Nueva Ciencia de Logro Personal* (*Unlimited Power: The New Science of Personal Achievement*) y *Despierta al Gigante Dentro de Ti* (*Awaken the Giant Within*). Su mentor personal era el gran Jim Rohn.[338]

Ute Fischer, PhD – (no se sabe) La Dra. Fischer está en la Facultad en el Instituto de Tecnología de Georgia (Georgia Institute of Technology), en la escuela de literatura, comunicación y cultura. Su investigación tiene que ver con las decisiones de equipo en ambientes complejos de ingeniería, tales como aviación comercial y las misiones espaciales.[339]

Vilfredo Pareto – (1848-1923) Vilfredo Federico Damaso Pareto fue un ingeniero italiano, sociólogo, economista, politólogo y filósofo. Ayudó a desarrollar el campo de la microeconomía y el Principio de Pareto fue nombrado en su honor.[340]

Vince Lombardi – (1913-1970) Un entrenador de fútbol americano, Vincent Thomas "Vince" Lombardi es mejor conocido como el entrenador de los Empacadores de Green Bay (Green Bay Packers) durante la década de 1960, cuando él condujo al equipo a tres campeonatos de liga consecutivos y cinco en siete años, incluyendo el ganar los primeros dos Súper Tazones (Super Bowls). El trofeo del Súper Tazón de la Liga de Futbol Nacional (NFL) fue nombrado en su honor.[341]

Virginia Woolf – (1882-1941) Una autora de Inglaterra, escritora de relato corto, ensayista y editora, Adeline Virginia Woolf es considerada como una de las figuras literarias modernistas más importantes del siglo XX.[342]

W. Clement Stone – (1902-2002) Un hombre de negocios estadounidense, filántropo y autor de autoayuda, W. Clement Stone pasó de trapos a riquezas siguiendo los principios que aprendió del libro de Napoleón Hill *Piense y Hagase Rico* (*Think and Grow Rich*). También se convirtió en un "ángel" para otros – por ejemplo, tomó a un alcohólico, Og Mandino, y lo levantó a grandes alturas; Mandino se convirtió en el editor de la revista *ÉXITO* (*SUCCESS*) en ese tiempo.[343]

W.C. Fields – (1880-1946) Un cómico americano, actor, malabarista y escritor, William Claude Dukenfield era conocido por su personaje cómico como un misántropo y un egoísta que bebía fuertemente.[344] La apariencia de su nariz grande y bulbosa (conocida como *rinofima* en la profesión médica) es un signo común en los alcohólicos.

Warren Buffett – (nacido en 1930) Un magnate de negocios americano, inversionista y filántropo, Warren Edward Buffett es ampliamente considerado como uno de los inversores más exitosos del mundo. Es el principal accionista, Presidente y CEO de Berkshire Hathaway y es constantemente clasificado entre las personas más ricas del mundo.[345]

William Foege, MD – (nacido en 1936) Un médico nacido en Estados Unidos, autor y epidemiólogo, William Herbert Foege se acredita con ayudar a erradicar la viruela. Su libro, *Casa en el Fuego: La Lucha para Erradicar la Viruela* (*House on Fire: The Fight to Eradicate Smallpox*) fue publicado en 2011.[346]

William Shakespeare – (1564-1616) Un poeta inglés, dramaturgo y actor, William Shakespeare es ampliamente considerado como el escritor más grande en la lengua inglesa y el dramaturgo preeminente del mundo.[347] Hace años, mis hijos y yo tuvimos la gran fortuna de viajar a Inglaterra con un grupo del Departamento de Teatro de la Universidad de Texas-Pan American. ¡Uno de los puntos culminantes de nuestro viaje fue un recorrido del lugar de nacimiento de Shakespeare y su casa en Stratford-upon-Avon!

Winston Churchill – (1874-1965) Un político conservador y estadista nacido en Inglaterra conocido por su liderazgo del

Reino Unido durante la II Guerra Mundial, Sir Winston Leonard Spencer-Churchill sirvió como Primer Ministro dos veces y es ampliamente considerado como uno de los líderes de la guerra más importantes del siglo.[348]

Woody Allen – (nacido en 1935) Un altamente premiado guionista estadounidense, director, actor, comediante, autor y dramaturgo, nació como Allan Stewart Konigsberg. Como un cómico, desarrolló el personaje del intelectual inseguro, que (según él) es bastante diferente de su personalidad en la vida real. [349]

Zig Ziglar – (1926-2012) Un autor de superventas estadounidense, vendedor y orador motivacional, Hilary Hinton "Zig" Ziglar enfatiza valores cristianos en sus presentaciones. Sus libros *Te Veo Allá Arriba* (*See You at the Top*) y *Éxito Para los Tontos* (*Success for Dummies*) están entre sus muchos libros exitosos.[350] Conocí a Zig hace unos 23 años después de una de sus clásicas presentaciones motivacionales en Canadá y desde entonces ¡he sido fanático!

APUNTES –

1. http://dictionary.reference.com/browse/dedication?s=t#wordorgtop
2. http://dictionary.reference.com/browse/dedicate
3. http://dictionary.reference.com/browse/acknowledge#wordorgtop
4. http://dictionary.reference.com/browse/foreword?s=t#wordorgtop
5. http://dictionary.reference.com/browse/foreword#wordorgtop
6. http://dictionary.reference.com/browse/preamble?s=t#wordorgtop
7. *Become a Better You: 7 Keys to Improving Your Life Every Day*, Joel Osteen, Simon & Schuster audio, 2007, Disc 2, Track 6.
8. Ibíd.
9. Ibíd.
10. Ibíd., Track 7.

11. *Body Language – Explained,* Annie Finnigan, WomansDay.com, February 2, 2012.

12. Ibíd.

13. "Indians Far From Bashful at Chow," *Los Angeles Times*, Art Rosenbaum, Los Angeles, Calif.: Oct 18, 1950. pC3 (1 page).

14. En las olimpiadas de 2004 y los Juegos Paralímpicos, la investigadora de Psicología de la Universidad de Columbia Británica, Jessica Tracy, encontró que poses ganadoras son innatas más que aprendidas. Ella encontró que los atletas, discapacitados visuales y ciegos y en todas las culturas, tendían a levantar sus brazos, a inclinar su cabeza hacia arriba e hincharse del pecho. Las expresiones de derrota, que incluyen los hombros desplomados y un tórax estrecho, también fueron encontradas para ser en gran parte universales. Aquí está el estudio: "Olympic Athlete Study Shows That Pride and Shame are Universal and Innate Expressions," *Science Daily*, Jessica Tracy and David Matsumoto, August 11, 2008. http://www.sciencedaily.com/releases/2008/08/080811200018.htm

15. http://dictionary.reference.com/browse/alphabet?s=t#wordorgtop

16. http://dictionary.reference.com/browse/attitude?s=t

17. http://dictionary.reference.com/browse/aptitude?s=t#wordorgtop

18. **The Five Major Pieces to the Life Puzzle: A Guide to Personal Success**, Jim Rohn, Dickinson Press Inc, 1991, p32.

19. **Twelve Pillars**, Jim Rohn and Chris Widener, Jim Rohn International and Chris Widener International, 2010, p60.

20. Ibíd.

21. **The Dictionary of Cliches**, James Rogers, Ballantine Books, 1985, p31.
    Pájaros de plumas similares vuelan juntos: Este tópico se refiere al hecho de que las personas que comparten intereses y puntos de vista similares tienden a asociar uno con el otro. La frase se basa en la observación de aves en un grupo, ya sea volando o en el suelo, suelen ser de la misma especie. Se remonta a Inglaterra en 1545: "Byrdes of on kynde and color flok and flye all-wayes to gether." Para 1680, el libro de John Bunyan, *La Vida y la Muerte del Señor Malo (The Life and Death of Mr. Badman),* refleja la frase figurada, "Eran pajaros de una pluma,... fueron tan bien recibidos por maldad." ("They were birds of a feather,... they were so well met for wickedness.")

22. Por favor vaya a *www.TheCompoundEffect.com*, oprima donde dice "Recursos Gratuitos," y encontrará una hoja de cálculo del *Evaluador de Asociación* que usted puede imprimir. En la hoja de cálculo apunte las cinco personas con las que se asocia, se evaluará su nivel de éxito en nueve áreas diferentes y las organizará en tres categorías: disociaciones, asociaciones limitadas y asociaciones ampliadas. Además, se apuntaran los

posibles mentores que pueden acelerar su crecimiento y ayudarlo incluso con rendición de cuentas.

23. http://dictionary.reference.com/browse/believe?s=t

24. http://dictionary.reference.com/browse/believe?s=t#wordorgtop

25. http://www.keithvitali.com/

26. *Zig Ziglar's Spiritual Journey* CD, Get Motivated Seminars, Inc, 2003, Track 1.

27. Ibíd.

28. http://dictionary.reference.com/browse/call?s=t

29. http://dictionary.reference.com/browse/me?s=t

30. *The Jim Rohn Sampler Audio CD*, Jim Rohn, 2002.

31. *Progress in Action* webinar, Michael Bernoff, http://www.ultimatelifecompany.com/speaker/1773/78

32. **The Brand Within: The Power of Branding from Birth to the Boardroom**, Daymond John with Daniel Paisner, Display of Power Publishing, 2010, p168.

33. http://dictionary.reference.com/browse/discipline?s=t

34. http://dictionary.reference.com/browse/disciple?s=t#wordorgtop

35. **Tae Kwon Do for Everyone,** José Luis Hinojosa, MD, Infinity Publishing, 2003, p186.

36. **Twelve Pillars**, Jim Rohn and Chris Widener, Jim Rohn International and Chris Widener International, 2010, p103.

37. Ibíd.

38. *The Compound Effect - Audio Program*, Darren Hardy, SUCCESS Media, 2011.

39. **Twelve Pillars**, Jim Rohn and Chris Widener, Jim Rohn International and Chris Widener International, 2010, p54.

40. http://dictionary.reference.com/browse/education?s=t

41. El "Thrilla en Manila" fue la tercera y la última pelea entre Muhammad Ali y Joe Frazier. Tomó lugar el primero de octubre de 1975 y era para el Campeonato Mundial de Peso Completo. Frazier no salió para el round #15, así que Ali ganó por TKO. http://en.wikipedia.org/wiki/Thrilla_in_Manila

42. *SUCCESS* CD, SUCCESS Media, April 2010, John C. Maxwell, Track 5.

43. http://en.wikipedia.org/wiki/2005_World_Taekwondo_Championships

44. Stephen Cameron and James J. Heckman, "The Dynamics of Educational Attainment for Black, Hispanic, and White Males," *Journal of Political Economy*, 109, June 3, 2001, p673-748.

45. **Goal: To Double the Rate of Hispanics Earning a Bachelor's Degree**, Georges Vernez and Lee Mizell, Santa Monica, Calif.: Rand Education, Center for Research on Immigration Policy, Jun 25, 2001, vii.

46. **Voices from the Nueva Frontera: Latino Immigration in Dalton, Georgia**, Donald Edward Davis, Thomas M. Deaton, David P. Boyle, University of Tennessee Press, Aug 15, 2009, p126.

47. *SUCCESS* CD, SUCCESS Media, November 2009, Jim Rohn, Track 5.

48. *SUCCESS* CD, SUCCESS Media, August 2010, Brian Tracy, Track 2.

49. **Success for Dummies**, Zig Ziglar, IDG Books Worldwide, Inc, 1998, p336.

50. http://dictionary.reference.com/browse/focus?s=t

51. http://dictionary.reference.com/browse/focus?s=t#wordorgtop

52. **How to Win Friends and Influence People**, Dale Carnegie, Simon and Schuster, 1936, p76.

53. Ibíd., p75.

54. Why People 'Never Forget a Face,' December 8, 2006, http://www.physorg.com/news84812336.html

55. Un ritmo en verso tradicional, especialmente en Shakespeare, donde una línea tiene cinco grupos de silabas caracterizadas por una silaba sin estrés seguida por una silaba estresada (es decir, el acento va en la segunda silaba). http://en.wikipedia.org/wiki/Iambic_pentameter

56. http://dictionary.reference.com/browse/give?s=t

57. http://dictionary.reference.com/browse/give?s=t#wor

dorgtop

58. *Coveted Wisdom: A Highly Effective Leader,* Stephen Covey, Success.com, December 2, 2008.

59. Scott Murray, "Making a Difference: Jim & Jill Kelly's Commitment to Hunter's Hope Helps Others," *Philanthropy World*, Vol 12, Issue 4, 2007, p27.

60. Ibid, p29.

61. Ibíd.

62. *The Science of Good Deeds: The helper's high could help you live a longer, healthier life,* Jeanie Lerche Davis, Reviewed by Louise Chang, MD for WebMD, http://www.webmd.com/balance/features/science-good-deeds

63. Ibid.

64. Ibid.

65. http://dictionary.reference.com/browse/habit?s=t#wordorgtop

66. http://www.berkshirehathaway.com/2010ar.2010ar.pdf

67. Ibid.

68. http://dictionary.reference.com/browse/insult?s=t

69. http://dictionary.reference.com/browse/saltant?s=t

70. **The Wit and Wisdom of Abraham Lincoln: The Best Stories By & About America's Most Beloved President**, Anthony Gross (Editor), 2005.

71. **The Dictionary of Cliches**, James Rogers, Ballantine Books, 1985, p247.
Subió sus dukes (Put up your dukes): La correlación entre la palabra "dukes" y "puños" es vaga. Tal vez deriva del Latín *dux*, que significa *líder*; uno conduce con sus puños (los líderes que van adelante). Aparentemente, la *Revista Macmillan* de Gran Bretaña utilizó la palabra (con la traducción en paréntesis) en la siguiente referencia de 1879: "Dije que no iría si me pone sus dukes (puños)."

72. **The Dictionary of Cliches**, James Rogers, Ballantine Books, 1985, p232. *Tigre de Papel (Paper Tiger):* Algo o alguien no tan peligroso o rudo como primero apareció. Parece que la frase fue acuñada por el Presidente Mao de la República Popular de China en 1946, cuando se refirió a políticos ultraconservadores como "tigres de papel."

73. **Tae Kwon Do for Everyone,** José Luis Hinojosa, MD, Infinity Publishing, 2003, p180.

74. **The Dictionary of Cliches**, James Rogers, Ballantine Books, 1985, p111. *Espuma en la boca (Foam at the mouth):* Mostrar enojo; es una analogía a un perro con rabia, el cual se comporta de una manera errática o amenazante. Para el 1440, ya se aplicaba a los humanos, así como en esta línea del libro *Jacob's Well*: "El hombre... espumaba de su boca."

75. http://www.lettersofnote.com/2012/01/to-next-burglar.html

76. **A Return To Love: Reflections on the Principles of A Course in Miracles**, Marianne Williamson, Harper Collins, 1992, p190-191.

77. http://dictionary.reference.com/browse/just?s=t

78. http://dictionary.reference.com/browse/right?s=t

79. *SUCCESS* CD, SUCCESS Media, March 2009, Roger Dawson, Track 4.

80. *The Compound Effect - Audio Program*, Darren Hardy, SUCCESS Media, 2011.

81. http://dictionary.reference.com/browse/kinetic

82. **Plan Your Work / Work Your Plan,** James R. Sherman, PhD, Crisp Publications, Inc, 1991.

83. http://dictionary.reference.com/browse/lead and http://dictionary.reference.com/browse/-ship

84. http://dictionary.reference.com/browse/lead?s=t#wordorgtop

85. Jim Rohn: How to Avoid Being Broke and Stupid, http://www.youtube.com/watch?v=_TjXy2pJXJI

86. Ibid.

87. *The Slight Edge: Secret to a Successful Life - Audio Book*, Jeff Olson, Momentum Media, 2006, Disc 3.

88. http://johnmaxwellonleadership.com/2010/10/03/the-five-levels-of-leadership-now-a-book/

89. Ibid.

90. *SUCCESS* CD, SUCCESS Media, October 2010, John C. Maxwell, Track 4.

91. http://dictionary.reference.com/browse/manner and http://dictionary.reference.com/browse/-ism

92. *SUCCESS* CD, SUCCESS Media, November 2009, Jim Rohn, Track 5.

93. *Body Language – Explained,* Annie Finnigan, WomansDay.com, February 2, 2012.

94. Ibid.

95. Ibid.

96. **Body Language: Easy Ways to Get the Most from Your Relationships, Work and Love Life**, Mark Asher, Carlton Books Limited, 1999, p28.

97. *What do dilated pupils mean?,* Libby Pelham, Body Language Expert, Dec 17, 2010. http://www.bodylanguageexpert.co.uk/what-do-dilated-pupils-mean.html

98. **Body Language: Easy Ways to Get the Most from Your Relationships, Work and Love Life**, Mark Asher, Carlton Books Limited, 1999, p48.

99. **Tae Kwon Do for Everyone,** José Luis Hinojosa, MD, Infinity Publishing, 2003, p43.

100. **Body Language: Easy Ways to Get the Most from Your Relationships, Work and Love Life**, Mark Asher, Carlton Books Limited, 1999, p81.

101. **The Tonic,** José Luis Hinojosa, MD, SterlingHouse Publisher, 2001, p42.

102. **Success for Dummies**, Zig Ziglar, IDG Books Worldwide, Inc, 1998, p37.

103. *Does it take fewer muscles to smile than it does to frown?*, Cecil Adams, January 16, 2004. http://www.straightdope.com/columns/read/2489/does-it-take-fewer-muscles-to-smile-than-it-does-to-frown

104. http://www.sun-angel.com/quotes/view_author.php?AID=97&QA=Rabbi%20Samson%20Raphael%20Hirsch

105. http://dictionary.reference.com/browse/net and http://dictionary.reference.com/browse/work

106. Memorable quotes from *Six Degrees of Separation,* 1993. Accessed from IMDB.com - http://www.imdb.com/title/tt0108149/quotes

107. **Outliers: The Story of Success**, Malcolm Gladwell, Little, Brown and Company, 2008, p19.

108. Ibid, p123.

109. http://dictionary.reference.com/browse/option?s=t#wordorgtop

110. *SUCCESS* CD, SUCCESS Media, July 2011, John C. Maxwell, Track 4.

111. "Doctor Says Kissing Can Kill," *McAllen Monitor*, Jim McKone, Gotta Have Arts/Festiva Section, McAllen, Texas, Dec 28, 2001.

112. **The Testament,** John Grisham, Island Books, 1999, p296-297.

113. http://dictionary.reference.com/browse/patience?s=t#wordorgtop

114. http://dictionary.reference.com/browse/passion?s=t#wordorgtop

115. Ibid.

116. *SUCCESS* CD, SUCCESS Media, November 2009, Jim Rohn, Track 5.

117. **The Teacher's Manual,** Thomas H. Palmer, 1840, Boston, p221-223.

118. http://en.wikipedia.org/wiki/Thomas_Edison

119. Ibid.

120. http://www.rjgeib.com/thoughts/friend/lincoln-failures.html

121. *SUCCESS magazine*, Publisher's Letter (Darren Hardy), August 2009.

122. "Walk On," ESPN, E:60, April 14, 2012.

123. http://munchanka.blogspot.com/2011/07/animation-letters-project.html

124. *The Secret Law of Attraction* Audio CD program, Napoleon Hill, Read by Michael McConnohie, Highroads Media, Inc, 2008, Disc 3, Track 2.

125. http://dictionary.reference.com/browse/quest?s=t#wordorgtop

126. **Peak Performance Principles for High Achievers**, John R. Noe, Berkley Books, 1984, p55.

127. Ibid.

128. Ibid.

129. *The Slight Edge: Secret to a Successful Life - Audio Book*, Jeff Olson, Momentum Media, 2006, Disc 3.

130. http://dictionary.reference.com/browse/responsible#wordorgtop

131. http://dictionary.reference.com/browse/responsible?s=t#wordorgtop

132. http://dictionary.reference.com/browse/respond#wordorgtop

133. **Outliers: The Story of Success**, Malcolm Gladwell, Little, Brown and Company, 2008, p194.

134. Ibid, p195.

135. **The Last Lecture**, Randy Pausch with Jeffrey Zaslow, Hyperion, 2008, p175.

136. Ibid.

137. **Tae Kwon Do for Everyone,** José Luis Hinojosa, MD, Infinity Publishing, 2003, vii.

138. **The Last Lecture**, Randy Pausch with Jeffrey Zaslow, Hyperion, 2008, p176.

139. *The Compound Effect - Audio Program*, Darren Hardy, SUCCESS Media, 2011.

140. http://dictionary.reference.com/browse/sales?s=t#wordorgtop

141. http://dictionary.reference.com/browse/sell?s=t#wordorgtop

142. *SUCCESS* CD, SUCCESS Media, October 2010, Tom Hopkins, Track 3.

143. Ibid.

144. Ibid.

145. *SUCCESS* CD, SUCCESS Media, September 2009, Paul Zane Pilzer, Track 3.

146. *Shark Tank*, ABC Network, January 27, 2012.

147. *The Sales Training Series: Sell Yourself Before You Sell Your Company,* http://www.cantonscore.org/the-sales-training-series-sell-yourself-before-you-sell-your-company.htm

148. *Sell Me This Pencil – Focus on Customer Needs, Not Your Product's Features*, Russ Lombardo, http://www.bizymoms.com/business/Article/Sell-Me-This-Pencil---Focus-on-customer-needs--not-your-product-s-features/27

149. **Master and Disciple,** José Luis Hinojosa, MD, Cafepress.com, 2006, p124.

150. http://dictionary.reference.com/browse/team?s=t#wordorgtop

151. **Success for Dummies**, Zig Ziglar, IDG Books Worldwide, Inc, 1998, p3.

152. Ibid, p4.

153. Ibid.

154. Ibid.

155. Ibid.

156. Ibid, p5.

157. **Wooden: A lifetime of Observations and Reflections On and Off the Court,** Coach John Wooden with Steve Jamison, McGraw-Hill, 1997, p113.

158. **The Dictionary of Cliches**, James Rogers, Ballantine Books, 1985, p209. *Su (o Mi) nombre es Legión (My name is Legion):* Hay muchos en el grupo; soy parte de un grupo grande. En el ejército romano una legión consistía de casi 6,000 soldados y "Legión" llegó a significar un gran número de individuos con un propósito común – un equipo, por decir. También, la Biblia incluye un pasaje (Mark 5:9) donde Jesús está hablando con un hombre de espíritu manchado y le pregunta su nombre. La respuesta es, "Mi nombre es Legión: porque somos muchos."

159. *SUCCESS* CD, SUCCESS Media, October 2010, Jim Rohn, Track 5.

160. http://dictionary.reference.com/browse/universal?s=t#wordorgtop

161. http://dictionary.reference.com/browse/universe?s=t#wordorgtop

162. http://dictionary.reference.com/browse/law?s=t#wordorgtop

163. http://en.wikipedia.org/wiki/Vilfredo_Pareto

164. Rooney, Paula (October 3, 2002), *Microsoft's CEO: 80–20 Rule Applies To Bugs, Not Just Features*, ChannelWeb, http://www.crn.com/news/security/18821726/microsofts-ceo-80-20-rule-applies-to-bugs-not-just-features.htm

165. "Apple Inc: The Greatest Turnaround in Corporate History?," *Oxygen: The Turnaround Magazine*, Issue 6, Autumn 11.

166. Nick Bilton, "Apple Is the Most Valuable Company", *New York Times*, 9 August 2011

167. United Nations Development Program (1992), *1992 Human Development Report*, New York: Oxford University Press.

168. http://www.ahrq.gov/research/ria19/expriach1.htm

169. http://www.politifact.com/oregon/statements/2012/feb/23/alan-bates/does-20-percent-population-really-use-80-health-ca/

170. **The HELP Secret: Hi Energy Leadership Pointers**, José Luis Hinojosa, MD, CafePress.com, 2009, p15-16.

171. http://www.lifehack.org/articles/productivity/how-to-use-parkinsons-law-to-your-advantage.html

172. *The Slight Edge: Secret to a Successful Life - Audio Book*, Jeff Olson, Momentum Media, 2006, Disc 3.

173. **Rosi Milagros**, José Luis Hinojosa, MD, CafePress.com, 2008.

174. **Outliers: The Story of Success**, Malcolm Gladwell, Little, Brown and Company, 2008, p40.

175. Ibid.

176. http://dictionary.reference.com/browse/value?s=t#wordorgtop

177. http://dictionary.reference.com/browse/valiant?s=t#wordorgtop

178. **Report Card on Rape: Medical and Self-Defense Strategies for Obtaining Straight A's,** José Luis Hinojosa, MD, Vantage Press, 1990, p26.

179. http://www.lyrics007.com/The%20Beatles%20Lyrics/Help!%20Lyrics.html

180. http://dictionary.reference.com/browse/will?s=t#wordorgtop

181. **Lou Ferrigno: Lou Ferrigno's Guide to Personal Power, Bodybuilding, and Fitness for Everyone**, Lou Ferrigno, 1994, p55.

182. Ibid, p56.

183. Ibid, p26.

184. Memorable quotes from *Stand and Deliver*, 1988. Accessed from IMDB.com - http://www.imdb.com/title/tt0094027/quotes

185. Memorable quotes from *Enter the Dragon*, 1973. Accessed from IMDB.com - http://www.imdb.com/title/tt0070034/quotes

186. http://dictionary.reference.com/browse/excuse?s=t#wordorgtop

187. http://dictionary.reference.com/browse/cause?s=t#wordorgtop

188. *SUCCESS* CD, SUCCESS Media, October 2009, Jim Rohn, Track 5.

189. Ibid.

190. Ibid.

191. **The Dictionary of Cliches**, James Rogers, Ballantine Books, 1985, p111. *Oro de Tontos* (*Fool's Gold*): Algo que no es lo que aparenta ser; una ilusión; ¿tal vez un truco? Piritas de hierro fueron encontradas en las costuras de carbón y fueron con frecuencia confundidas por oro porque tienen un aspecto dorado o cobrizo. En 1576, el explorador Martin Frobisher regresó a Inglaterra con lo que él pensó era "oro mineral." No era oro; era pirita. En 1882, el *Boston Journal of Chemistry* usó el nombre "oro de tontos" para referirse a la pirita de hierro.

192. *Shark Tank*, ABC Network, Feb 10, 2012.

193. http://dictionary.reference.com/browse/yo-yo?s=t#wordorgtop

194. **Magnets for Health: A Practical Guide,** José Luis Hinojosa, MD, Kroshka Books, 2000, p24.

195. Ibid.

196. http://en.wikipedia.org/wiki/Meditation_XVII

197. Ibid.

198. http://dictionary.reference.com/browse/enthusiasm?s=t

199. **Peak Performance Principles for High Achievers**, John R. Noe, Berkley Books, 1984, p467.

200. http://dictionary.reference.com/browse/passion?s=t

201. http://dictionary.reference.com/browse/zest?s=t

202. **Peak Performance Principles for High Achievers**, John R. Noe, Berkley Books, 1984, p111.

203. **Success for Dummies**, Zig Ziglar, IDG Books Worldwide, Inc, 1998, p16.

204. http://jobs.aol.com/articles/2012/01/25/the-power-of-recognition-in-the-workplace-infographic/

205. Globoforce Workforce Mood Tracker, The September 2011 Report, *The Impact of Recognition on Employee Retention*, Globoforce Ltd, 2011. WorkforceMoodTracker_September2011_ONLINE.pdf

206. http://jobs.aol.com/articles/2012/01/25/the-power-of-recognition-in-the-workplace-infographic/

207. *SUCCESS* CD, SUCCESS Media, March 2011, Daniel Pink, Track 3.

208. **The HELP Secret: Hi Energy Leadership Pointers**, José Luis Hinojosa, MD, CafePress.com, 2009, p5.

209. Ibid.

210. http://www.freedomwritersfoundation.org/site/c.kqIXL2PFJtH/b.4104711/k.8887/Request_the_Freedom_Writers/apps/ka/ct/contactus.asp?c=kqIXL2PFJtH&b=4104711&en=fgLGLPMxFeKILPPvH5IEJWMAKiKRJYOBI8IOJoMEIqK3H

211. **Success for Dummies**, Zig Ziglar, IDG Books Worldwide, Inc, 1998, p56.

212. Ibid, p55-56.

213. Ibid, p55.

214. http://dictionary.reference.com/browse/epilogue?s=t#wordorgtop

215. "To Read or Not to Read: A Question of National Consequence," National Endowment for the Arts, November 2007, Table 3-I, p45. www.nea.gov/research/toread.pdf

216. *SUCCESS magazine*, Publisher's Letter (Darren Hardy), May 2011, p6.

217. Incorporé este tipo de lectura "activa" en 1976, principalmente debido a la necesidad. Todas las marcas con que estaba llenando las páginas de mis libros eran para la supervivencia. El escuchar a expertos como Harvey Mackay (*ÉXITO* CD, noviembre 2009, Track 3) recomendar la misma técnica para "estudiar" da validez y esperanza. ¡Grandes mentes piensan igual!

218. Favor de referir al Capítulo 5 – Educación, Parte II, donde Brian Tracy recomienda leer una hora diaria, lo que equivale a un libro por semana, que significa que ¡serás exitoso en leer 50 libros en un año! Esto te pondrá muy delante de la competencia.

219. *SUCCESS* CD, SUCCESS Media, November 2009, Joel and Victoria Osteen, Track 2.

220. "To Read or Not to Read: A Question of National Consequence, National Endowment for the Arts," November 2007, Table 3-I, p95. www.nea.gov/research/toread.pdf

221. http://dictionary.reference.com/browse/win#wordorgtop

222. http://en.wikipedia.org/wiki/Abdelkader_El_Djezairi

223. http://en.wikipedia.org/wiki/Sufi

224. http://en.wikipedia.org/wiki/Abraham_Lincoln

225. http://www.leg.state.or.us/bates/ and http://en.wikipedia.org/wiki/Alan_Bates_(politician)

226. http://einstein.biz/biography

227. http://en.wikipedia.org/wiki/Albert_Mehrabian

228. http://www.valleycentral.com/sports/story.aspx?id=556501

229. http://en.wikipedia.org/wiki/Aristotle

230. http://pixar.wikia.com/Austin_Madison

231. http://en.wikipedia.org/wiki/The_Beatles

232. http://www.imdb.com/title/tt0145487/

233. http://en.wikipedia.org/wiki/Benjamin_Franklin

234. http://en.wikipedia.org/wiki/Brian_Tracy

235. *SUCCESS* CD, SUCCESS Media, August 2010, Brian Tracy, Track 2.

236. http://en.wikipedia.org/wiki/Bruce_Lee

237. http://www.imdb.com/title/tt0094715/quotes

238. http://en.wikipedia.org/wiki/Charles_M._Schwab and http://en.wikipedia.org/wiki/Charles_R._Schwab

239. http://www.chriswidener.com/speaking and www.madeforsuccess.com/

240. http://en.wikipedia.org/wiki/C._Northcote_Parkinson

241. http://en.wikipedia.org/wiki/Dale_Carnegie

242. http://en.wikipedia.org/wiki/Daniel_Levitin

243. http://www.danielpaisner.com/

244. http://en.wikipedia.org/wiki/Daniel_H._Pink

245. http://darrenhardy.success.com/about/

246. http://en.wikipedia.org/wiki/David_Brinkley

247. http://www.uchospitals.edu/physicians/david-song.html

248. http://en.wikipedia.org/wiki/Daymond_John

249. http://en.wikipedia.org/wiki/Diana_L%C3%B3pez

250. https://portal.utpa.edu/utpa_main/daa_home/coah_home/theatre_home/theatre_facultystaff/Dr.%20Jack%20Stanley

251. http://en.wikipedia.org/wiki/Earl_Nightingale

252. http://en.wikipedia.org/wiki/Edward_Burgess_Butler

253. http://archive.org/stream/edwardbbutler18500chic#page/20/mode/2up

254. http://en.wikipedia.org/wiki/Edward_James_Olmos

255. http://en.wikipedia.org/wiki/Eleanor_Roosevelt

256. http://en.wikipedia.org/wiki/Epictetus

257. http://en.wikipedia.org/wiki/Erin_Gruwell

258. http://www.findagrave.com/cgi-bin/fg.cgi?page=gr&GRid=19881251

259. http://www.amazon.com/Erwin-O-Smigel/e/B001HD1EZ4/ref=ntt_athr_dp_pel_1

260. http://www.sc.edu/fitzgerald/biography.html

261. http://en.wikipedia.org/wiki/Harvey_Mackay

262. http://www2.talbot.edu/ce20/educators/view.cfm?n=henry_cope

263. http://en.wikipedia.org/wiki/Henry_Ford

264. http://en.wikipedia.org/wiki/Henry_Russell_Sanders

265. http://sports.espn.go.com/nfl/news/story?id=2125887

266. http://en.wikipedia.org/wiki/Isabel_Gauthier

267. http://jackiechan.com/biography

268. http://en.wikipedia.org/wiki/Jaime_Escalante

269. http://en.wikipedia.org/wiki/Jawaharlal_Nehru

270. http://lopeztaekwondo.net/instructors/master-jean-lopez/

271. http://www.slightedge.org/pages/about-jeff

272. http://en.wikipedia.org/wiki/Jeffrey_Zaslow

273. *The Compound Effect - Audio Program*, Darren Hardy, SUCCESS Media, 2011.

274. http://www.ucomparehealthcare.com/drs/jesus_rodriguez/

275. http://www.jillk.org/

276. http://en.wikipedia.org/wiki/Jim_Kelly

277. http://en.wikipedia.org/wiki/Jim_Rohn

278. http://www.jimwagnertraining.com/aboutjimwagner.html

279. http://en.wikipedia.org/wiki/Joe_Friday

280. http://en.wikipedia.org/wiki/Joe_Navarro

281. http://en.wikipedia.org/wiki/Joel_Osteen

282. http://en.wikipedia.org/wiki/Johann_Kaspar_Lavater and http://en.wikipedia.org/wiki/Physiognomy

283. http://en.wikipedia.org/wiki/John_Bunyan

284. http://en.wikipedia.org/wiki/John_C._Maxwell

285. http://en.wikipedia.org/wiki/John_D._Rockefeller

286. http://en.wikipedia.org/wiki/John_Donne

287. http://en.wikipedia.org/wiki/John_F._Kennedy

288. http://en.wikipedia.org/wiki/John_Grisham

289. http://en.wikipedia.org/wiki/John_Guare

290. http://en.wikipedia.org/wiki/John_Wooden

291. http://en.wikipedia.org/wiki/Jos%C3%A9_Jes%C3%BAs_M%C3%A1rquez

292. http://human-factors.arc.nasa.gov/organization/personnel_view.php?personnel_id=59

293. http://en.wikipedia.org/wiki/Julius_Caesar

294. http://en.wikipedia.org/wiki/Keith_Vitali

295. http://www.temple.edu/psychology/curby/index.htm

296. http://en.wikipedia.org/wiki/Laozi

297. http://lesbrown.org/lesbrown.com//lesbrown.com/english/meet_lesbrown.html

298. http://en.wikipedia.org/wiki/Earl_of_Chesterfield

299. http://en.wikipedia.org/wiki/Lori_Greiner

300. http://en.wikipedia.org/wiki/Lou_Ferrigno

301. http://en.wikipedia.org/wiki/Malcolm_Gladwell

302. https://portal.utpa.edu/utpa_main/daa_home/coah_home/theatre_home/theatre_facultystaff/Marian%20Monta

303. http://en.wikipedia.org/wiki/Marianne_Williamson

304. http://en.wikipedia.org/wiki/Mark_Cuban

305. http://en.wikipedia.org/wiki/Mark_L%C3%B3pez_(taekwondo)

306. http://en.wikipedia.org/wiki/Mark_Twain

307. http://en.wikipedia.org/wiki/Martin_Luther_King,_Jr.

308. http://www.amazon.com/Never-Lick-A-Frozen-Flagpole/dp/1416533397/ref=sr_1_6?s=books&ie=UTF8&qid=1334083906&sr=1-6#reader_1416533397

309. http://www.michaelbernoff.com/About

310. http://en.wikipedia.org/wiki/Michael_Jordan

311. http://en.wikipedia.org/wiki/Muhammad_Ali

312. http://en.wikipedia.org/wiki/Napoleon_Hill

313. http://en.wikipedia.org/wiki/Napoleon_III

314. http://en.wikipedia.org/wiki/Neil_Armstrong

315. http://www.quotesl.com/nelson_boswell/

316. http://en.wikipedia.org/wiki/Oprah_Winfrey

317. http://en.wikipedia.org/wiki/Pablo_Picasso

318. http://en.wikipedia.org/wiki/Paul_Zane_Pilzer

319. http://www.teambardatsos.com/documents/34.html

320. http://en.wikipedia.org/wiki/Peter_Jackson

321. http://www.presleyswagerty.com/presley.html

322. http://en.wikipedia.org/wiki/Ralph_Waldo_Emerson

323. http://en.wikipedia.org/wiki/Randy_Pausch

324. http://en.wikipedia.org/wiki/Robert_Herjavec

325. http://en.wikipedia.org/wiki/Robert_Kiyosaki

326. http://www.mindperk.com/DawsonBio.htm

327. http://www.ronwhitetraining.com/about-ron-white-memory-expert

328. http://en.wikipedia.org/wiki/Samson_Raphael_Hirsch

329. http://en.wikipedia.org/wiki/Stephen_Covey

330. http://en.wikipedia.org/wiki/Stephen_G._Post

331. http://en.wikipedia.org/wiki/Steve_jobs

332. http://en.wikipedia.org/wiki/Steven_L%C3%B3pez

333. http://en.wikipedia.org/wiki/Thomas_Edison

334. http://www.goines.net/Writing/if_at_first_you.html

335. http://en.wikipedia.org/wiki/Thomas_%C3%A0_Kempis

336. http://www.mindperk.com/HopkinsBio.htm

337. http://www.freedomwritersfoundation.org/atf/cf/%7Bb2a26556-086e-4ffa-af6c-dc4ee722c801%7D/BIO-MAURICIO-TONY.PDF

338. http://en.wikipedia.org/wiki/Tony_Robbins

339. http://www.lcc.gatech.edu/~fischer/

340. http://en.wikipedia.org/wiki/Vilfredo_Pareto

341. http://en.wikipedia.org/wiki/Vince_Lombardi

342. http://en.wikipedia.org/wiki/Virginia_Woolf

343. http://en.wikipedia.org/wiki/W._Clement_Stone

344. http://en.wikipedia.org/wiki/W._C._Fields

345. http://en.wikipedia.org/wiki/Warren_Buffett

346. http://en.wikipedia.org/wiki/William_Foege

347. http://en.wikipedia.org/wiki/William_Shakespeare

348. http://en.wikipedia.org/wiki/Winston_Churchill

349. http://en.wikipedia.org/wiki/Woody_Allen

350. http://en.wikipedia.org/wiki/Zig_Ziglar

Fotos –

En mi oficina en Kansas (2015). El casco de gladiador es un homenaje a la mascota (*Los Troyanos*) de los estudiantes locales.

En un evento de Jiujitsu América (San Francisco) al final del 2015, teniendo a mano varios de mis libros y también mi juego de barajas.

Como Médico Oficial del Equipo Nacional de EE.UU. de Taekwondo en los Campeonatos Mundiales en Manila (1995). Se les hace referencia a Peter Bardatsos (*a la izquierda*) y Jean López (*a su lado*) en *¡El Lenguaje de los Triunfadores!*

Papá, un servidor, Eric Lee, Mamá, y mi hermana May. Mamá estaba en las etapas finales en su batalla contra el cáncer.

8 de julio 2006 – *Grand Champion©* se dio a conocer en el Salón de Fama de Artes Marciales Universales durante su 10° Aniversario y Ceremonias de Inducción en Houston, TX. Gracias a este juego, me nombraron como *Empresario de Artes Marciales del Año*.

Reflexiones de un Anciano siempre deleita al público.

Una de mis cartas coleccionables muestra al anciano con su bastón.

Mis orgullos del alma – Laura, Alexis y JL. Esta foto fue en la graduación de Alexis de escuela secundaria en 2011.

Con Zig Ziglar en Ontario, Canadá después de una de sus presentaciones espectaculares. ¡Zig era el mejor!

Con Presley Swagerty al lado de su piscina en su casa de Texas. Él es la fuente de ingresos de dinero #1 en su empresa de ventas directas.

Con Chuck Norris en Hollywood (1998).

Como fotógrafo, me encanta crear carteles que inspiran.
Este cartel dice: COMPROMISO – Para ser campeón,
tienes que entrenar como un campeón.

La primera vez que conocí a mi buen amigo, Keith Vitali, fue en Pasadena, California (1993).

Mi anillo de Campeón Mundial (2005) de mi triunfo en Rosenheim, Alemania y el juego de barajas que inspiro, *Grand Champion*©.

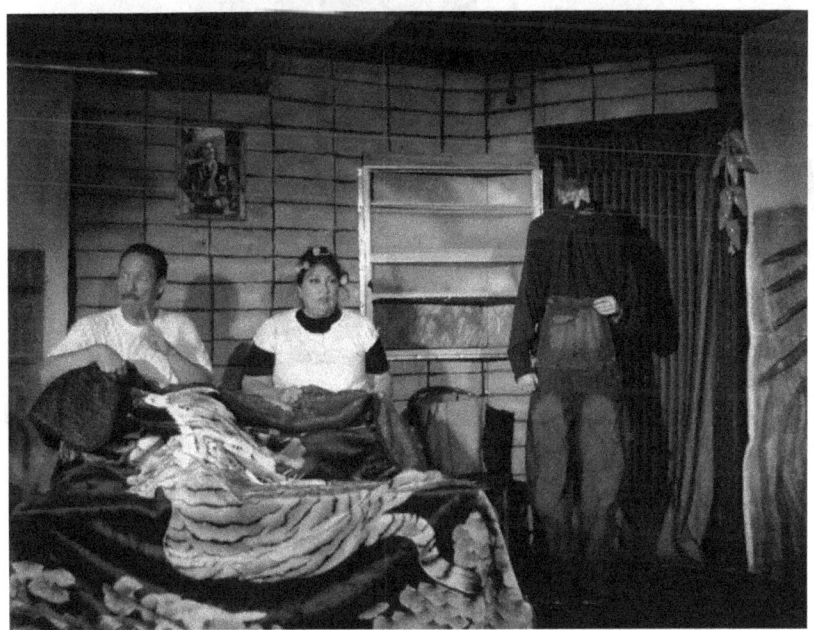

Interpretando un papel protagónico en una obra teatral.

Con José Ardón, la fuente de ingresos de dinero #1 en la industria de ventas directas mundialmente. Él está luciendo su anillo de millonario y yo mi anillo de Campeón Mundial.

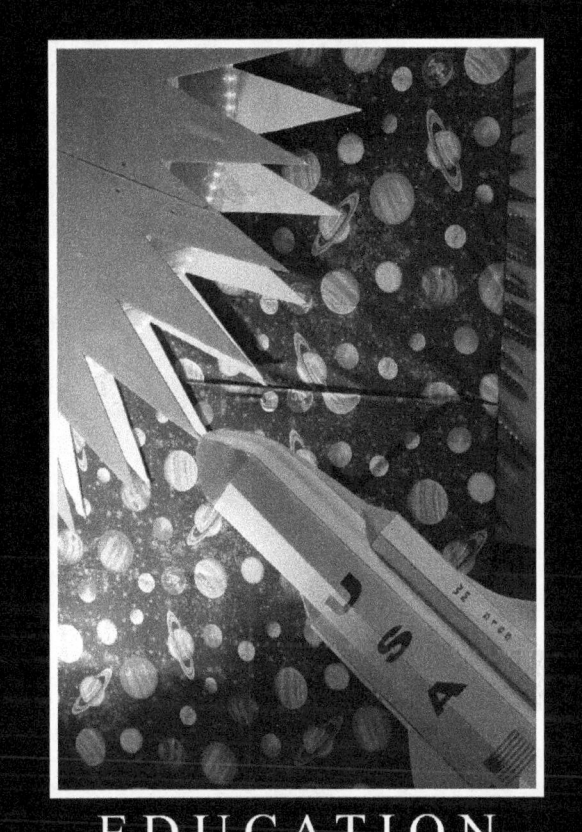

Aquí está otra razón por qué son tan importantes los libros de Superación Personal.
Este cartel dice: EDUCACIÓN – La educación formal te enseñará acerca del sistema solar, pero ¡*El Lenguaje de los Triunfadores!* te mostrará el universo.

Mi esposa, María Elena, con mis sobrinas y líderes empresariales Gladys Rodríguez y Leoni Olivares. Leoni es una autora exitosa, portavoz de la Violencia Domestica y proporcionó gran consejo con respecto a la publicación de *¡El Lenguaje de los Triunfadores!* ¡Gracias, Leoni!

Con mi gran amigo, Jim Wagner, en el Salón de Fama de Artes Marciales Universales el 15 de agosto 2015, en Houston, TX. Jim recibió el premio de *Instructor del Año de Tácticas Defensivas* y yo el de *Logro de Toda una Vida* (*Lifetime Achievement Award*).

Mi gran amigo, Eric Lee, recomienda ¡*El Lenguaje de los Triunfadores!* para todos aquellos que desean más en su vida. (Claro, aquí trae la versión en inglés.)

Celebrando el éxito con mi querida esposa, María Elena.

Sobre el Autor –

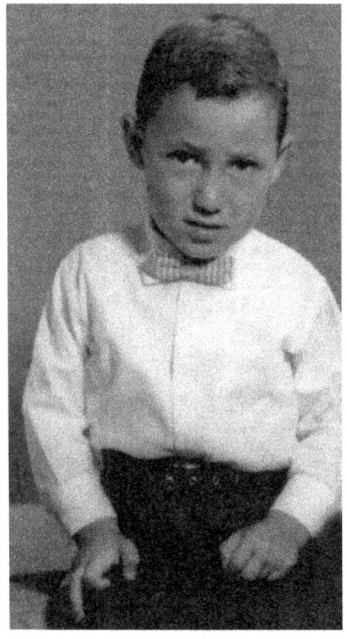

Desde niño, me vestía para el éxito.

Una de mis pasiones es tocar el saxofón.

24 de febrero de 1958, lunes, 2215 horas, Nuevo Laredo, Tamaulipas, México.

SÍ, FUE UNA NOCHE FRÍA DE INVIERNO y el niño que todavía no tomaba su primer respiro en este mundo no sabía qué hora era; él sólo quería nacer; tenía cosas que hacer, lugares para visitar; había un viaje que tenía que emprender.

Y así fue que José Luis "Jay-el" Hinojosa vino a este mundo, bendiciendo las vidas de Homero Hinojosa Guerra y Rosalinda Fernández Ramón y convirtiéndose en el segundo de sus seis hijos. Los padres orgullosos lo nombraron después de un torero famoso que la madre quería honrar. Todo el día y toda la noche, hubo fuegos artificiales y una fiesta – y el bebé pensó que eran para él, pero resulta que el 24 de febrero es el *Día de la Bandera* en México, un día festivo en todo el país. Aun así, hoy en día, José Luis cree que el día que él nació... ¡una nación entera celebró su llegada!

La Sala de Partos no fue tampoco una habitación estéril de hospital – por el contrario, era una casa pequeña con piso de tierra. La cama donde nació todavía existe y un día no muy lejano, se reunirá con ella. Seguramente, cualquiera que sobrevive ese tipo de ambiente al nacer, es un luchador, un triunfador. Y luchar es lo que él ha tenido que hacer la mayor parte de su vida. En la actualidad, cualquier persona que logra cierto nivel de éxito ha tenido que superar múltiples obstáculos en el proceso, y José Luis no es la excepción.

A la edad de 7 años, la familia de José Luis inmigró a los Estados Unidos. A lo largo de sus años de escuela primaria, fue víctima frecuente de la intimidación, principalmente de un muchacho enorme y maloso que no discriminaba – él intimidaba a todo el mundo. Un día en el 5º grado, el aprovechado estaba haciendo sus rondas y se había llegado el turno para intimidar a José Luis de nuevo. Fue entonces que él tuvo una epifanía – ¡decidió atacar primero! José Luis golpeó con su puño derecho al maloso en la boca del estómago y le sacó todo el aire. Con una sonrisa, el mucho más pequeño José Luis miró al imponente gigante con el rostro azul, admirando lo que había logrado. Fue un momento inolvidable. Cuando el maloso recuperó su aliento, él procedió a castigar a José Luis como nunca antes – y esa sería la última vez, porque nunca más lo intimidó. Así que, cuando llegaba el turno de José Luis de nuevo para otra golpiza, el maloso simplemente lo brincaba. ¡Fue una gran sensación de empoderamiento y liberación para José Luis!

En la escuela secundaria, José Luis tocaba el clarinete, saxofón alto y la flauta para varias bandas de "Tejano" profesionales, mientras que también tocaba en la banda de la escuela. Se graduó de la Eagle Pass High School en el sur de Texas en 1976 y fue a la Universidad de Brown para sus estudios universitarios. Allí, él descubrió las artes marciales y rápidamente avanzo en los rangos, recibiendo su primer cinturón negro el 3 de diciembre de 1978 en la ciudad de Nueva York, bajo la tutela del gran maestro Duk Sung Son. José Luis Hinojosa recibió una licenciatura en Biología de la Universidad de Brown y luego se inscribió en el Colegio de Medicina de la Universidad de Cincinnati para sus estudios médicos. Siguiendo la práctica de las artes marciales, José Luis logró su título de Doctor de Medicina el 6 de junio de 1985 y regresó a Texas para completar su Entrenamiento de Residencia en Medicina Familiar en McAllen, Texas.

Después de una exitosa práctica privada en Medicina Familiar por 25 años y atendiendo a casi 1,000 partos como parte del componente obstétrico de su práctica, el Dr. José Luis Hinojosa se retiró de su práctica privada en enero de 2010. Poco después, aceptó empleo como médico en el sur de Kansas donde es Jefe de Médicos (*Chief of Staff*) en Stanton County Hospital y Director Médico de la clínica Stanton County Family Practice. Está sumamente ocupado allí porque toma guardia para la Sala de Emergencia, atiende a pacientes internados en el hospital, tiene horario en la clínica de lunes a viernes y además... escribe una columna semanal para el periódico local, *El Pionero de Johnson* (*The Johnson Pioneer*), titulada *Pepitas de Sabiduría Médica del Dr. Hinojosa* (*Dr. Hinojosa's Nuggets of Medical Wisdom*), la cual es muy popular.

Siempre tratando de mejorar, el Dr. José Luis Hinojosa tiene muchos reconocimientos médicos, y estos son los cuatro momentos que mejor definen su carrera:

1) En el 2009 fue nombrado como uno de los *Mejores Médicos Familiares en América* (*America's Top Family Doctors*) por el Consejo de Investigación de Consumidores de América (Consumers' Research Council of America) en Washington, DC.

2) Fue mundialmente reconocido en la Medicina Deportiva, después de haber viajado por todo el mundo como el Médico Oficial para el Equipo Nacional de Tae Kwon Do de EE.UU. en la década de 1990.

3) Sigue tomando clases avanzadas y espera graduar con su Maestría de Ciencias en Administración de la Salud (*Master of Science in Healthcare Administration*) en el 2016 de la Universidad de Grand Canyon.

4) En 2014, inventó un dispositivo médico que está en posición para mejorar la manera que los pacientes (mundialmente) se diagnostican y empiezan su tratamiento. Hoy en día, este producto está pendiente de patente y muy pronto saldrá al mercado. (Para más información, favor de ir al siguiente sitio web: **www.TheMDMedical.com** – gracias.)

El Dr. Hinojosa ha sido un líder y profesor en las artes marciales por más de 40 años y ha ganado muchos títulos, incluyendo *Campeonatos Mundiales* (*World Championships*) en Alemania y México, múltiples honores en Salones de la Fama, incluyendo varios *Premios de Toda la Vida* (*Lifetime Achievement Awards*), y es un favorito del público con sus rutinas poderosas, creativas y divertidas – en particular, su rutina de galardonado titulada *Reflexiones de Un Anciano* (*Reflections of an Old Man*), donde se viste como un anciano con un bastón y deslumbra a la multitud mientras recuerda su juventud. Y hablando de juventud, el Dr. Hinojosa tiene tres hijos (JL, Laura, y Alexis) que siempre lo inspiran; también está felizmente casado con María Elena Hinojosa.

Como innovador (y aparte de su invención del dispositivo médico), el Dr. Hinojosa inventó el juego de barajas popular *Gran Campeón* (*Grand Champion*)®, el primer juego de barajas con enfoque de buenos valores relacionado a las artes marciales. *¡El Lenguaje de los Triunfadores!* marca el décimo libro que ha escrito – por favor mira al principio de este libro para una lista de sus otros libros.

Es un dramaturgo (*Rosi Milagros* – una obra de dos actos toma lugar en 1924 en México) y co escribió el guion para una película de largometraje independiente (*Campeón: Un Viaje del Corazón – Campeón: A Journey of the Heart*). Su libro *Maestro y Discípulo* (*Master and Disciple*), como *Grand Champion*®, enseña buenos valores morales y ganó el premio *Autor del Año* del 2008 del Salón de la Fama de las Artes Marciales Universales (Universal Martial Arts Hall of Fame) para el Dr. Hinojosa.

El Dr. Hinojosa es igualmente fluido en español como en inglés para sus oraciones públicas. Es un actor de obras teatrales y también ha aparecido en varias películas de largometraje. Su trabajo más reciente en la actuación fue en el estreno mundial ejecutar (noviembre de 2011 y enero de 2012 en tres ciudades del sur de Texas) de *Cuentos de la Casa de Bomba de Hidalgo* (*Tales of the Hidalgo Pump House*), donde interpretó uno de los personajes protagónicos, Luis Rivera, y tuvo la oportunidad de mostrar su voz en varias canciones, su baile y su ritmo cómico; en su más reciente película, interpretó al villano en la película de largometraje de Warrior Pictures en el 2009 titulada *Campeón: Un Viaje del Corazón* (*Campeón: A Journey of the Heart*).

Como orador profesional, el Dr. Hinojosa comparte sus experiencias con su público con tal pasión y claridad, que él siempre "conecta." No cabe duda que el Dr. José Luis "Jay-el" Hinojosa es muy solicitado como orador motivacional e inspirador no sólo en los Estados Unidos, sino también en México. Se especializa en temas de *Liderazgo* y *Éxito*, con sus más populares presentaciones siendo las siguientes: *Haciendo a Un Líder* (*The Making of a Leader*), *Suéñate Hacia el Éxito* (*Dream Your Way to Success*), *Las Cinco Lecciones de Negocios para Aprender al Romper Tablas* (*The Five Business Lessons to Learn from Breaking Boards*) y *Desarrolla Una Actitud de Campeón Mundial* (*Develop a World Champion Attitude*).

www.ingramcontent.com/pod-product-compliance
Lightning Source LLC
Chambersburg PA
CBHW071659170426
43195CB00039B/2233